# INDICAÇÕES DE ALONGAMENTO

B493i     Berg, Kristian.
             Indicações de alongamento : eliminando a dor e
        prevenindo as lesões / Kristian Berg ; tradução: Regina
        Machado Garcez ; revisão técnica: Claudia Tarragô Candotti,
        Adriane Vieira. – Porto Alegre : Artmed, 2012.
            153 p. : il. ; 28 cm.

            ISBN 978-85-363-2726-6

            1. Educação física. 2. Alongamento. I. Título.

                                                        CDU 796

Catalogação na publicação: Ana Paula M. Magnus – CRB 10/2052

KRISTIAN BERG

# INDICAÇÕES DE ALONGAMENTO
eliminando a dor e prevenindo as lesões

**Tradução:**
Regina Machado Garcez

**Consultoria, supervisão e revisão técnica desta edição:**
Claudia Tarragô Candotti
Doutora em Ciências do Movimento Humano pela Universidade Federal do Rio Grande do Sul.
Professora no curso de Pós-graduação em Ciências do Movimento Humano
e nos cursos de Graduação em Fisioterapia e em Educação Física
da Universidade Federal do Rio Grande do Sul.

Adriane Vieira
Doutora em Ciências do Movimento Humano pela Universidade Federal do Rio Grande do Sul.
Professora no curso de Pós-graduação em Ciências do Movimento Humano
e nos cursos de Graduação em Fisioterapia e em Educação Física
da Universidade Federal do Rio Grande do Sul.

2012

Obra originalmente publicada sob o título Prescriptive Stretching
ISBN 9780736099363

Copyright © 2011 by Kristian Berg

Translation published by arrangement with Human Kinetics.

All rights reserved. Except for use in a review, the reproduction or utilization of this work in any form or by any electronic, mechanical, or other means, now known or hereafter invented, including xerography, photocopying, and recording, and in any information storage and retrieval system, is forbidden without the written permission of the publisher.

Capa: *Márcio Monticelli*

Preparação de original: *Ana Luisa Gampert Battaglin*

Leitura final: *Ana Claudia Regert Nunes*

Coordenadora editorial: *Cláudia Bittencourt*

Editora responsável por esta obra: *Simone de Fraga*

Projeto e editoração: *Techbooks*

Reservados todos os direitos de publicação, em língua portuguesa, à
ARTMED EDITORA LTDA., uma empresa do GRUPO A EDUCAÇÃO S.A.
Av. Jerônimo de Ornelas, 670 – Santana
90040-340 – Porto Alegre – RS
Fone: (51) 3027-7000   Fax: (51) 3027-7070

É proibida a duplicação ou reprodução deste volume, no todo ou em parte, sob quaisquer formas ou por quaisquer meios (eletrônico, mecânico, gravação, fotocópia, distribuição na Web e outros), sem permissão expressa da Editora.

Unidade São Paulo
Av. Embaixador Macedo Soares, 10.735 – Pavilhão 5 – Cond. Espace Center
Vila Anastácio – 05095-035 – São Paulo – SP
Fone: (11) 3665-1100   Fax: (11) 3667-1333

SAC 0800 703-3444 – www.grupoa.com.br

IMPRESSO NO BRASIL
*PRINTED IN BRAZIL*

# SOBRE O AUTOR

Kristian Berg é doutor em *naprapathy*.* Essa terapia médica focaliza a manipulação e o alongamento da coluna vertebral e dos tecidos conectivos. Berg tem uma clínica em Estocolmo, na Suécia, desde 1988. Anualmente, participa de cursos internacionais de treinamento em dissecação, anatomia e técnicas de manipulação. Na clínica, já mostrou a mais de 30.000 pacientes a importância do alongamento e do equilíbrio dos músculos para a saúde geral. O autor é também diretor da Personal Training School, além de palestrante em anatomia, no Scandinavian College of Naprapathic Manual Medicine, em Estocolmo. Tem excelente reputação como palestrante sobre alongamento e treinador de atletas, na Suécia, e em toda a Europa.

Antes de se tornar *naprapath*, Berg foi um ginasta de fama internacional, além de talentoso jogador de tênis na categoria infantil. Mais recentemente, competiu como atleta multidesportista, além de já ter escalado o Aconcágua, o pico mais alto da América do Sul. Hoje, Kristian Berg mora em Svartsjo, na Suécia.

---

* N. de R.T.: *Naprapathy* é um método de cuidados com a saúde que emprega terapia manual, orientação nutricional e modalidades terapêuticas, especializada no tratamento da dor causada por doenças do tecido conectivo. (American Naprapathic Association)

# SUMÁRIO

Introdução .................................................................VIII

Músculos e ossos do corpo humano ........................................ IX

## FUNDAMENTOS DO ALONGAMENTO ........... 17

## ALONGAMENTOS PRETENDIDOS ................ 41

## PROGRAMAS PARA ALÍVIO DA DOR ........... 134

## INVESTIGAÇÃO DE FLEXIBILIDADE E EQUILÍBRIO MUSCULAR ............................ 149

Índice de alongamento ....................................................... 151

Referências ................................................................. 153

# INTRODUÇÃO

As pessoas podem ser classificadas em duas categorias – as que têm dores nas costas e as que terão dores nas costas.

Durante meus anos como *naprapath*, tratando condições neuromusculoesqueléticas, sempre surgia a mesma pergunta dos pacientes: é realmente necessário alongar? Preciso fazer isso?

A resposta não é sim, mas também não é não. Há necessidade de alongamento? Bem, você precisa escovar os dentes? Na verdade, não, mas a maioria dos indivíduos está bem consciente dos resultados da não escovação. Infelizmente, só vemos as consequências da negligência do alongamento e dos cuidados de nosso corpo quando sentimos dor.

Podemos não perceber que a dor tem ligação com nosso comportamento. Até o momento, nosso corpo não precisou de manutenção; por que, então, a dor começou agora? Seríamos surpreendidos por uma cárie se não tivéssemos escovado os dentes por seis meses? A dor é também uma consequência. O corpo não se esquece do que fizemos nos últimos 20 anos.

Precisamos, então, alongar? Acho que alongamento e exercícios são parte da manutenção diária do corpo; dessa forma, não deveria haver diferenças entre eles e o hábito de escovar os dentes.

Alongamentos, de uma maneira ou outra, são realizados habitualmente por homens e animais. Pensemos em um gato ou cachorro ao acordar; eles alongam os ombros e os músculos dos quadris antes de iniciar qualquer atividade. Será possível que perdemos esse instinto conforme a vida passou a exigir cada vez menos atividade? Ainda que isso possa ser verdadeiro, o instinto permanece. Ao bocejarmos pela manhã, tendemos a alongar os braços, elevando-os e afastando-os do corpo, e ainda curvamos as costas.

Os últimos 10 anos de minha vida como ginasta foram dolorosos. Constantemente, minhas costas doíam. Até pensei em aposentar minhas costas antes de terminar minha carreira de ginasta. Como atleta, e ainda flexível, realmente achei que era uma autoridade em músculos e flexibilidade. Mais tarde, durante os estudos para trabalhar como *naprapath*, descobri informações sobre o assunto o que jamais pensei existir.

Mesmo durante meus anos como estudante, minhas costas continuaram a doer. Independentemente do tratamento, a dor aliviava apenas de forma marginal. Depois de um tempo, comecei a perceber alguma melhora decorrente do alongamento consistente de determinado músculo. Decidi que os músculos do outro lado de meu corpo também seriam flexíveis. Comecei a perceber os resultados, e, hoje, minhas costas não incomodam mais. Se começo a sentir dor após algum treinamento ou negligência, alongo os mesmos músculos de antes. Ao terminar o procedimento, a dor desapareceu. Algumas vezes me pergunto como teria sido minha vida de ginasta se soubesse o que sei agora. A saúde de um único músculo causou uma imensa diferença.

É essa a experiência que tento compartilhar com meus pacientes. Cada um deles recebe um exercício para realizar em casa. Posso facilmente dizer quem o fez e quem se esqueceu de fazê-lo. Trabalhando juntos, conseguimos, com rapidez, os resultados desejados de menos dor e aumento da mobilidade.

Livros e revistas sobre alongamento costumam trazer exercícios milagrosos. Infelizmente, eles não abordam a verdadeira razão pela qual devemos realizá-los. Os exercícios nesses artigos costumam ser errados ou perigosos, e as instruções para a sua prática costumam ser incompletas, difíceis de entender, ou inexistem.

Este livro é um recurso e, como todos os outros, deve ser manuseado com cautela. Precisa ser lido no todo, com as figuras estudadas na íntegra. Os exercícios são eficazes se realizados corretamente.

# MÚSCULOS E OSSOS DO CORPO HUMANO

Os nomes dos músculos, em latim, costumam descrever sua aparência e suas funções. Por isso, é útil aprender termos latinos. Vejamos o exemplo do músculo levantador da escápula (no latim, *levator scapulae*). Levantado deriva-se de *levatio*, que significa levantar. Você consegue entender essa origem na palavra elevador. *Scapula* é o termo latino para escápula do ombro. Os exemplos são inúmeros. Fica fácil concluir o uso e a posição dos músculos, quando se conhece um pouco dos termos em latim. Apresentamos alguns exemplos:

*Abdominis* = abdome

*Abductor* = movimento na direção contrária da linha média do corpo

*Adductor* = movimento na direção da linha média do corpo

*Antebrachii* = antebraço

*Anterior* = lado frontal

*Bi* = dois

*Brachii* = porção superior do braço

*Brevis* = curto

*Caput* = cabeça

*Dorsum* = costas

*Externus* = de fora/externo

*Extensor* = músculo que estende/fica reto

*Femoris* = coxa

*Flexor* = músculo que se curva

*Infra* = inferior, abaixo

*Internus* = interno

*Lateralis* = para o lado

*Levator* = músculo que levanta

*Longus* = longo

*Magnus/Major* = grande/maior que

*Minimus/Minor* = pequeno/menor que

*Musculus* = músculo

*Musculi* = músculos

*Obliquus* = inclinado

*Posterior* = lado de trás

*Processus* = processo

*Rectus* = reto

*Spinae* = espinha/coluna

*Supra* = acima

*Tri* = três

## NOTA SOBRE OS ALONGAMENTOS

Neste livro, mostramos todos os alongamentos feitos no lado direito.
É claro que há necessidade também de alongar o lado esquerdo.

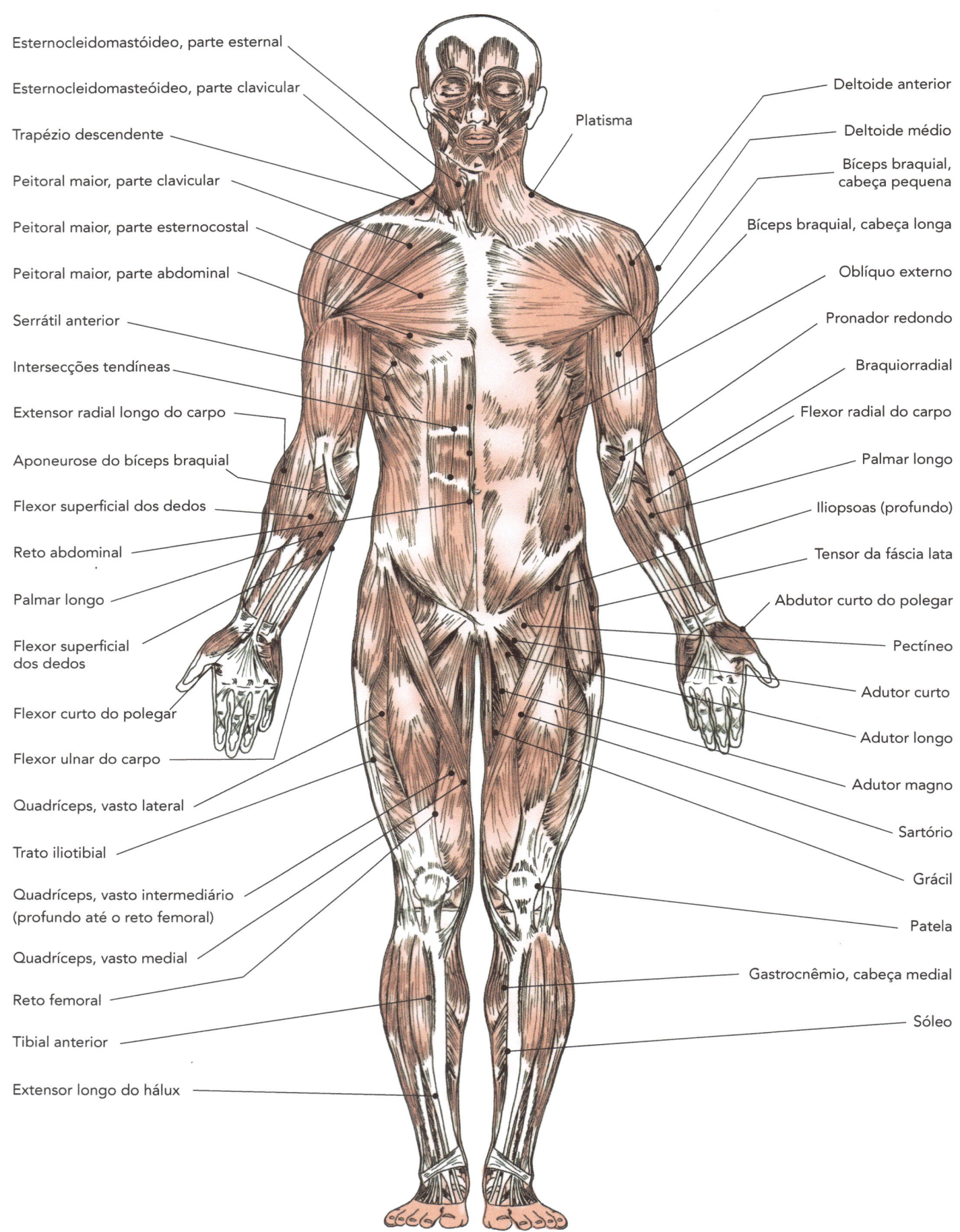

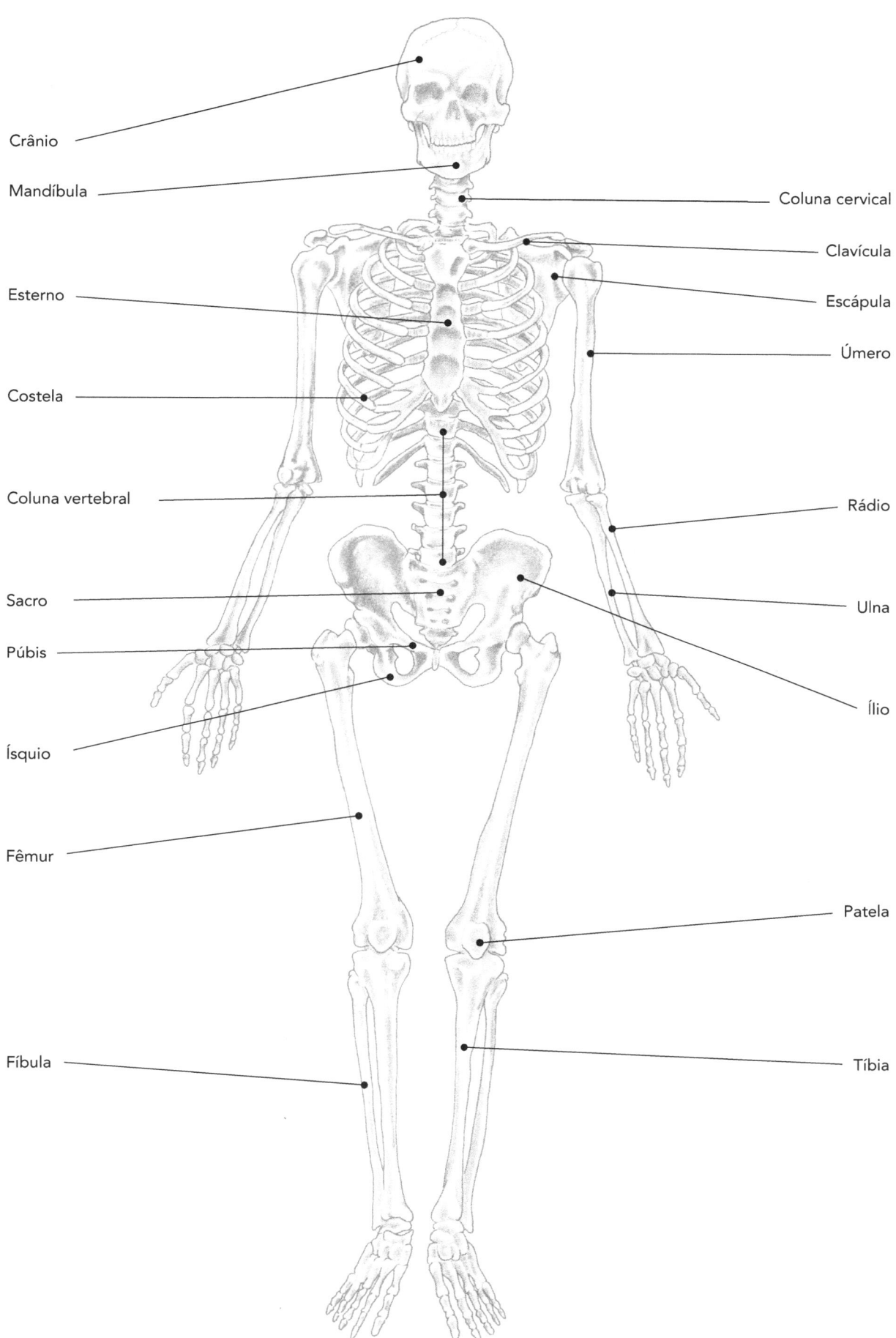

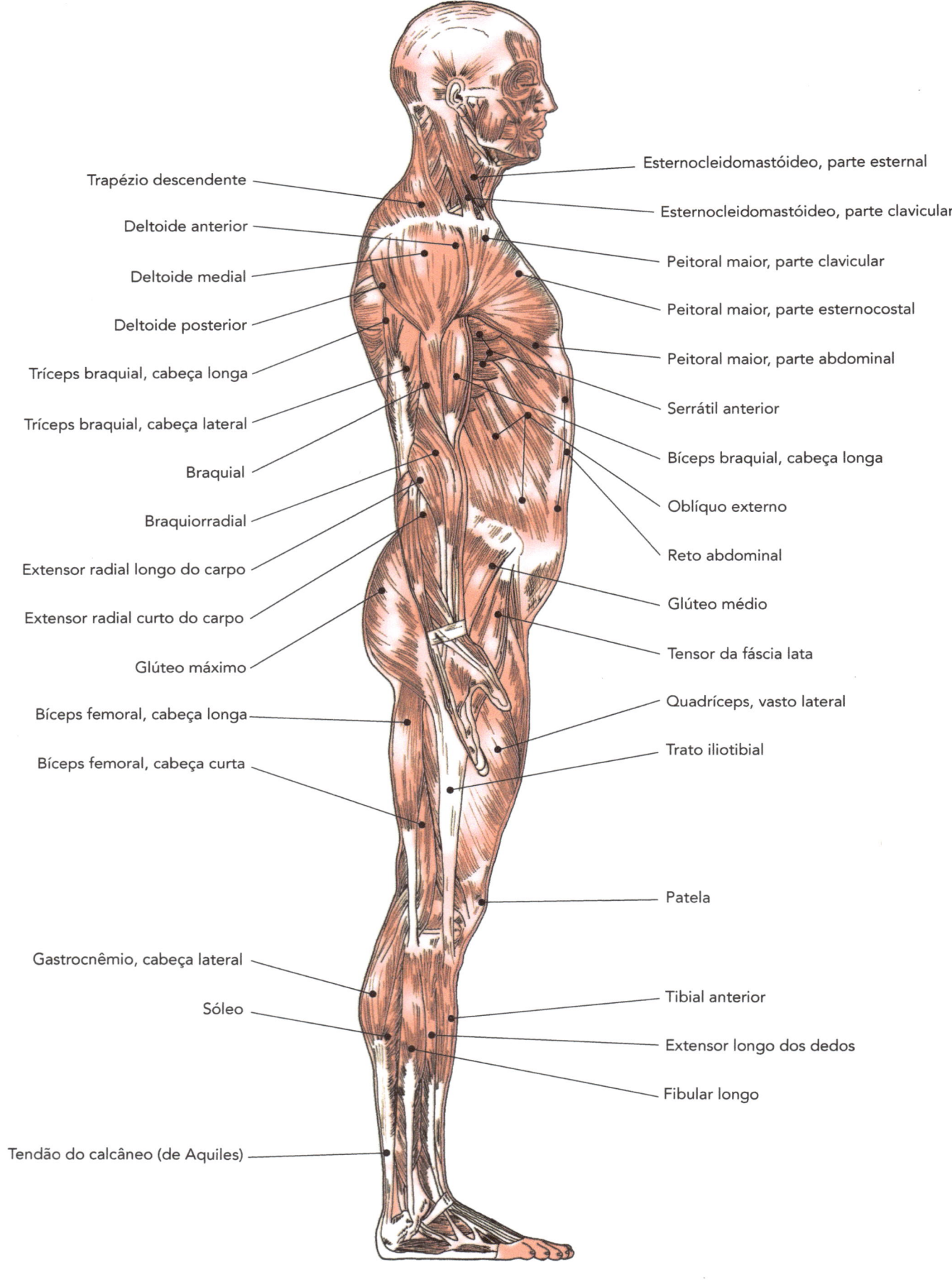

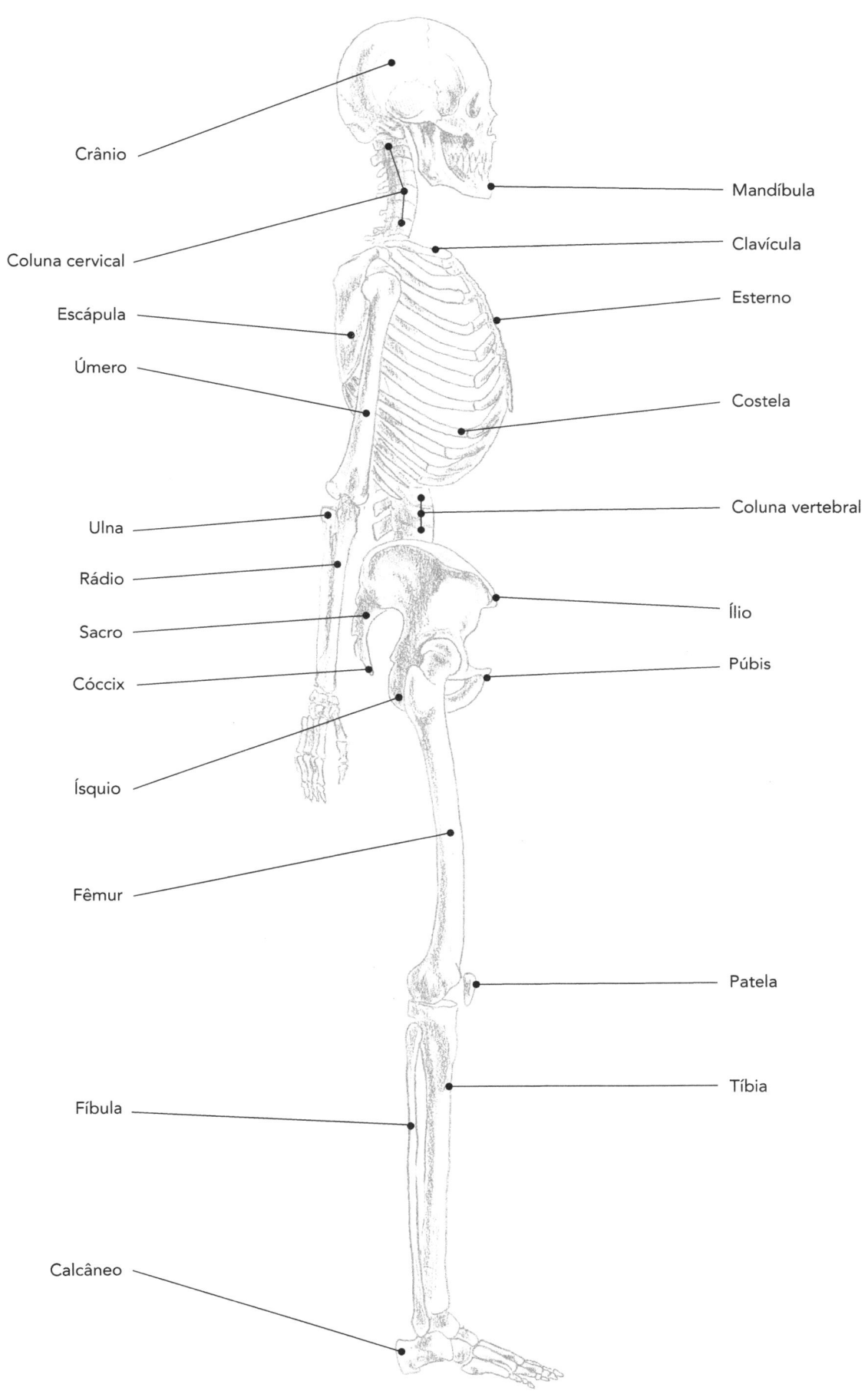

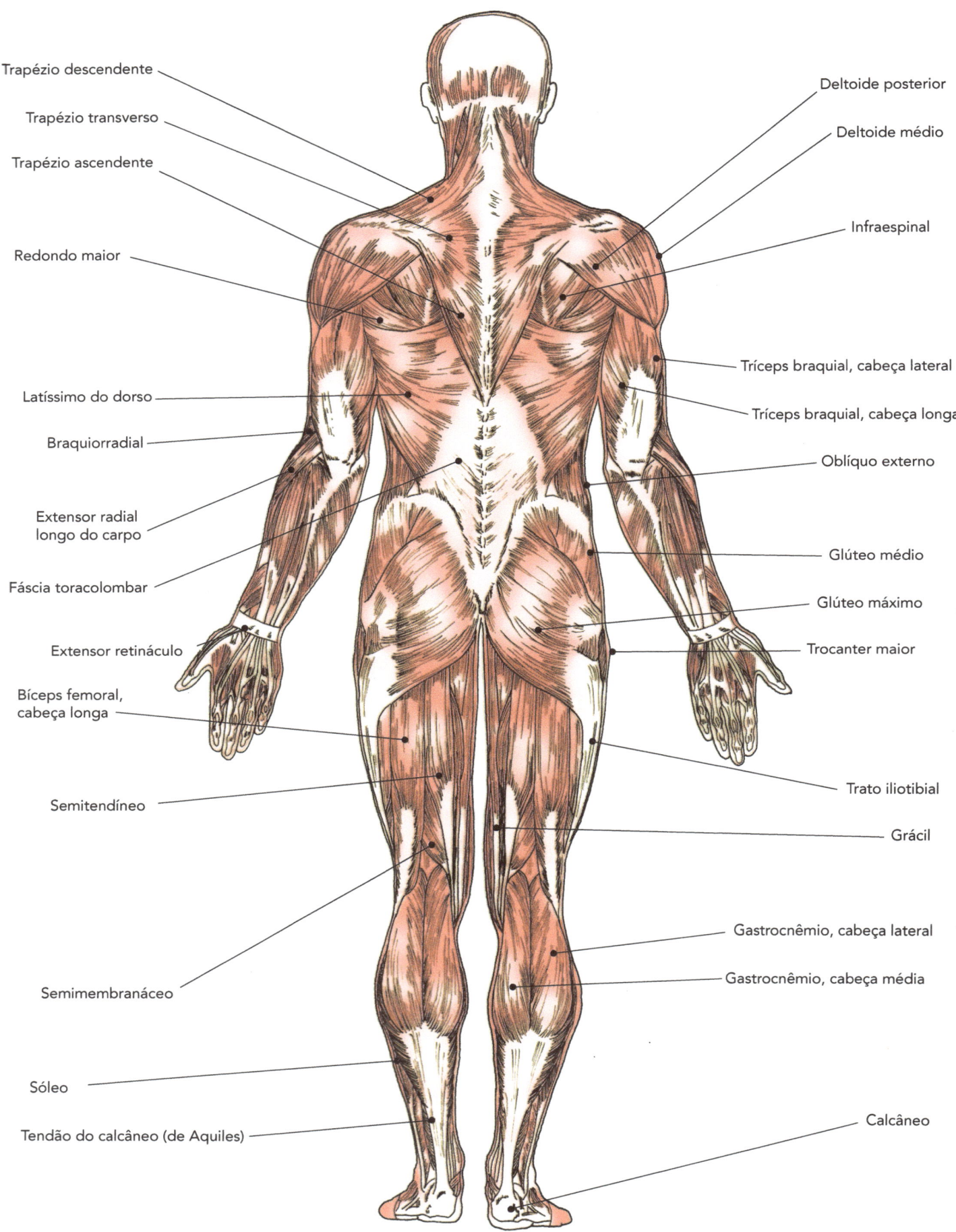

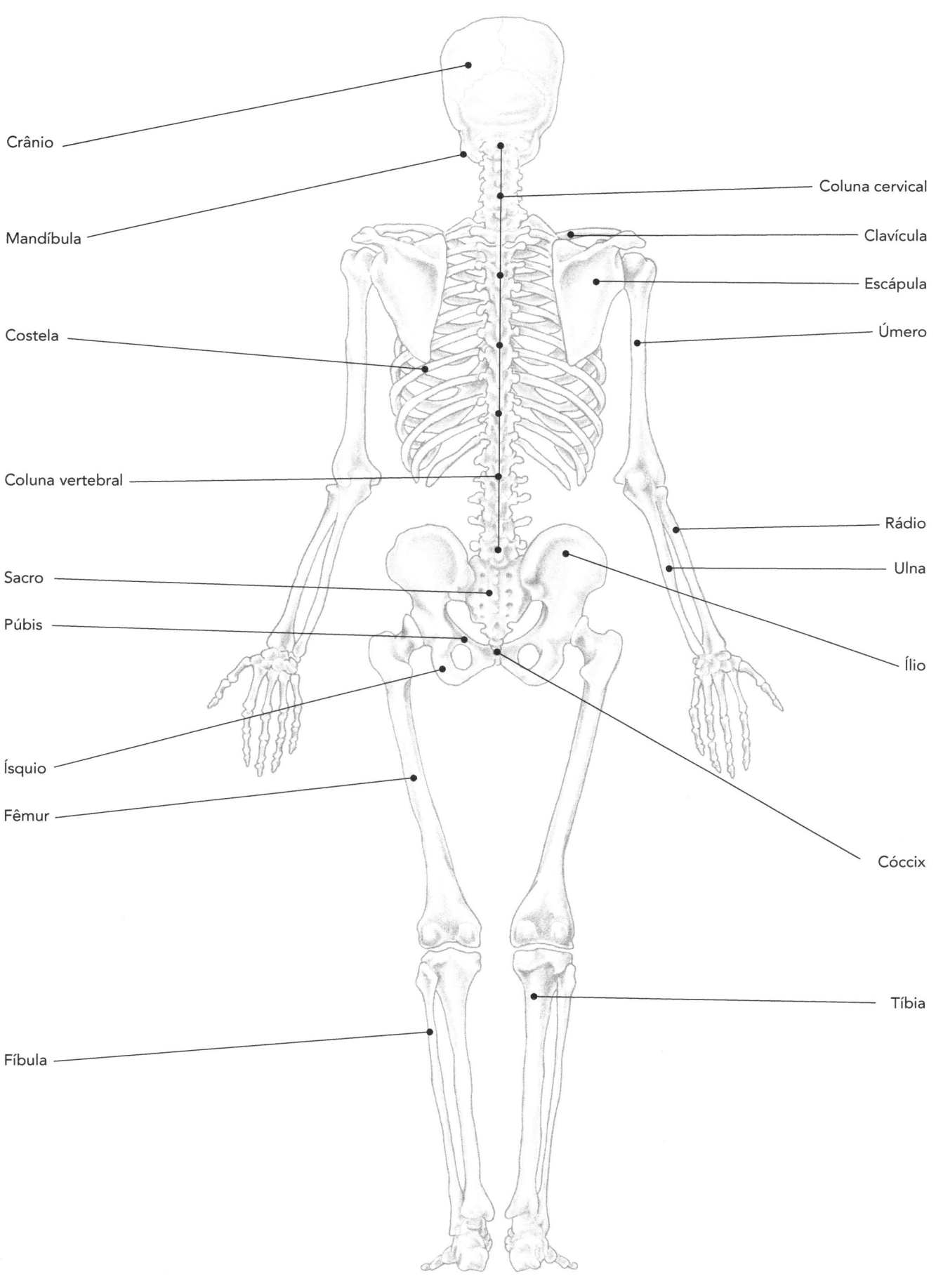

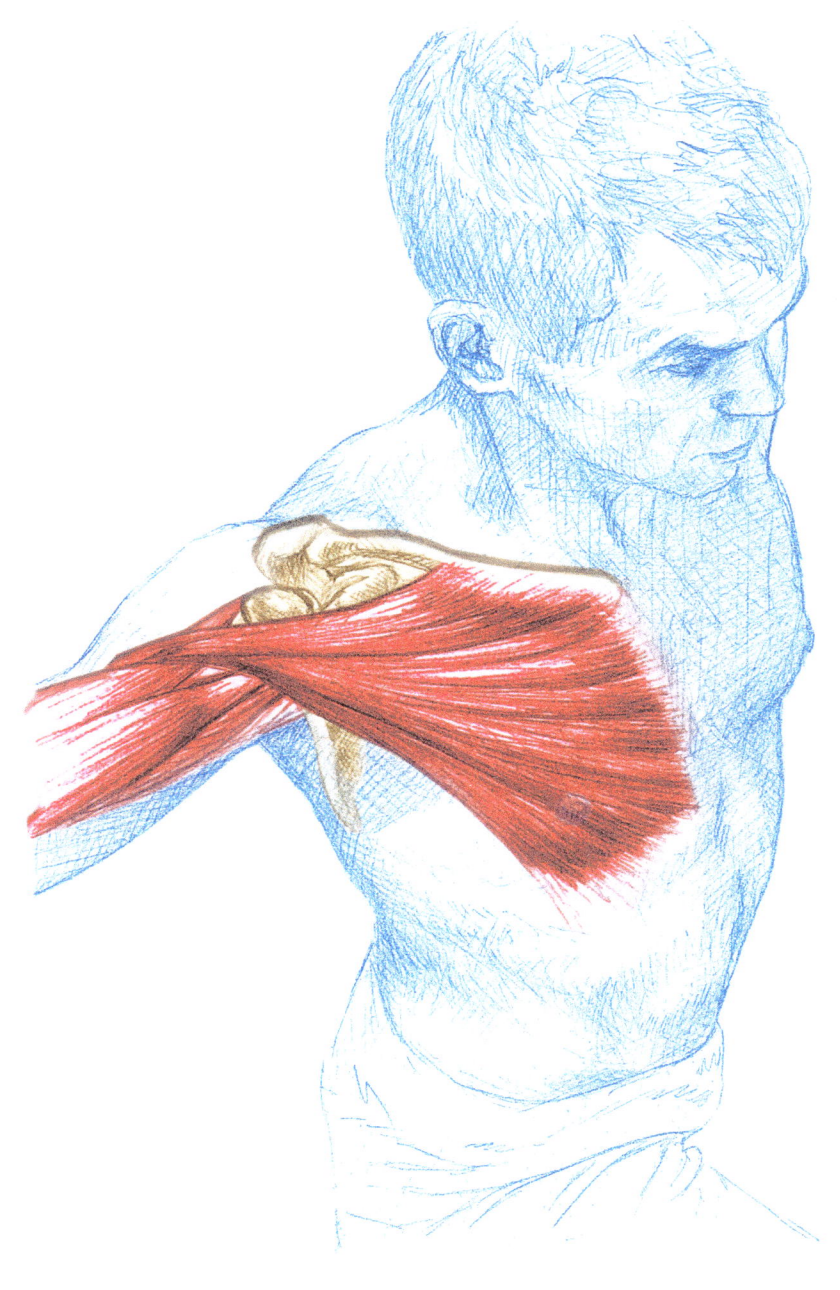

# FUNDAMENTOS DO ALONGAMENTO

# FISIOLOGIA

O corpo humano é uma criação maravilhosa. Uma variedade de sistemas garante que tudo funcione como deve ser, desde a visão, a audição e a circulação, passando pelos rins e o coração. Um dos sistemas mais importantes é o motor, que controla os movimentos, a flexibilidade, a força, a coordenação e o equilíbrio.

Esse grupo de sistemas contém os ossos, as articulações e os músculos esqueléticos, todos necessitando de resistência para permanecerem saudáveis ao longo da vida. Colocamos todos os nossos blocos estruturais no lugar quando crianças e temos que conservá-los quando adultos.

Quando nos movimentamos, ocorre o aumento do fluxo sanguíneo para a área envolvida. O sangue leva oxigênio e outros nutrientes necessários aos músculos. O movimento também eleva a temperatura, o que deixa os músculos maleáveis. A resistência muscular estimula o crescimento, de modo que o corpo estará mais fortalecido para o próximo período de exercícios. Sua resistência deve ser aumentada pouco a pouco, para que o organismo possa adaptar-se; se isso ocorrer rápido demais, os músculos ficarão sobrecarregados. Todas as formas de sobrecarga são relativas; podendo incluir caminhar por tempo demais e com muita frequência ou erguer algo muito pesado. É possível também que você sobrecarregue os músculos ao permanecer sentado por longos períodos.

O aumento gradual da resistência é importante na prevenção de lesões durante todo o tipo de treino ou alongamento. Mesmo que você não pretenda ter cautela, o corpo registra tudo que você faz; se fizer muito em curto período de tempo, ele fará com que saiba disso, registrando a dor.

## O SISTEMA MUSCULAR

O corpo possui cerca de 300 músculos esqueléticos existentes para criar movimento nas articulações. Quando os músculos entram em ação, são esticados como uma tira elástica. Quanto mais elásticos forem, mais suaves os movimentos.

Músculos que jamais são solicitados para algum tipo de trabalho não se fortalecem durante o repouso; tornam-se rijos e encurtados, o que causa dor. Quando você precisa deles, cansam-se facilmente, uma vez que não são utilizados na realização de tarefas. Assim, poderá ocorrer distensão nas costas durante atividades simples, como movimentar uma cadeira.

O corpo precisa de equilíbrio. Os músculos da parte frontal do corpo, quando usados, deslocam tudo para a frente. Quando encurtados, pode ocorrer uma postura arqueada. Então, para um indivíduo colocar-se de pé e ereto, os músculos das costas precisam estar igualmente longos e fortes ou encurtados e enfraquecidos. Na melhor das hipóteses, os músculos das porções anterior e posterior do corpo são, também, igualmente elásticos, exigindo menos energia para continuarem em equilíbrio.

O corpo humano contém 300 músculos esqueléticos.

A relação entre os músculos nos diferentes lados do corpo (frente e costas, ou direito e esquerdo) é muito importante para o desempenho e o bem-estar.

Músculos repetidamente contraídos (p. ex., durante tensão) perdem a elasticidade e enrijecem com o tempo, já que a circulação sanguínea fica diminuída com a redução dos movimentos.

## ANTAGONISTAS

Antagonista é um músculo que cria o movimento oposto ao daquele em uso ou sendo alongado no momento. Se o músculo que você está alongando flexiona o cotovelo, seu antagonista estende-o. Assim, quando você executa um movimento utilizando um grupo de músculos, os antagonistas contraídos oferecem resistência a esse movimento. Se você tem consciência dos antagonistas causadores da maior parte dos problemas, poderá conseguir mais eficiência. Exemplificando: durante uma corrida, você leva a perna para a frente, usando os flexores do quadril e os quadríceps. Os músculos da porção posterior da coxa, que movimentam a perna para trás, alongam com a movimentação da perna para a frente. Se esses músculos estiverem contraídos, impedirão o movimento. Alongá-los antes de correr torna a atividade mais eficiente.

## MÚSCULOS ENCURTADOS E PONTOS-GATILHO

Quando os músculos trabalham, dão origem a subprodutos. Um deles é o ácido láctico. A pessoa que transporta alguma coisa por período prolongado sente os efeitos desse ácido. Primeiro, ocorre ardência muscular. Com aumento do cansaço, a área começa a doer. Assim que o indivíduo solta o que está carregando, a dor desaparece, pois o sangue remove o ácido láctico do músculo.

Quando você contrai os músculos de forma contínua, gera ácido láctico em excesso. Hoje, devido ao estresse, contraímos a musculatura da nuca e dos ombros com frequência. Trata-se de um hábito que também contribui para uma postura inadequada, que pode ser causada por musculatura fraca ou por uma adaptação do corpo a músculos encurtados. Esse mau hábito ainda cria aumento da resistência quando você se senta ou fica em pé, na postura certa. Essa resistência pode encurtar ainda mais os músculos.

Pontos-gatilho podem ser mais bem descritos como nós nos músculos, que podem variar de tamanho de um grão de arroz a uma ervilha. Esses pontos podem causar dor no local ou em outras áreas do corpo; podem ser ativos ou latentes. Por exemplo, um ponto-gatilho ativo na área do ombro, o músculo trapézio, pode causar cefaleia em torno das orelhas, ou perto da testa ou dos olhos. Um ponto latente na mesma área causa dor similar quando há pressão.

Os pontos-gatilho aparecem em músculos encurtados e contraídos de forma estática, produzindo, assim, ácido láctico. Podem ainda aparecer em músculos que trabalham demais, sem descanso. Tais pontos podem criar uma dor que irradia pelos braços, na direção das mãos ou das pernas e podem também causar dor local nas costas. Alguns pontos-gatilho sempre causarão dor, no mesmo local, para todas as pessoas. Eles nos auxiliam a encontrar a causa da dor. O alongamento é uma boa maneira de removê-los ou de deixar latentes pontos mais ativos.

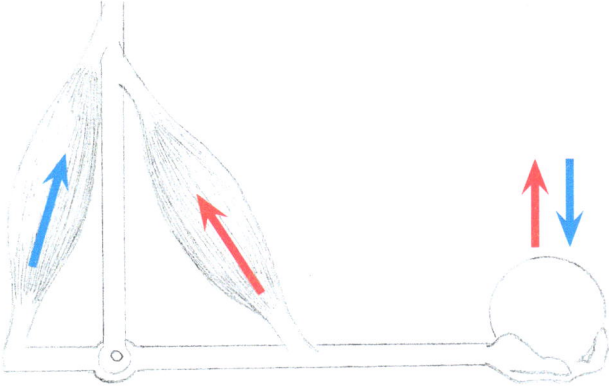

O vermelho levanta a bola e o azul baixa-a. Eles trabalham em direções opostas; são antagonistas.

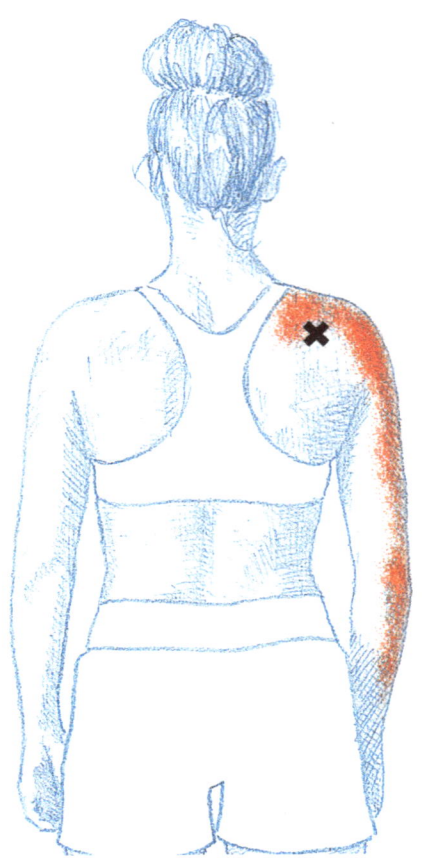

O X marca a localização do ponto-gatilho, a cor indica o local em que pode ser sentida a dor. Apenas parte da área pode estar afetada.

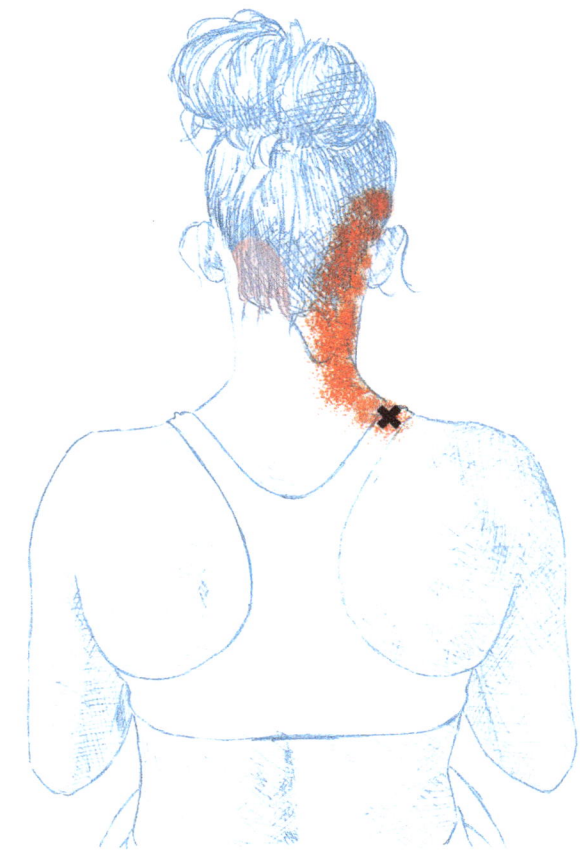

A cefaleia mais comum tem origem em um ponto-gatilho na porção descendente do músculo trapézio.

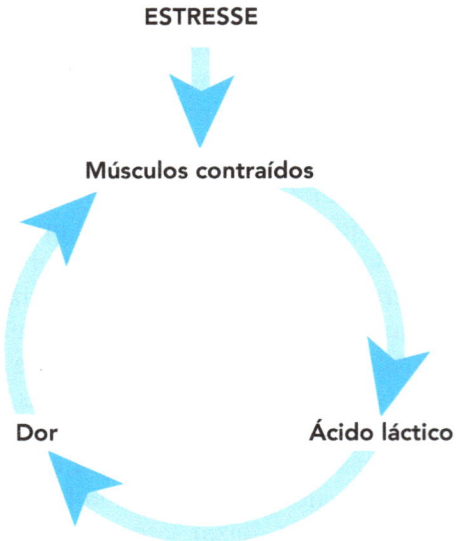

**A seguir, as razões mais comuns para encurtamento de músculos e pontos-gatilho:**
- Estresse
- Má postura
- Carga estática
- Posição sentada (inatividade geral)
- Dormir por longo período em posição desconfortável
- Movimentos repetitivos (em especial acima da cabeça)
- Treino com técnica inadequada
- Sentar-se com as pernas cruzadas
- Carregar bolsa sempre no mesmo ombro
- Sentir frio

## O SISTEMA ESQUELÉTICO

Tudo no organismo é apoiado pelo esqueleto, de músculos a pulmões, fígado e intestinos. Sabe-se que, quando o esqueleto está muito fragilizado, tudo se desfaz. Movimentos e carga estimulam-no a fortalecer-se e a reconstruir-se durante a noite, em preparação para as necessidades do dia seguinte. Uma vida sedentária, no entanto, não dá ao esqueleto motivos para isso. A falta de atividade não permite que continue sua reconstrução, o que o deixa mais debilitado e com menos durabilidade. Lamentavelmente, há um limite de tempo para reconstrução de um esqueleto forte. Esse processo ocorre até os 25 anos de idade; depois disso, fica bastante difícil fortalecê-lo. Garanta, assim, que seus filhos saiam de casa e se movimentem, evitando ficar sentados diante do computador ou da televisão o dia inteiro. O esqueleto e o organismo são criados para o trabalho e não para o descanso.

Ao fraturar um osso, o organismo cura a si mesmo e, depois, adiciona uma camada de tecido por cima para reduzir a possibilidade de quebrar-se novamente.

## ARTICULAÇÕES

As articulações, conexões entre dois ossos, podem ser a parte mais sensível do sistema motor. As extremidades ósseas estão cobertas por cartilagem, que amortece as vibrações e reduz o atrito. Como o restante do esqueleto, a cartilagem precisa de carga. Ela fica mais espessa durante os primeiros anos de vida. Quanto maior a frequência de carga da cartilagem, mais espessa e funcional ela se torna.

Uma porta constantemente aberta e fechada, mas nunca lubrificada, começará a produzir ruído. O mesmo ocorre com as articulações, que precisam de manutenção e movimento. O uso de carga é a melhor forma de cuidar delas. Movimentar uma articulação em toda sua amplitude de movimentos estimula-a, tornando-a mais forte para a próxima atividade.

Articulações não utilizadas enrijecem. Após 12 horas em um aparelho gessado, a mobilidade da articulação do cotovelo diminui para 30% da função original.

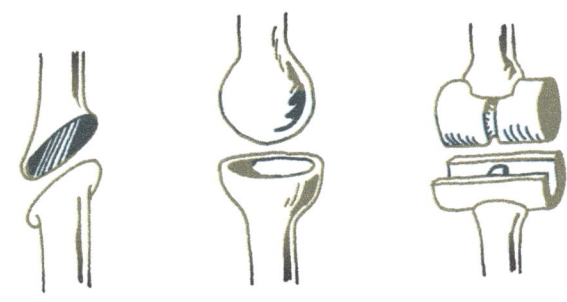

Articulação plana, articulação de bola e soquete e articulação em dobradiça são três dos seis tipos de articulações no corpo. A forma da articulação determina os movimentos que podem ser executados.

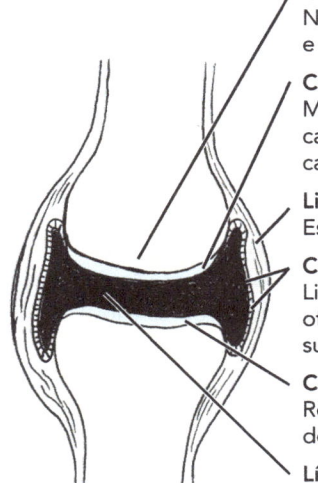

**Cabeça de uma articulação**
Normalmente, arredondada e coberta com cartilagem

**Cavidade articular**
Mais plana e coberta com cartilagem, ajustada à cabeça de um osso

**Ligamento**
Estabiliza a articulação

**Cápsula articular**
Limita os movimentos e oferece proteção contra sujeira e bactérias

**Cartilagem**
Reduz o atrito entre a cabeça do osso e a cavidade

**Líquido articular**
Diminui o atrito, o desgaste e a laceração articulares; transporta nutrientes

Movimentar-se durante 30 minutos ao dia é a melhor forma de proteger as costas e o corpo inteiro.

## MOVIMENTE-SE!

Infelizmente, a vida moderna oferece confortos, como cadeiras, escadas rolantes e elevadores, que privam o organismo do estímulo necessário. Descansar o dia inteiro não poupa o corpo de sofrimento e problemas; ao contrário, diminui suas possibilidades de sentir-se bem. O corpo humano foi construído para andar durante semanas a fio e, de preferência, com uma mochila nas costas. Tem sido sempre assim, independentemente de a pessoa ser jovem ou idosa.

Uma boa maneira de acompanhar o quanto você se movimenta é por meio de um pedômetro, que contabiliza cada um dos seus passos. O restante do corpo, todavia, precisa trabalhar da mesma forma que as pernas. Todas as articulações e os músculos necessi-

> **Pedômetro**
>
> Menos que 1.000 passadas: você precisa sair do sofá.
>
> De 1.000 a 3.000 passadas: sua falta de movimentação é um perigo à saúde.
>
> De 3.000 a 5.000 passadas: melhor agora; porém, tente sair.
>
> De 5.000 a 10.000 passadas: bom, está quase lá. Faltam apenas mais algumas passadas.
>
> Mais de 10.000 passadas: bom trabalho! É agora que os verdadeiros benefícios à saúde serão sentidos.

tam de atividade diária para promover o bem-estar. Quando o organismo está bem, você se sente bem.

## CONSEQUÊNCIAS DO SEDENTARISMO

### Coração
Se o coração não é desafiado, trabalha o mínimo possível, e atrapalhará o seu bom desempenho quando você precisar. Um coração fraco também compromete a circulação.

### Músculos
Músculos não utilizados encurtam, o que atrapalha seu bom desempenho quando você precisa deles. Os tendões fragilizam-se e podem, facilmente, romper com movimentos repentinos. Músculos sem manutenção perdem a elasticidade e tornam-se demasiadamente tensos.

### Articulações
Durante a juventude, a cartilagem do organismo é aumentada pelo movimento. Se você foi uma criança sedentária, sua cartilagem está mais fina do que poderia estar caso tivesse tido uma infância ativa. Uma cartilagem mais fina aumenta o risco de artrite.

### Ossos
Da mesma forma que a cartilagem, os ossos ficam mais fortes quando recebem carga. A principal razão para um esqueleto mais frágil é a falta de atividade. A osteoporose é a causa mais comum de fratura entre os idosos.

### Circulação
O sedentarismo torna os capilares, ou pequenos vasos sanguíneos, menos ativos, o que diminui a distribuição de oxigênio aos músculos e a outros tecidos.

Ser um pouco preguiçoso não constitui um risco, desde que você agregue alguma atividade à vida diária.

# POR QUE ALONGAR?

Há muitas pesquisas sobre alongamento. Muitas delas, infelizmente, nem tão bem feitas. Ultimamente, entretanto, investigações bem planejadas mostram que alongar aumenta a força e reduz a dor. Há estudos que até indicam o uso do alongamento para prevenir lesões em diferentes esportes.

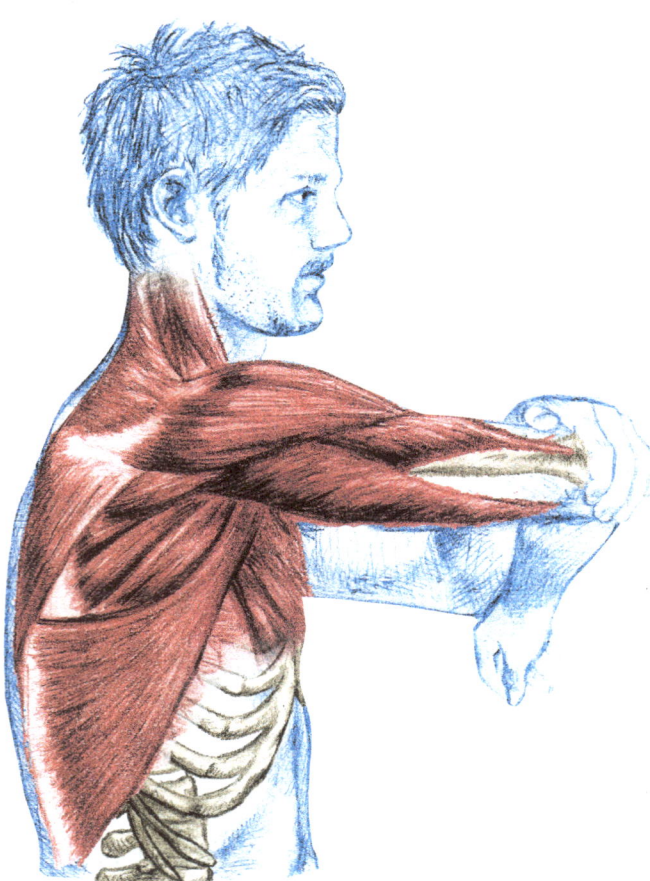

Alongamento do músculo infraespinal, capaz de reduzir a dor na região frontal do ombro.

Alguns achados indicam que os componentes químicos dos músculos são alterados pela dor. Pesquisadores acreditam que alongar aumenta o fluxo de sangue para o músculo, levando-o a relaxar mais. Com o aumento da circulação, o sangue remove dos músculos substâncias que causam dor, reduzindo-a.

Há estudos que mostram que alongar aumenta a mobilidade, embora isso dependa da técnica usada e da idade da pessoa. Existem também estudos indicando que alongar aumenta a tolerância à dor.

O aumento da mobilidade está demonstrado até por estudos menos científicos. Por exemplo, em caso de imobilidade aguda no pescoço, o alongamento é capaz de, imediatamente, melhorar a amplitude de movimentos e reduzir o nível da dor. É muito difícil, porém, determinar, de forma científica, se o alongamento atua mais sobre o aumento do comprimento ou sobre o relaxamento do músculo. Há pesquisas que mostram que o alongamento torna mais fortes os músculos, em especial o antagonista do músculo que está sendo alongado. Esse fato é relevante no treinamento de força. Ao treinar o latíssimo do dorso, o alongamento do músculo peitoral traz ganhos de mobilidade e força.

# COMO ALONGAR

O uso da técnica errada ao alongar pode representar perda de tempo e aumentar o risco de lesão. É importante saber que, ao alongar um músculo, você também faz, no mínimo, uma ação diretamente oposta ao que ele faz enquanto trabalha (contrair).

Se a função do músculo é flexionar o cotovelo, você precisa deixar o cotovelo reto para alongá-lo. Se um músculo flexiona o quadril, estende o joelho ou aumenta o arco na porção inferior das costas, para que seja alongado, há necessidade de ser estendido o quadril, flexionado o joelho ou reduzido o arco das costas. Realizar apenas uma dessas ações não proporcionará o alongamento desejado, podendo também aumentar demais a mobilidade articular, ocasionando lesão. Siga com atenção as instruções para alongar de modo a realmente exercitar-se com segurança.

## QUATRO PRINCÍPIOS BÁSICOS

Para alongar com segurança, você deve atender a quatro princípios básicos: evitar dor, alongar devagar, alongar o músculo correto e trabalhar somente as articulações e os músculos necessários. Essas são diretrizes que visam tornar mais seguro e eficiente o alongamento e aumentar sua percepção corporal.

### Evite dor
Se alongar com cuidado, os músculos irão reagir da forma desejada. Se forçar o alongamento, eles não irão colaborar. Ao alongar até sentir dor, os mecanismos de defesa do corpo entram em ação, imaginando que alguma coisa perigosa pode estar em andamento. Quando os músculos registram a dor, tentam proteger-se e contraem-se. Isso é o oposto do que você quer conseguir por meio do alongamento. É claro que alguma dor menor poderá não prejudicar se o desconforto não se disseminar pelo corpo. Você precisa, todavia, conseguir distinguir entre o incômodo do alongamento e a dor que provoca uma lesão.

### Alongue devagar
Se você empurrar braços ou pernas durante um alongamento, o músculo alongará rápido demais, o que leva o corpo a pensar que ele irá romper ou lesionar. Ao repetir o movimento, o corpo tentará proteger o músculo, contraindo-o, evitando que você alcance a meta.

### Alongue o músculo correto
Ainda que possa soar óbvio, você deve usar a técnica correta para seguir essa regra. O movimento que vai alguns graus na direção errada pode ser a diferença entre alongar o músculo e tensionar a cápsula articular, ou danificar o corpo. Para evitar danos ao organismo e valorizar seu tempo, é importante que as coisas sejam feitas corretamente.

### Evite afetar outros músculos e articulações
O alongamento realizado de forma descuidada ou insatisfatória pode afetar de maneira negativa outros músculos e articulações e até piorar sua condição. Esse erro comum é a principal razão por que alguns entendem que alongar não vale a pena ou causa dor.

---

**Quatro princípios básicos**

Evitar a dor.

Alongar devagar.

Alongar o músculo correto.

Evitar afetar outros músculos e articulações.

## A REGRA DE OURO

Alongar corretamente exige técnica e prática boas. Como toda disciplina, é a prática que leva à perfeição. Certifique-se de que todos os seus ângulos estão corretos ao iniciar o movimento. Você deve movimentar-se na velocidade correta e com a postura certa; procure movimentar o mínimo possível a articulação ao alongar o músculo. É da natureza humana seguir pelo caminho mais fácil, o que faz nos sentirmos flexíveis e confortáveis; no entanto, essa não é a maneira mais adequada de conseguir um bom alongamento.

## CONSIDERAÇÕES

### Devo alongar enquanto estou aquecido ou frio?

A maior parte das pessoas sente-se mais confortável e flexível quando aquecida. Todavia, você pode alongar sem aquecimento? Se seguir as orientações básicas sobre a prática, não haverá risco de lesão. Talvez seja difícil e nada prático aquecer sempre que tentar corrigir uma condição que demande a realização de alongamento 10 vezes por dia.

### Devo alongar antes ou depois de exercitar-me?

Se você pratica exercícios para se sentir bem e ter aptidão física, é ótimo alongar antes, depois e, até mesmo, durante o exercício. Caso você levante peso, pode ser útil alongar o músculo que está trabalhando e seu antagonista. Com o músculo flexível e maleável, o alongamento será mais fácil e o risco de lesão diminuirá. Alongar as panturrilhas durante uma corrida pode ajudar a evitar lesões, já que músculos contraídos ou rijos e encurtados dessa região costumam afetar a passada.

### Fazer dessa prática um dos elementos do dia a dia

Maximizar o efeito de seus alongamentos deve ser parte de seus hábitos diários, como escovar os dentes ou tomar banho. Seus músculos também precisam de manutenção frequente, isso vale ainda mais se você tem problemas relacionados a músculos contraídos ou encurtados. Ainda que se sinta tolo fazendo alongamentos no trabalho, tal ato pode ajudá-lo a evitar dores de cabeça ou problemas nas costas. O empregador que realmente cuida de seus funcionários oportuniza momentos de alongamento pela manhã e pela tarde.

### O que preciso para alongar?

Não há necessidade de equipamento para conseguir alongar. Todos os exercícios deste livro podem ser feitos em casa, no trabalho ou em um ginásio. Uma parede, uma mesa, um guia telefônico (onde subir), uma toalha ou uma mesa de passar roupa funcionam bem como equipamentos.

*A regra de ouro*

## Aja para conseguir o máximo de alongamento com o mínimo de movimento articular.

## DESEMPENHO

Há vários métodos de alongamento, mas a ideia básica é a mesma. Alongamentos devem alongar músculos.

O método mais seguro e eficiente é a facilitação neuromuscular proprioceptiva (FNP; do inglês PNF – *proprioceptive neuromuscular facilitation*), conhecido também como contrair-relaxar. Baseia-se em enganar o mecanismo de defesa do próprio corpo. Primeiro, alongue o músculo até sentir a resistência dele ao alongamento e seu organismo enviar uma mensagem ao músculo para contrair-se e defender-

-se. Se você mantém a posição, o músculo afasta a possibilidade de perigo, e o corpo relaxa novamente.

É possível ainda que você, de forma voluntária, contraia o músculo para acalmar as defesas corporais. O método FNP é feito para garantir que seu corpo não lute contra a atividade. Você deve atender aos quatro princípios básicos para obter maior benefício.

## PASSOS DO MÉTODO FNP

**O método FNP pode ser dividido em seis partes:**

1. Assumir a posição correta para iniciar.
2. Alongar até chegar ao ponto de rendimento
3. Relaxar.
4. Contrair o músculo sem movimentá-lo.
5. Relaxar.
6. Alongar até o novo ponto de rendimento.

Repita os quatro últimos passos de 3 a 6 vezes, dependendo do exercício e de suas metas.

### Ponto de rendimento

O ponto de rendimento é uma posição a partir da qual o movimento cessa por alguma razão. Certos pontos de rendimento são passíveis de alteração e outros, fixos. Sempre que você alongar um músculo, chegará a um ponto de rendimento, cedo ou tarde. Você pode parar ao sentir dor ou ardência muscular. O movimento pode, ainda, ser interrompido por tecidos moles (músculo e pele) ou partes ósseas que colidem. Durante o método FNP, o ponto de rendimento é atingido quando você tem uma ardência leve no músculo; se chegar a um tipo diferente de ponto, precisa parar o movimento e corrigir a técnica ou fazer uma pausa no alongamento daquele músculo. Alguns alongamentos só podem ser feitos quando outros músculos foram alongados antes.

### Posição para iniciar

Sem uma posição correta para começar, seja em pé, sentado ou deitado, é impossível alongar de fato. Por isso, você precisa dedicar um certo tempo para aprender tal posição para então passar ao restante da prática. Se a posição inicial é difícil, você pode querer usar um espelho ou pedir para outra pessoa conferir a postura. Leia as instruções e observe os desenhos com atenção antes de iniciar. É claro que o alongamento precisa ser feito devagar e com controle da direção certa para que funcione (evitando ativar os sistemas de defesa do organismo). A direção do alongamento será indicada com uma seta.

### Relaxamento

Nessa fase, você simplesmente mantém a posição no ponto de rendimento, ao mesmo tempo em que relaxa o músculo tanto quanto possível. A essa altura, você está procurando reduzir a tentativa do organismo de contraí-lo. Se você conseguir relaxar, o alongamento será mais eficiente.

### Contração

Trata-se de outro método de distração do organismo para enganar suas defesas. Você irá contrair o músculo que está sendo alongado, contra alguma forma de resistência (a própria mão, o chão ou a parede) para evitar o movimento. Contrair sem fazer mais movimentos desarma o sistema de defesa do corpo. Nesse estágio, a dor leve sentida na fase anterior deverá diminuir ou desaparecer. Caso aumente, será um indício de que você foi longe demais na fase inicial do alongamento. Se fez tudo corretamente, será capaz de alongar outra vez até atingir um novo ponto de rendimento.

# QUANDO EVITAR O ALONGAMENTO

É sempre benéfico alongar; em determinadas condições, todavia, será preciso tomar cuidados especiais ou evitar o alongamento.

## IDADE

As crianças são naturalmente mais flexíveis que os adultos. Com o envelhecimento, o corpo enrijece, fica menos maleável e adaptável. Isso não significa, porém, que você deva parar de alongar com o passar dos anos. Sempre é possível melhorar a mobilidade e conservar a flexibilidade por meio do alongamento, evitando, assim, algumas dores que surgem com a idade. Você não precisa atingir a amplitude máxima de movimento, apenas movimentar-se o suficiente para que os músculos possam relaxar. Isso ajuda o corpo a ficar em sintonia. O mais importante a ser lembrado ao envelhecer é que um alongamento jamais deve ser forçado. Além disso, você não deve pensar que obterá resultados fácil e rapidamente tal como quando era jovem.

## APÓS UMA LESÃO

Após alguns tipos de lesão, você poderá iniciar imediatamente o alongamento; porém, há casos em que o melhor é aguardar. No geral, você deve esperar 48 horas depois de estirar um músculo ou ter espasmo ou cãibra em músculos das pernas para alongar novamente. Quando o quadro for grave, talvez tenha que esperar mais tempo. Lesão articular, como torção de tornozelo ou joelho, requer a retomada dos alongamentos somente após uma avaliação. Por garantia, procure um especialista em condições neuromusculoesqueléticas ou um fisioterapeuta para uma avaliação.

No caso de outras lesões ou condições agudas, como rigidez na nuca ou dor nas costas, é sempre aconselhável começar o alongamento de alguns músculos. O movimento costuma ser o melhor tratamento para esse tipo de problema. Certifique-se de empregar a técnica correta.

Recomenda-se o alongamento para lesões causadas por movimentos repetitivos. Estes levam ao encurtamento ou à contratura muscular, que, por sua vez, pode afetar os tendões. Lembre-se de seguir os quatro princípios básicos e parar se a dor aumentar ao alongar ou contrair os músculos.

**Espasmo na nuca ou nas costas**

Não há um diagnóstico exato para quando você provoca estiramento nas costas ou enrijece a nuca. São dores que podem resultar de cãibras musculares e espasmos nas articulações da coluna, que travam (ou uma combinação deles). Toda condição causadora de dor e redutora da mobilidade precisa ser diagnosticada corretamente para que você faça o tratamento adequado. Os médicos costumam denominar dores nas costas como lesões, diagnóstico que não ajuda a indicar o local ou a causa específica.

Durante muito tempo, os médicos prescreviam duas semanas de repouso no leito para dor aguda nas costas. Hoje, é sabido que você precisa manter os movimentos para obter a cura. Quem quer que tenha esse tipo de dor deve procurar um quiroprático, um fisioterapeuta ou um médico para uma avaliação.

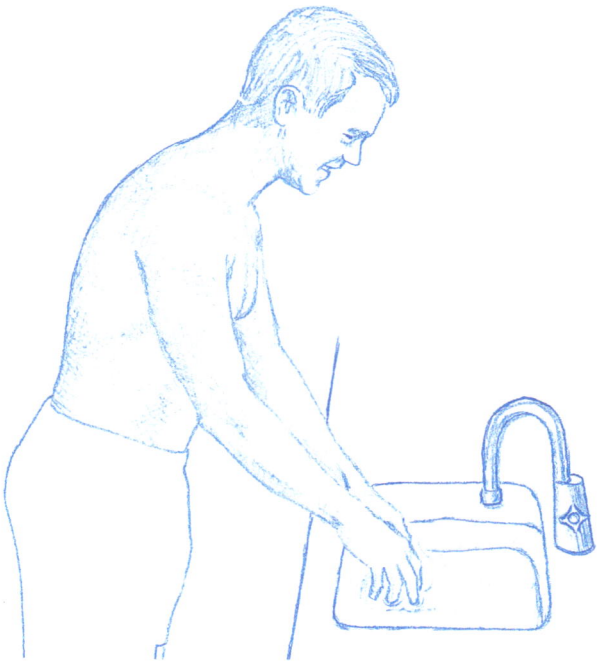

A inclinação leve para a frente, como a que ocorre durante a lavagem de louça, pode causar problemas nas costas.

## HIPERMOBILIDADE

A hipermobilidade refere-se a uma mobilidade articular excessiva. Ginastas, dançarinos ou praticantes de artes marciais podem apresentar essa condição; a hipermobilidade também pode ser causada por problemas genéticos. Quando a mobilidade de uma articulação fica excessiva, esta poderá ser lesionada. A articulação e os ligamentos próximos também podem começar a transmitir sinais de dor.

É um fenômeno interessante o fato de uma articulação poder ficar muito móvel mesmo quando os músculos ao seu redor estão encurtados. Assim, hipermobilidade não significa, necessariamente, relaxamento e flexibilidade musculares. Para evitar mais problemas articulares, devem ser seguidos os princípios básicos do alongamento. A técnica e a escolha dos músculos a serem alongados determinam se a pessoa com hipermobilidade deve alongar ou não. Cabe a você saber o que alongar e como deve sentir-se ao alongar de forma saudável.

## GRAVIDEZ

Muitas mulheres têm dor na região inferior das costas durante a gravidez. Isso resulta, basicamente, do peso extra que o feto adiciona, mas os músculos também encurtam devido à carga de ação maior. Quase todas as mulheres assistidas por mim, por meio de alongamentos, obtiveram algum alívio da dor.

Se você conseguir alongar sem causar dor pélvica durante a prática ou depois dela, poderá continuar a fazer isso durante a gestação. Logo após, deverá permitir que os ligamentos do assoalho pélvico novamente se unam. É claro que você pode retomar a um programa de alongamento completo 12 semanas após dar à luz. Diante de incerteza, consulte um fisioterapeuta sobre como alongar durante a gravidez.

## CONSIDERAÇÕES MÉDICAS

Nenhum fármaco ou doença existente pode fazer com que o alongamento afete negativamente o corpo. Se você, entretanto, recebeu altas doses de cortisona, deverá ter mais cuidado que o normal. Quando receber injeções desse medicamento, evite alongar aquela área nos 10 dias subsequentes e consulte um médico ou outro profissional da saúde quando estiver inseguro a respeito.

Muitas atividades cotidianas impõem exigências sobre as costas, podendo levar a problemas. Inclinar-se levemente para a frente nunca é uma boa posição para as costas.

## EXERCÍCIOS A SEREM EVITADOS

Em geral, todos os exercícios que acarretam movimento máximo na articulação, mas não chegam a alongar o músculo, não são muito bons. Um exemplo disso é a atividade em que você tenta alongar a parte frontal da coxa, levando o calcâneo até a nádega. Nesse caso, a articulação do joelho é bastante dobrada, mas o músculo em questão não está sendo muito alongado. Parte do movimento também adiciona tensão à região inferior das costas. Aqui, o principal problema está na posição inicial. Em vez de realizar esse exercício, tente o supinado para o reto femoral, na página 102. Você perceberá a diferença na flexibilidade.

**Evite os seguintes exercícios:**
- Alongamento da porção posterior da coxa a partir da posição em pé.
- Alongamento da porção interna da coxa a partir da posição em pé.
- Alongamento da porção anterior da coxa a partir da posição pronada, ao mesmo tempo em que a panturrilha toca a coxa.
- Alongamento dos músculos glúteos a partir da posição sentada.
- Alongamento dos flexores do quadril a partir da posição em pé, com a perna de trás estendida.
- Alongamento do peito com o cotovelo estendido abaixo da altura do ombro.
- Alongamento da porção anterior das coxas a partir da posição ajoelhada.
- Alongamento da porção anterior da coxa a partir da posição em pé.
- Alongamento dos músculos entre as escápulas, a partir da posição em pé, com a porção superior das costas arredondada e as mãos cruzadas entre os joelhos.

**Jamais alongue nas seguintes condições:**
- Após uma fratura
- Durante febre alta
- Quando uma articulação estiver inflamada
- Quando houver alguma lesão na pele que necessite sutura

O alongamento da porção interna da coxa enquanto sentado (normalmente uma abertura) não é recomendado. Esse exercício coloca tensão na porção interna do joelho.

O alongamento da porção anterior da coxa enquanto deitado cria muito movimento na região inferior das costas. Também maximiza o movimento da articulação do joelho.

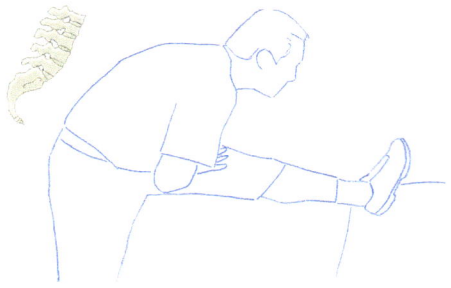

O alongamento da porção posterior da coxa com a coluna flexionada e uma perna hiperestendida coloca tensão indevida nas articulações do joelho e da coluna.

Ao alongar os músculos glúteos, a região inferior da coluna deve manter a curvatura e não flexionar como na figura.

Indicações de Alongamento 31

O alongamento dos flexores do quadril enquanto em pé, com a parte posterior da coxa estendida, não é recomendado. Ao alongá-los, você não deve aumentar a curvatura na região inferior das costas. Prefira mantê-las planas.

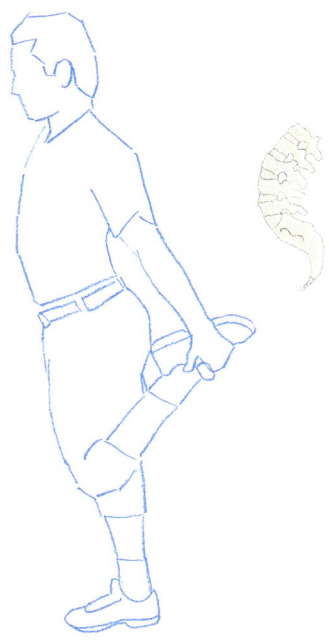

Ao alongar a porção anterior da coxa enquanto em pé, grande parte do movimento dá-se na porção inferior das costas e você também maximiza o movimento da articulação do joelho.

O alongamento dos músculos peitorais com o cotovelo estendido abaixo da altura do ombro não é aconselhado. Mantê-lo estendido coloca tensão indevida nessa articulação.

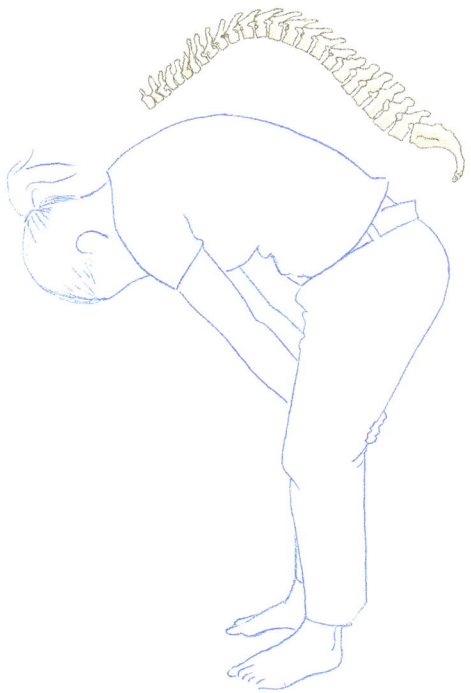

Alongar a porção anterior das coxas a partir da posição de joelhos não é recomendado, uma vez que você acaba aumentando a curvatura na região inferior do dorso e maximizando o movimento na articulação do joelho.

Alongar os músculos entre as escápulas, estando em pé, coloca muita tensão sobre os discos da coluna vertebral.

# A BOA POSTURA AUXILIA O CORPO

A boa postura é benéfica aos músculos, uma vez que elimina trabalho estático desnecessário. Quando eles são obrigados a trabalhar dessa forma, usam mais energia, gerando, assim, mais ácido láctico e criando fadiga. A boa postura aproxima a carga do centro do corpo, aumentando a eficiência ao sentar-se e ao colocar-se em pé.

**Má postura pode ser causada por:**
- Músculos encurtados
- Músculos fracos
- Lesões antigas não tratadas
- Postura das pessoas a sua volta (as crianças imitam os adultos)
- Preocupações e estresse
- Dor

## COLUNA VERTEBRAL

A coluna vertebral é a principal responsável pela boa postura sem excesso de carga. Ela e os músculos ao seu redor oportunizam o tratamento do corpo de modo a causar benefícios.

A coluna vertebral é constituída por 24 vértebras separadas, todas elas um pouco menores na porção superior do que na inferior. Essas vértebras estão unidas por diferentes articulações e ligamentos. O sacro e o cóccix localizam-se na sua porção mais inferior. O primeiro compõe-se de cinco vértebras fundidas em um único osso, que fica em cunha entre os ossos do quadril. O osso sob o sacro é conhecido como cóccix, o qual também é composto por quatro ou cinco vértebras menores, fundidas.

Toda a coluna está coberta por muitos músculos pequenos, exceto pela sua porção mais superior, onde há um disco entre cada conjunto de vértebras.

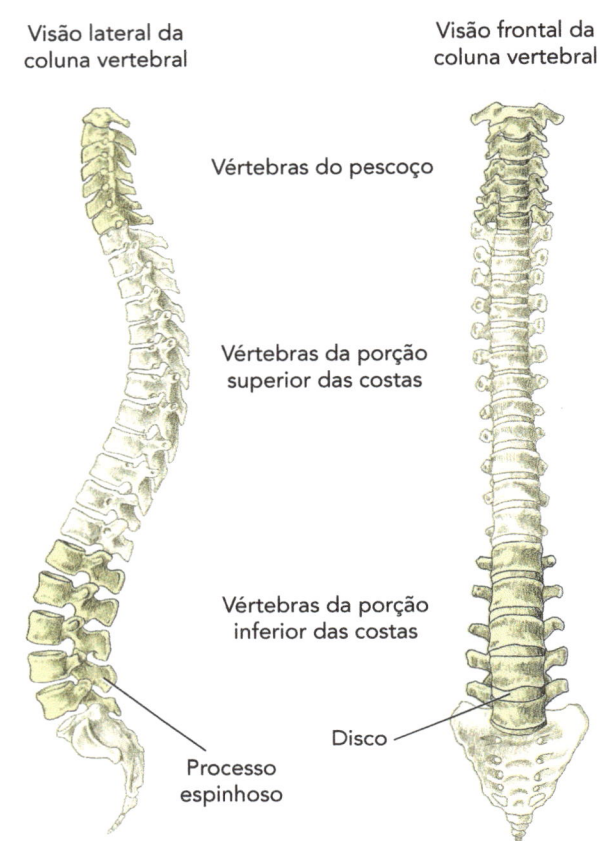

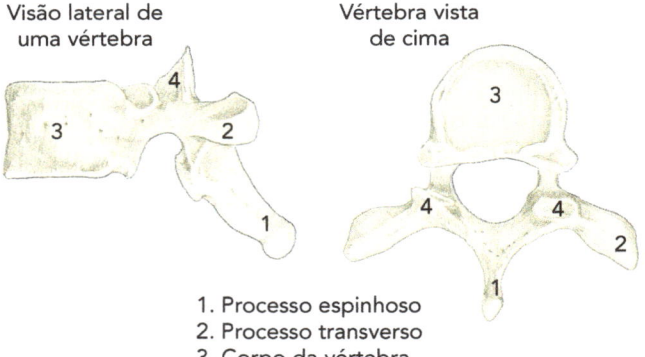

1. Processo espinhoso
2. Processo transverso
3. Corpo da vértebra
4. Articulações da coluna

# Indicações de Alongamento

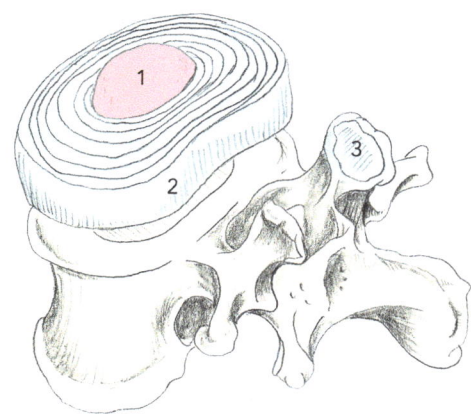

1. Núcleo pulposo = substância gelatinosa
2. Ânulo fibroso = anel de fibrocartilagem
3. Articulações da coluna

A coluna vertebral é composta por um anel cartilagíneo e um núcleo, com uma substância gelatinosa. A função dos discos é a mesma desempenhada pela sola dos tênis de corrida, amortecimento.

Eles agem como amortecedores que absorvem as forças e as vibrações. Se não fossem os discos, as vértebras seriam comprimidas, repetidas vezes, ao levantarmos ou andarmos. A coluna é um pilar móvel no centro do corpo, que, quando vista de lado, contém três curvas distintas.

As sete vértebras do pescoço formam uma curvatura anterior, ou lordose. As 12 seguintes, no tórax, compõem uma curvatura posterior, ou cifose. As últimas cinco, na porção inferior das costas, criam outra lordose. Trata-se de um formato que ajuda as costas a absorver forças, uma vez que essas curvas podem aumentar ou diminuir para aliviar a pressão. Para manter no local todas essas partes móveis, a coluna está coberta por ligamentos e pequenos músculos que trabalham juntos para estabilizar as costas e possibilitar os movimentos.

A coluna está sujeita a grandes demandas. Sua função não se limita a proteger a medula espinal, que a atravessa, e a manter o corpo ereto; também deve ter flexibilidade suficiente para inclinar-se, absorver forças quando corremos ou andamos e suportar a compressão ao erguermos algo pesado. Ao mesmo tempo, precisa conseguir movimentar-se em várias direções. São esses os motivos da engenhosidade na construção dessa parte do corpo.

Os movimentos da coluna incluem:
1. Flexão lateral
2. Flexão
3. Extensão

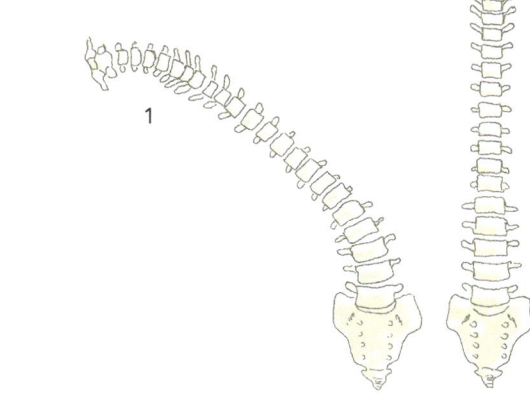

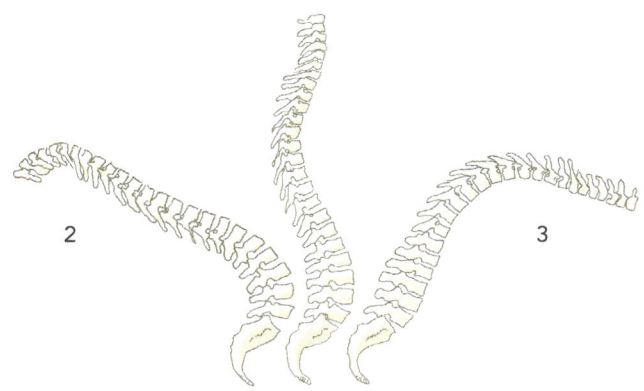

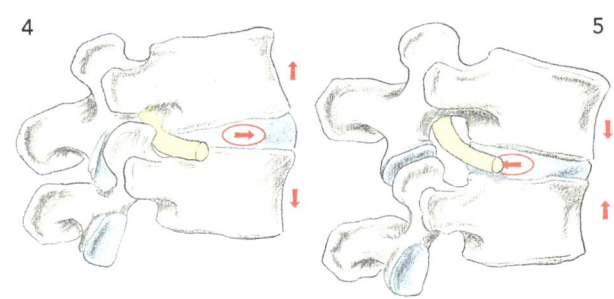

4. Inclinar-se para trás (estender) reduz o espaço do nervo.

5. Inclinar-se para a frente (flexionar) aumenta o espaço do nervo, mas também aumenta a pressão sobre a porção frontal do disco e força o núcleo pulposo para trás.

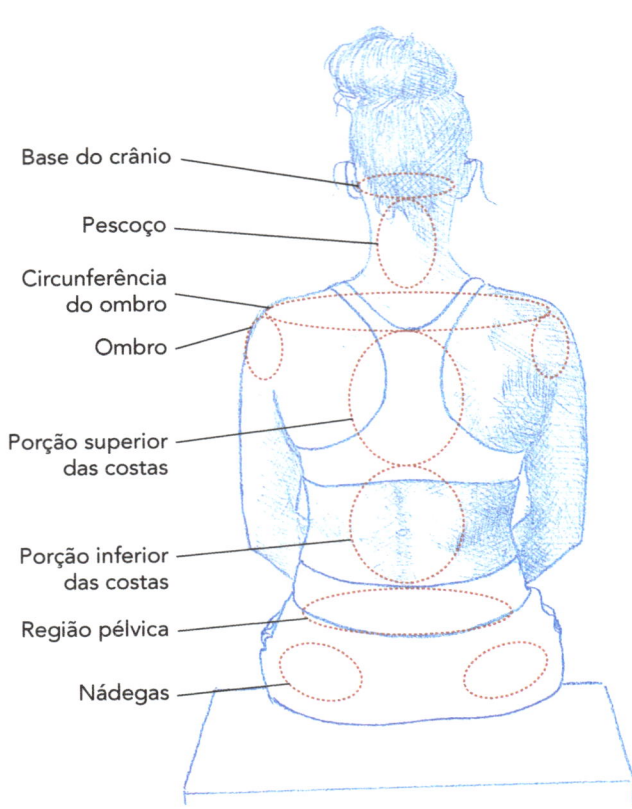

Regiões das costas

## RUPTURA DE DISCO

Quando há rompimento de um disco, o anel cartilagíneo sofre uma ruptura com vazamento do centro gelatinoso; essa ruptura pode pressionar um nervo, criando irritação e inflamação, as quais resultam em dor. Esta pode ser local ou irradiar para a área que o nervo comprimido controla por meio de impulsos. A região na qual mais ocorre ruptura situa-se entre a quarta e a quinta vértebras lombares, na parte inferior das costas. Infelizmente, é onde uma das raízes do nervo isquiático sai da coluna; quando ele está comprimido, a dor irradia de forma descendente, chegando à perna e ao pé, e é possível que isso diminua os reflexos e o controle motor. A maior parte dessas rupturas, porém, é assintomática, significando que não há dor ou sintomas. Na verdade, um grande número de indivíduos tem rompimento de, pelo menos, um disco, sem que saibam disso, por volta dos 45 anos de idade.

**Se o seu plano for romper um disco, lembre-se de praticar os seguintes maus hábitos.**

Ande com má postura e inclinado o máximo que puder, seja em pé, seja sentado. Se a força que vem do chão não consegue se deslocar pelo centro da coluna, o dano sobre os discos aumenta em até nove vezes.

Jamais use as pernas ao erguer itens pesados. Erguê-los com as pernas retas e as costas inclinadas é a forma ideal para romper um disco durante um único incidente ou com o passar do tempo. Se tentar virar o corpo ao erguer alguma coisa, você aumentará em vários graus as possibilidades de lesão de disco.

Pode ser suficiente sentar-se por muito tempo, todos os dias, ao longo dos anos. A persistência é recompensada.

**Lembre-se de que as coisas não acontecem sozinhas.**

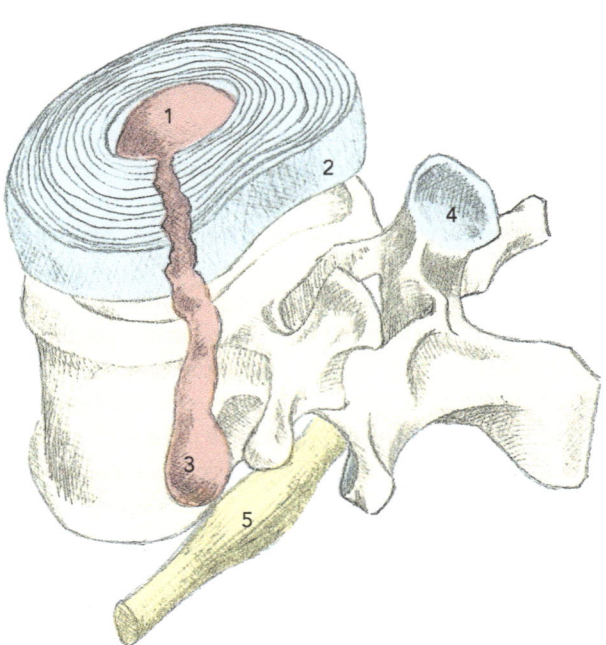

1. Núcleo pulposo
2. Ânulo fibroso
3. Núcleo pulposo que vaza na direção de um nervo (item 5)
4. Articulações da coluna

## MÚSCULOS ABDOMINAIS

O problema com tais músculos é que sabemos onde se localizam e como treiná-los; mas não sabemos como usá-los quando realmente precisamos deles. Os músculos do abdome têm papel importante para postura e bem-estar da coluna, criando estabilidade entre as porções superior e inferior do corpo e retirando a pressão dos discos na coluna.

Os quatro músculos principais, considerados parte dos abdominais, são o músculo reto abdominal, o oblíquo externo e o interno e o transverso do abdome. Suas principais funções incluem inclinar o tronco para a frente, girá-lo e incliná-lo para os lados. Embora essas sejam funções importantes, a que mais se destaca é a pressão interabdominal criada quando inspiramos, fechamos a boca e contraímos os músculos abdominais. Há um aumento da pressão na cavidade abdominal, que separa as vértebras umas das outras, reduzindo a pressão sobre os discos. Uma pressão interabdominal forte pode diminuir a pressão sobre o disco inferior em até 50% e aliviar o que está acima dele em até 30%. Com essa informação, fica fácil compreender por que você deve criar essa pressão com seus músculos abdominais ao erguer itens pesados e leves.

Para reduzir a pressão, você precisa retesar os abdominais. Parece simples, mas muitas pessoas não conseguem fazer isso da forma certa; há os que acreditam que os músculos abdominais são retesados empurrando-se o umbigo para fora; há os que acham que o umbigo deve ser puxado para dentro. Nenhuma dessas práticas produz o efeito desejado.

**Como testar a musculatura abdominal**

- Coloque-se em pé, com as costas apoiadas em uma parede. Os calcâneos, as nádegas, as escápulas e a porção posterior da cabeça devem tocar a parede. Tente, então, empurrar a porção inferior das costas contra a parede, mantendo nádegas ou ombros encostados nela. Se não conseguir saber se a porção inferior das costas está, realmente, indo contra a parede, coloque a mão entre as duas.

- Deite-se completamente de costas, com pernas e pés unidos. É comum sentir um pouco de espaço entre a região inferior das costas e o chão. Depois, tente empurrar as costas para o chão. Sinta-se à vontade para manter as mãos entre a região inferior das costas e o chão, para que tenha noção do quanto você consegue empurrar para baixo essa parte do corpo.

Nesses exercícios, os músculos abdominais trabalham quase de forma exclusiva. Há pessoas que não conseguem movimentar a região inferior das costas na direção da parede ou do chão; não são capazes de estimular os músculos abdominais. Irão virar e girar o corpo sem movimentá-la um milímetro na direção da meta. Insista até obter êxito no teste, pois isso será útil para utilizar os músculos abdominais e contar com eles, ajudando a criar uma postura melhor e mais relaxada.

Se for impossível retesar os músculos do abdome, tente tossir ou fazer pressão. Talvez também seja difícil contraí-los se outros músculos estiverem muito contraídos ou encurtados, como os flexores do quadril ou quadríceps, na porção anterior das pernas. Os alongamentos desses músculos estão descritos nas páginas 99 e 102.

# BOA POSTURA

## EM PÉ

Vistos de lado, orelha, ombro, quadril, joelho e pé devem estar todos alinhados entre si, formando o prumo do corpo. Quando a coluna assume a curvatura normal, as forças absorvidas por ela conseguem se deslocar diretamente por meio de cada vértebra e disco. Os joelhos devem estar relaxados e não hiperestendidos.

**Erros comuns**
- Empurrar o queixo para a frente, de modo que a orelha fique diante do ombro, criando a posição de "pescoço de abutre"
- Arredondar os ombros para a frente, criando uma curvatura convexa na porção superior das costas
- Empurrar os quadris para a frente e arquear demais a região inferior das costas (infelizmente, uma posição de descanso para muitos)
- Inclinar os quadris para trás eliminando a curvatura da região inferior das costas e criando algo a que denomino "ânus de taxista"

Vista de frente, a cabeça deve estar reta e não inclinada ou virada. (Essa distinção é difícil de ser percebida, uma vez que pode ser diminuta.) Os ombros devem estar baixos e nivelados entre si. Os pés, colocados separados na medida da largura do quadril, com os dedos apontando levemente para fora.

Em um primeiro momento, isso pode parecer fácil. Todavia, se você olhar em volta, constatará que poucas pessoas, na verdade, colocam-se em pé dessa forma. Elas se inclinam para a frente, para trás ou para o lado, podendo suportar mais peso sobre uma perna que sobre a outra.

**Como colocar-se em pé corretamente:**
- Os pés devem estar separados conforme a largura do quadril, e os dedos, apontando levemente para fora.
- O peso deve estar distribuído igualmente entre o calcâneo e a parte anterior do pé.
- Os joelhos devem estar levemente relaxados. Primeiro, tente hiperestendê-los e, depois, flexioná-los um pouco. É suficiente levá-los uns 2,5 cm à frente.
- Os músculos abdominais devem estar levemente contraídos para criar estabilidade.
- A coluna deve apresentar as curvaturas naturais.
- Os ombros devem estar abaixados.
- A cabeça deve estar reta.

Você pode testar sua postura tendo alguém para baixar seus ombros. Se colocado corretamente em pé, você não vai oscilar. É muito importante o fato de o abdome não ser empurrado à frente por essa pressão; caso isso ocorra, a curvatura na porção inferior das costas aumentará demais, o que pode ser corrigido contraindo os músculos abdominais e deixando plana a região inferior das costas, como descrito no exercício contra a parede.

Indicações de Alongamento    **37**

## BOA POSTURA

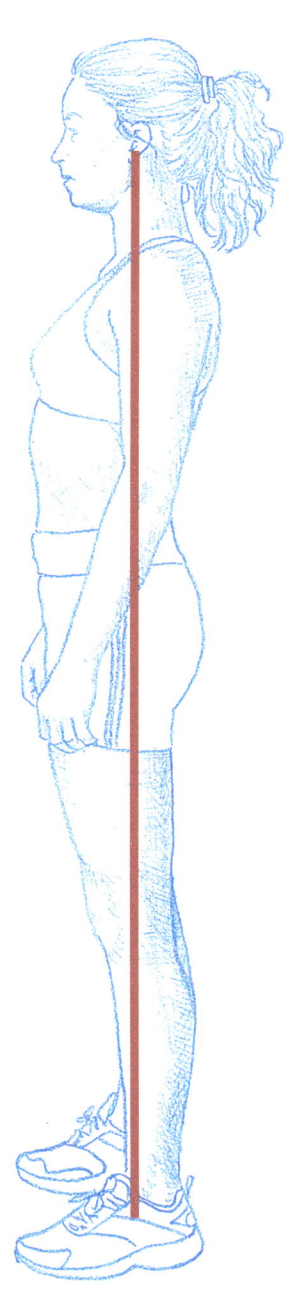

Um prumo imaginário passa por meio da orelha, do ombro, da coluna, do joelho e da parte de fora do tornozelo.

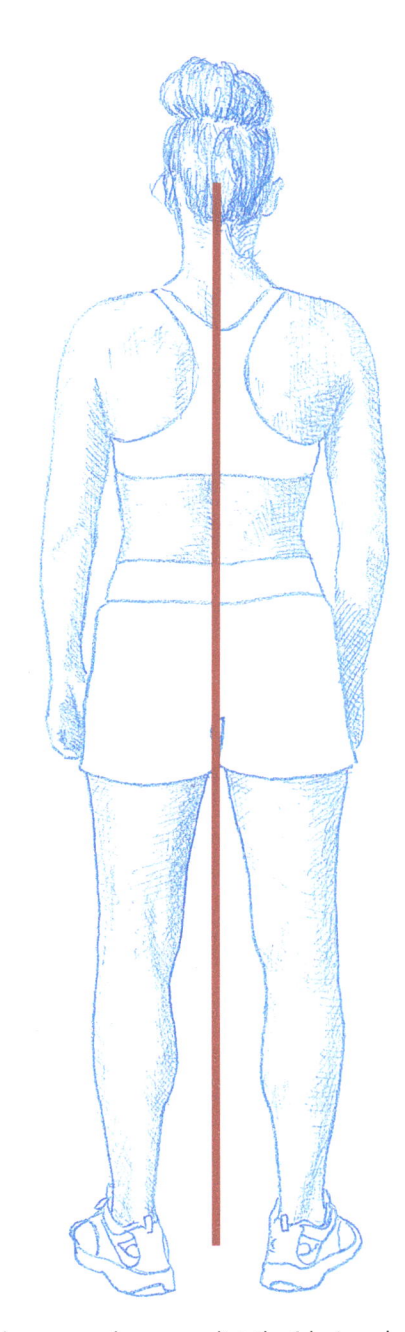

O peso do corpo deve ser distribuído igualmente pelo lado esquerdo e direito dessa linha.

## MÁ POSTURA

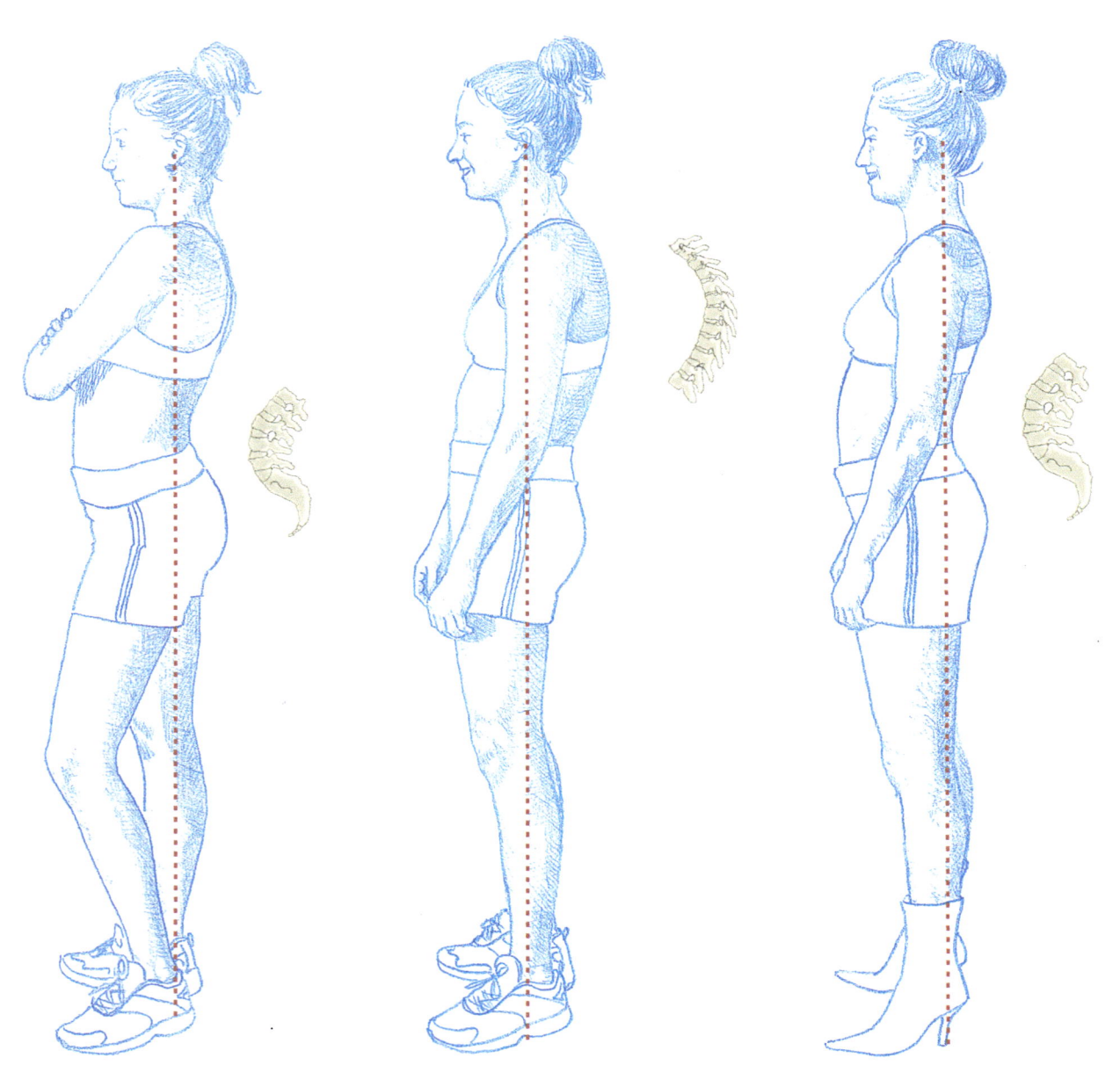

Apoio em uma perna e extensão da região lombar movimentam o prumo para trás.

Formação de curvatura movimenta o prumo para a frente.

Uso de salto alto tende a movimentar o prumo para trás.

## COMO SENTAR

Mesmo que não seja recomendado, há momentos em que você precisa sentar-se. Ao fazer isso, é fundamental continuar muito ativo. Não relaxe a musculatura nem se curve. Ao contrário, mantenha ativos alguns músculos. Na maioria da vezes, é difícil sentar-se de maneira correta durante longo período. Isso dá a você motivos para colocar-se em pé e movimentar-se um pouco pelo ambiente.

Sentar-se de modo adequado não exige, necessariamente, uma boa cadeira; o fundamental é saber como colocar-se em pé do jeito certo. Sabendo disso, você ainda perceberá se a coluna está na posição correta enquanto sentado. Mesmo nessa posição, a curvatura de suas costas ainda determina o efeito da carga no restante do corpo.

Lembre-se de sentar com os pés separados e bem plantados no chão para obter um bom apoio. Se você sentar em uma cadeira mais alta, é mais fácil conseguir um ângulo maior entre coxas e costas. Tal ângulo deve ter, pelo menos, 45 graus. As costas devem estar retas para manter a mesma curvatura de quando você está em pé. Manter os ombros abaixados e alinhados com as orelhas, evitando, o máximo possível, utilizar apoio para as costas. Sentar-se corretamente é a melhor forma de protegê-las; o uso de apoio para elas inevitavelmente reduz sua curvatura natural, o que coloca mais pressão nos discos da coluna. Acima de tudo, você não está mais usando os músculos para manter-se ereto; em vez disso, conta com estruturas passivas, como ligamentos e cápsulas articulares para ficar ereto.

Algumas vezes, sentar pode ser benéfico caso você não se coloque em pé de forma correta com tanta frequência. Uma cadeira boa e cara, no entanto, não garante que suas costas fiquem livres de dor e saudáveis, uma vez que tudo depende do tempo em que permanece sentado e da quantidade de flexibilidade e força que seus músculos têm.

Ao comprar uma cadeira, lembre-se sempre da diferença entre apenas sentar e trabalhar sentado.

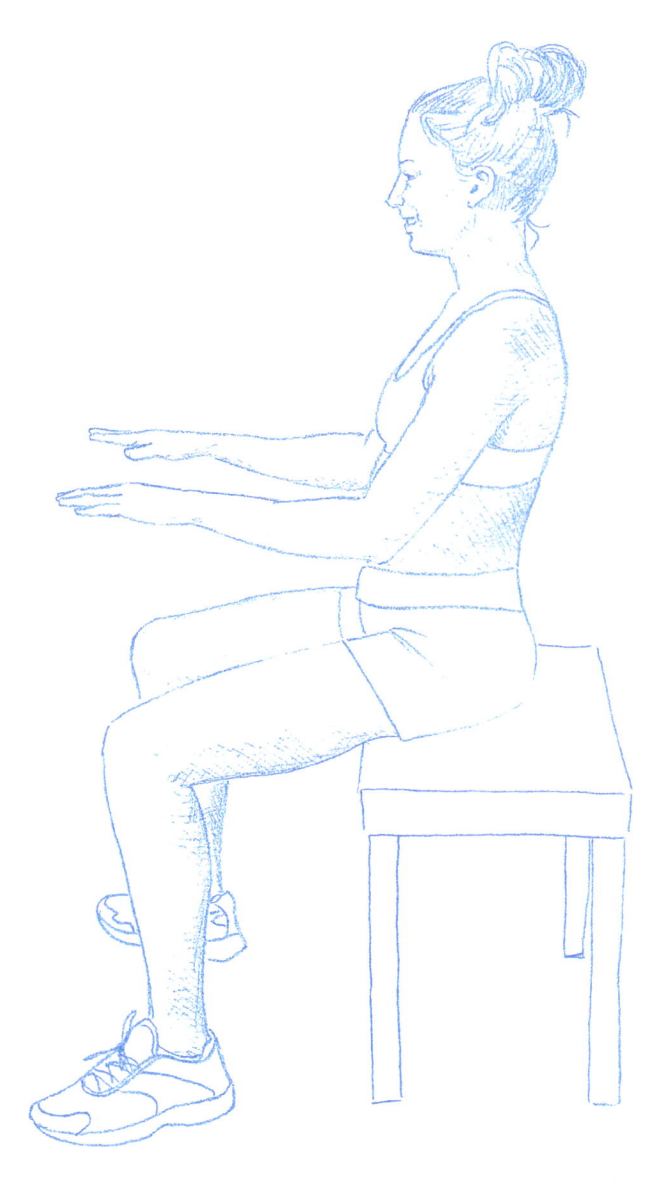

Ao sentar-se, a coluna deve ter a mesma curvatura de quando estiver em pé, com uma boa postura.

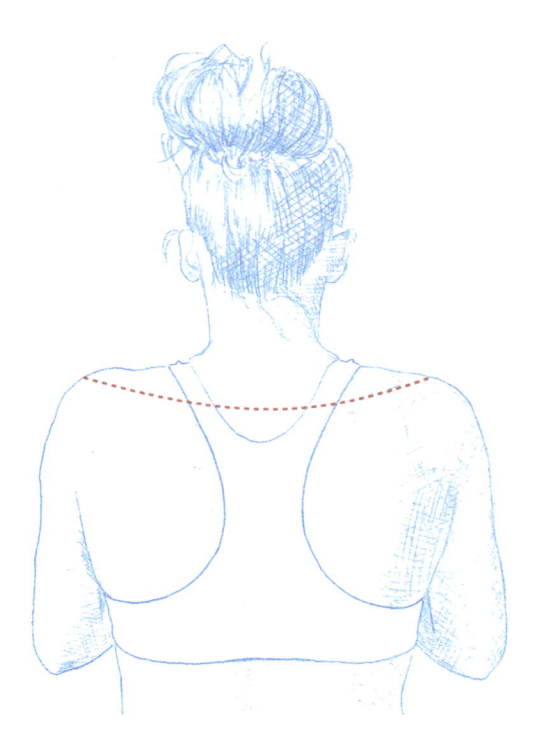

## Consequências de uma postura incorreta

Se você fica muito sentado, ou inativo, perde a capacidade de colocar-se em pé de modo adequado. Pode apresentar dificuldades para andar ou correr, pois músculos importantes para essas funções contraem e encurtam enquanto você está sentado.

**Má postura pode levar às seguintes condições:**
- Músculos encurtados e contraídos pioram ainda mais a postura.
- Padrão insatisfatório de movimentos, ao correr ou andar, pode causar outras lesões.
- Pontos-gatilho nos músculos podem causar desconforto local ou irradiar dor nos braços e nas pernas.
- Cefaleias causam tensão e aumentam o ácido láctico nos músculos, piorando o problema.

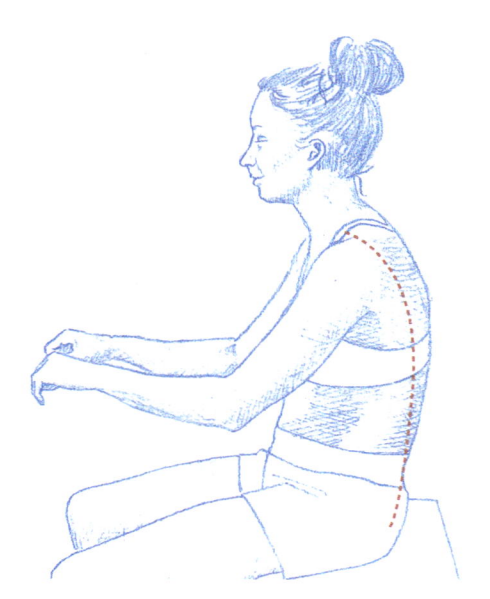

Quando estressado, os ombros tendem a elevar-se, fazendo os músculos trabalharem de forma estática.

A postura curvada enquanto sentado aumenta a pressão sobre os discos na porção inferior das costas em quase 10 vezes. A musculatura do pescoço precisa trabalhar de forma estática para evitar que a cabeça se incline para a frente.

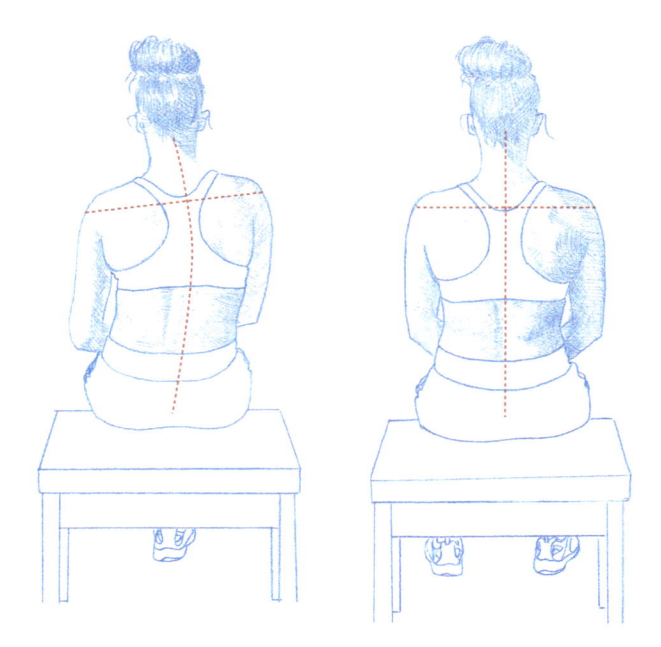

Cruzar as pernas quando sentado empurra o corpo para uma direção. Os demais músculos precisam compensar para que você não caia para os lados.

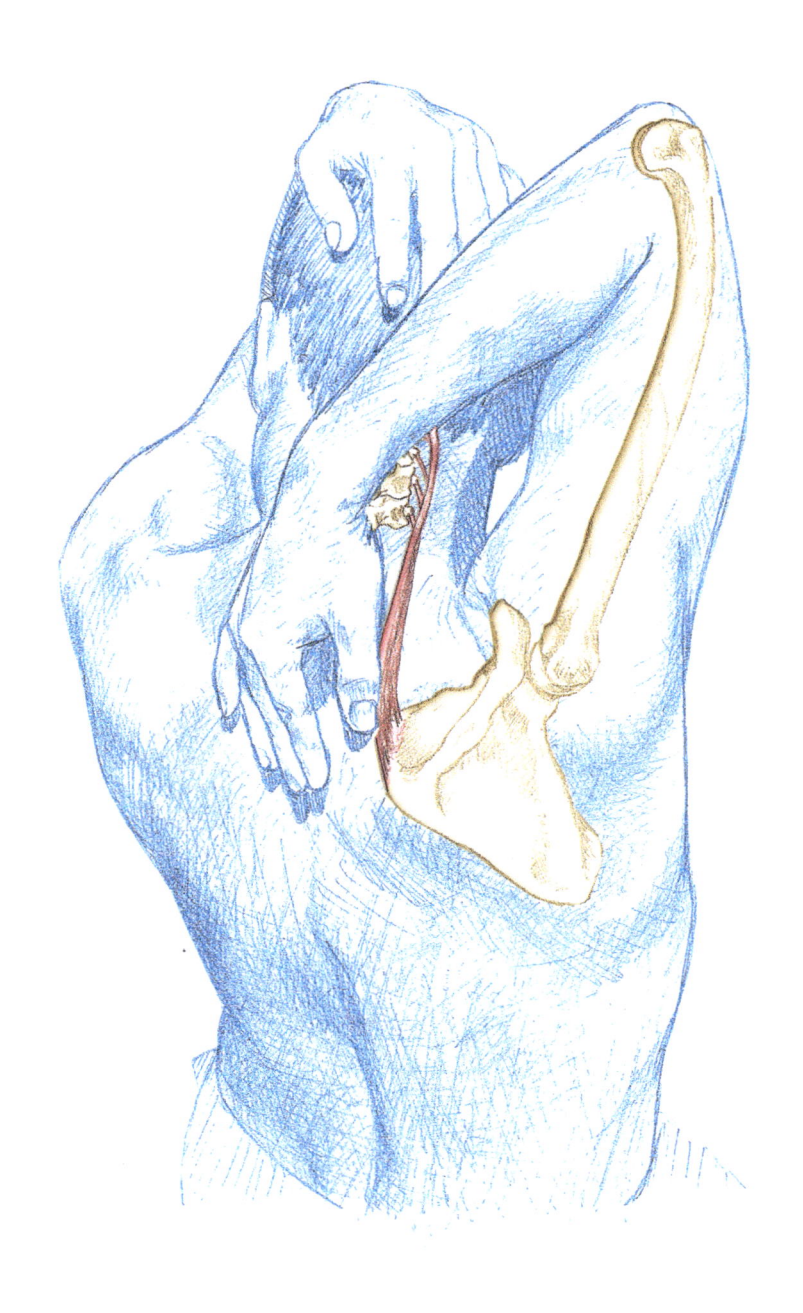

# ALONGAMENTOS PRETENDIDOS

# TRAPÉZIO DESCENDENTE

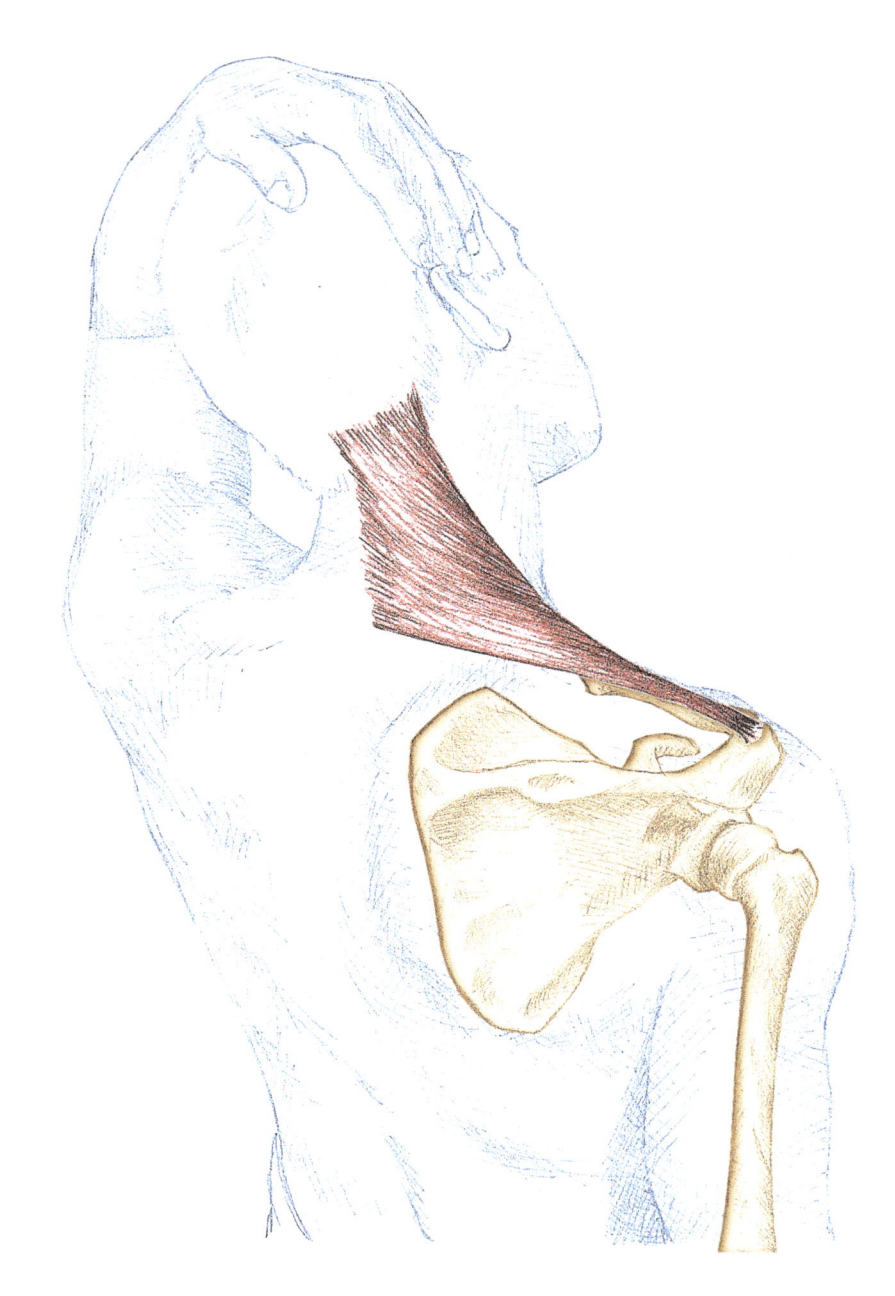

O exercício é bem eficiente quando feito de forma correta. A posição inicial e a colocação da mão são muito importantes; o ombro deve ficar abaixado durante o alongamento para reduzir a tensão estática no músculo. Você não precisa passar por todas as fases ao realizar a atividade, basta que pratique apenas as etapas 1 e 2.

## INFORMAÇÕES SOBRE O MÚSCULO

O trapézio é um músculo grande e plano, próximo à pele, o qual cobre o ombro, o pescoço e a região superior do tronco; ele tem a função de erguer o ombro, aproximar as escápulas uma da outra, girar a cabeça e ajudá-la a inclinar-se lateralmente.

### Causas de contratura

O músculo pode ficar rijo e mais curto quando você, de forma inconsciente, eleva o ombro. Isso resulta em tensão estática permanente nessa região, levando a uma tensão generalizada nela. Os indivíduos erguem o ombro por frio ou tensão.

É muito comum ter dificuldade para relaxar pescoço e ombros quando tenso, sendo bastante evidente a tensão nessa parte do corpo. Já que o trapézio ergue o ombro, resulta que, estando tenso com frequência, esse músculo jamais relaxa. Dessa maneira, fica muito contraído e encurtado, ocasionando dor e fadiga.

### Sintomas de contratura

- Dor na base do crânio, acima da orelha, na parte externa dos olhos ou atrás deles
- Dor na circunferência dos ombros
- Dor na região da cintura escapular
- Dificuldade para girar ou inclinar a cabeça para os lados

### Teste de flexibilidade

Você deve ser capaz de inclinar a cabeça 45 graus para o lado e girá-la 90 graus em todas as direções.

### Precauções

Evite esse exercício se, durante um alongamento, a dor se concentrar abaixo da orelha em vez de no músculo.

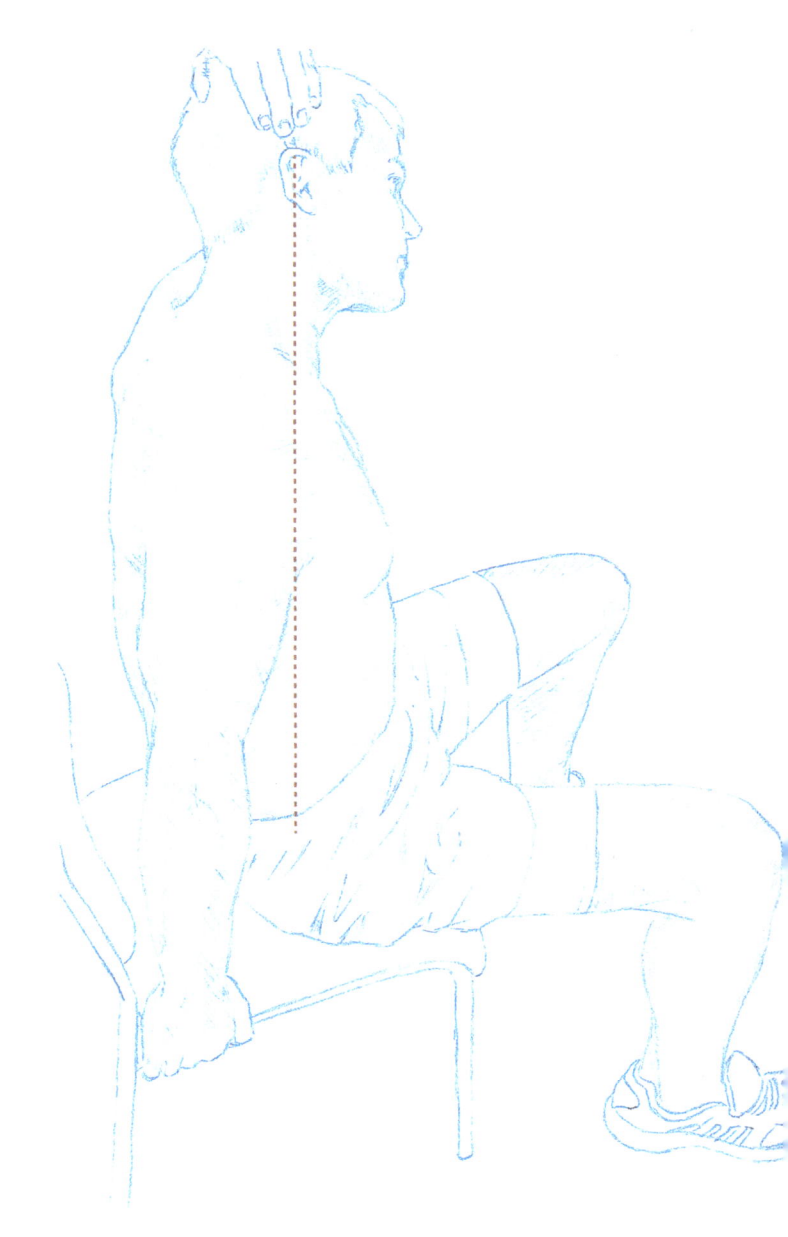

Certifique-se de que sua cabeça está alinhada com a porção superior do corpo.

## TÉCNICA

Sente-se em uma cadeira ou banco, com os pés bem afastados e as costas e os músculos abdominais contraídos. Leve a mão direita para a parte de trás do corpo e segure a borda da cadeira; incline a porção superior do corpo para a esquerda, mantendo a cabeça reta; você sentirá alongar o ombro direito ou a porção superior do braço.

Depois, tente erguer o ombro direito na direção do teto durante 5 segundos. Não permita movimentos laterais do seu corpo. Relaxe durante alguns segundos e, após, incline a porção superior do corpo um pouco mais para o lado; você chegou, agora, à posição inicial correta para o alongamento.

Com cautela, incline a cabeça para o lado esquerdo e gire-a levemente para a direita; coloque a mão esquerda contra a cabeça e alongue o músculo durante 5 a 10 segundos, puxando, com cuidado, a cabeça para a lateral. Interrompa o movimento se sentir dor leve no pescoço e ombro. Deixe o músculo relaxar por 5 a 10 segundos.

Intensifique o alongamento movimentando a cabeça para a esquerda até alcançar um novo ponto de rendimento.

Repita 2 ou 3 vezes.

### Erros comuns
- Não conseguir se sentar ereto
- Inclinar a cabeça para a frente
- Colocar a mão na cadeira muito à frente

### Comentários

Se você encontrar dificuldade para conseguir um bom alongamento do músculo, talvez deva tentar uma massagem nos tecidos profundos para relaxá-lo e torná-lo mais receptivo para a atividade. Não tenha pressa ao realizar o exercício.

Sente-se na posição inicial, com a mão atrás de você, na diagonal. Incline a porção superior do corpo para o lado de modo a baixar o ombro.

Indicações de Alongamento    45

Resista, erguendo o ombro em direção ao teto. Em seguida, relaxe-o e incline-se mais para a lateral.

Alongue movimentando com cuidado a cabeça para o lado ao mesmo tempo em que a gira, de leve, na direção contrária; ofereça resistência empurrando-a devagar contra a mão.

# ESTERNOCLEIDOMASTÓIDEO

## INFORMAÇÕES SOBRE O MÚSCULO

Esse músculo arredondado, próximo à pele na parte anterior do pescoço, é fácil de ser visualizado. Ele vai da região interna da clavícula, passando pela lateral do pescoço, ligando-se à base do crânio bem atrás da orelha. O esternocleidomastóideo apoia e gira a cabeça para o lado. Além disso auxilia na inspiração intensa e inclina a parte inferior do pescoço para a frente e, ainda, flexiona a cervical.

### Causas de contratura

Má postura, como sentar-se curvado enquanto assiste à televisão ou fica diante do computador, pode causar encurtamento desse músculo. A má postura pode, ainda, ser consequência de um encurtamento do músculo peitoral maior. A posição criada pelo esternocleidomastóideo encurtado é, algumas vezes, chamada de pescoço de abutre, uma vez que o perfil lembra a forma como essa ave posiciona a cabeça e o pescoço.

Pessoas estressadas costumam respirar de modo intenso e erguer os ombros, o que obriga esse músculo a trabalhar de maneira estática durante longos períodos, provocando tensão e dor.

### Sintomas de contratura

- Dor na porção superior da cabeça
- Problemas para alinhar a cabeça bem ereta sobre a coluna vertebral

### Teste de flexibilidade

Em pé, com as costas e a parte posterior da cabeça contra uma parede, coloque uma das mãos na nuca e tente empurrar o pescoço contra a parede. Você deve conseguir empurrá-lo contra sua mão.

### Precauções

Evite esse exercício se causar dor no pescoço, tontura ou dificuldade respiratória.

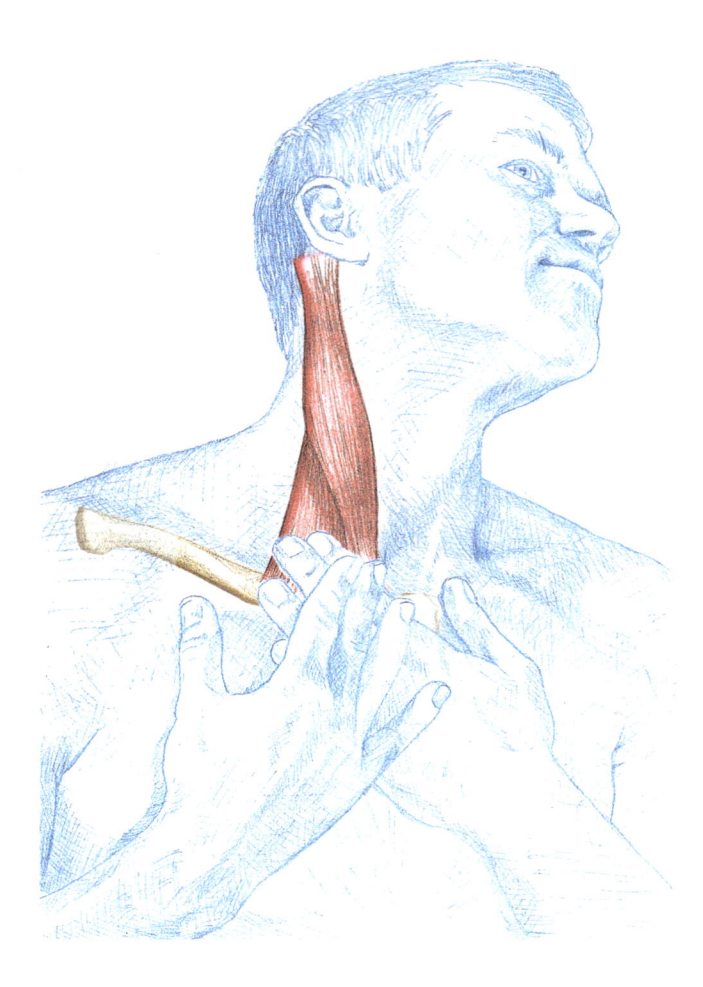

O exercício pode parecer um pouco estranho, uma vez que o músculo se localiza em um lugar sensível. Evite-o caso sinta muito desconforto. No início, você talvez queira a ajuda de um terapeuta. Para localizar, com facilidade, o músculo, coloque-se em pé diante do espelho e vire a cabeça para um dos lados. Isso fará ele aparecer com clareza.

## TÉCNICA

O exercício pode ser feito sentado ou em pé.

Encontre o ponto de ligação do músculo no lado direito da clavícula; depois, coloque três dedos da mão direita sobre 2,5 cm da porção inferior do músculo. Ponha a mão esquerda sobre os dedos e mantenha-a ali.

Movimente um pouco a cabeça para trás e para a esquerda até sentir leve alongamento no lado direito do pescoço. Em seguida, relaxe o músculo durante 5 a 10 segundos.

Ofereça resistência movimentando a cabeça para trás, na direção da posição inicial. Você pode desacelerar o movimento colocando uma das mãos na testa e empurrando a cabeça na direção da mão durante 5 a 10 segundos. Relaxe o músculo por 5 a 10 segundos.

Intensifique o alongamento levando a cabeça para trás e para o lado até chegar a um novo ponto de rendimento.

Repita 2 ou 3 vezes.

### Erros comuns

- Não sentar ereto durante o exercício
- Movimentar a cabeça fora do alinhamento com a coluna
- Colocar a mão na cabeça e não no pescoço
- Posicionar incorretamente o músculo
- Girar a cabeça na direção errada

### Comentários

Caso sinta dificuldade com esse exercício, leve a cabeça para a frente antes de posicionar o músculo para chegar mais rapidamente ao alongamento.

Localize os músculos usando os dedos. Incline a cabeça para trás e para o lado.

Ofereça resistência movimentando a cabeça para trás, na direção da posição inicial.

# ESCALENOS

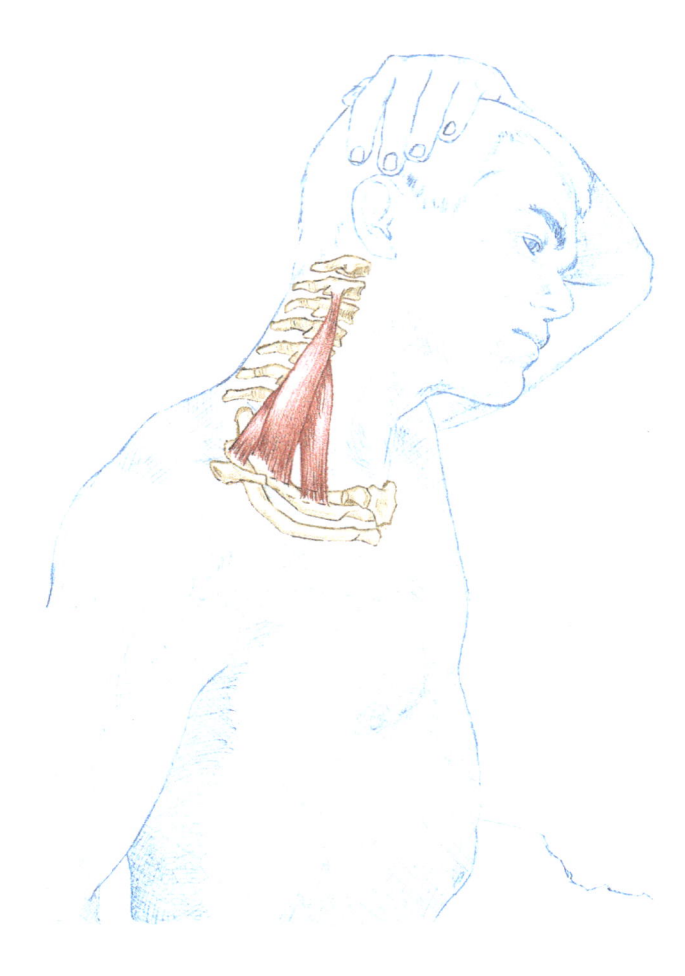

O exercício é semelhante ao do trapézio descendente, na página 42. A diferença reside no fato de a cabeça ser inclinada direto para um lado, sem rotação.

## INFORMAÇÕES SOBRE OS MÚSCULOS

Os músculos escalenos situam-se na lateral do pescoço, entre a porção superior do trapézio e o esternocleidomastóideo. Passam entre as vértebras cervicais e as duas costelas superiores. Eles ajudam a inclinar a cabeça para o lado e auxiliam na inspiração profunda.

### Causas de contratura

O hábito de sentar com a cabeça inclinada para um dos lados (p. ex., segurar o telefone entre a face e o ombro) pode causar contratura dos escalenos e seu encurtamento.

Esses músculos são considerados partes de músculos tensionados, uma vez que a inspiração profunda aumenta em períodos de tensão.

### Sintomas de contratura

- Dificuldade de inclinar a cabeça para o lado
- Entorpecimento ou formigamento na mão ou no braço

### Teste de flexibilidade

Você deve conseguir inclinar a cabeça cerca de 45 graus para o lado.

### Precauções

Evite o exercício caso sinta dor no pescoço ao alongar.

## TÉCNICA

Sente-se em uma cadeira ou um banco, com os pés bem separados e as costas e os músculos abdominais levemente contraídos. Leve a mão direita para trás do corpo e segure a borda da cadeira. Incline a porção superior do corpo para a direita, mantendo ereta a cabeça. Você sentirá um leve puxão no ombro direito ou na porção superior do braço.

Em seguida, tente inclinar o ombro direito na direção do teto, durante 5 segundos. Não deixe o corpo se movimentar para o lado. Relaxe por alguns segundos; depois, incline a porção superior do corpo um pouco mais para o lado. Você chegou à posição correta para fazer o alongamento.

## Indicações de Alongamento

Devagar, incline a cabeça para a esquerda. Leve a mão direita sobre ela, colocando-a na lateral direita do pescoço. Alongue o músculo durante 5 a 10 segundos, puxando a cabeça, devagar, para a esquerda. Interrompa o movimento se tiver dor leve no lado direito do pescoço. Relaxe o músculo por 5 a 10 segundos.

Intensifique o alongamento puxando a cabeça para a esquerda até atingir novo ponto de rendimento.

Repita 2 ou 3 vezes.

### Erros comuns
- Não conseguir sentar ereto durante o exercício
- Movimentar a cabeça fora do alinhamento com a coluna
- Colocar a mão na cabeça e não no pescoço

### Comentários
Diante de dificuldade na realização desse exercício, use algum tempo alongando o trapézio e o esternocleidomastóideo para, depois, tentar novamente.

Assuma a posição inicial colocando a mão atrás de você, na diagonal. Incline a cabeça e o corpo em linha reta para o lado.

Crie resistência empurrando a cabeça contra a mão.

# SUBOCCIPITAIS

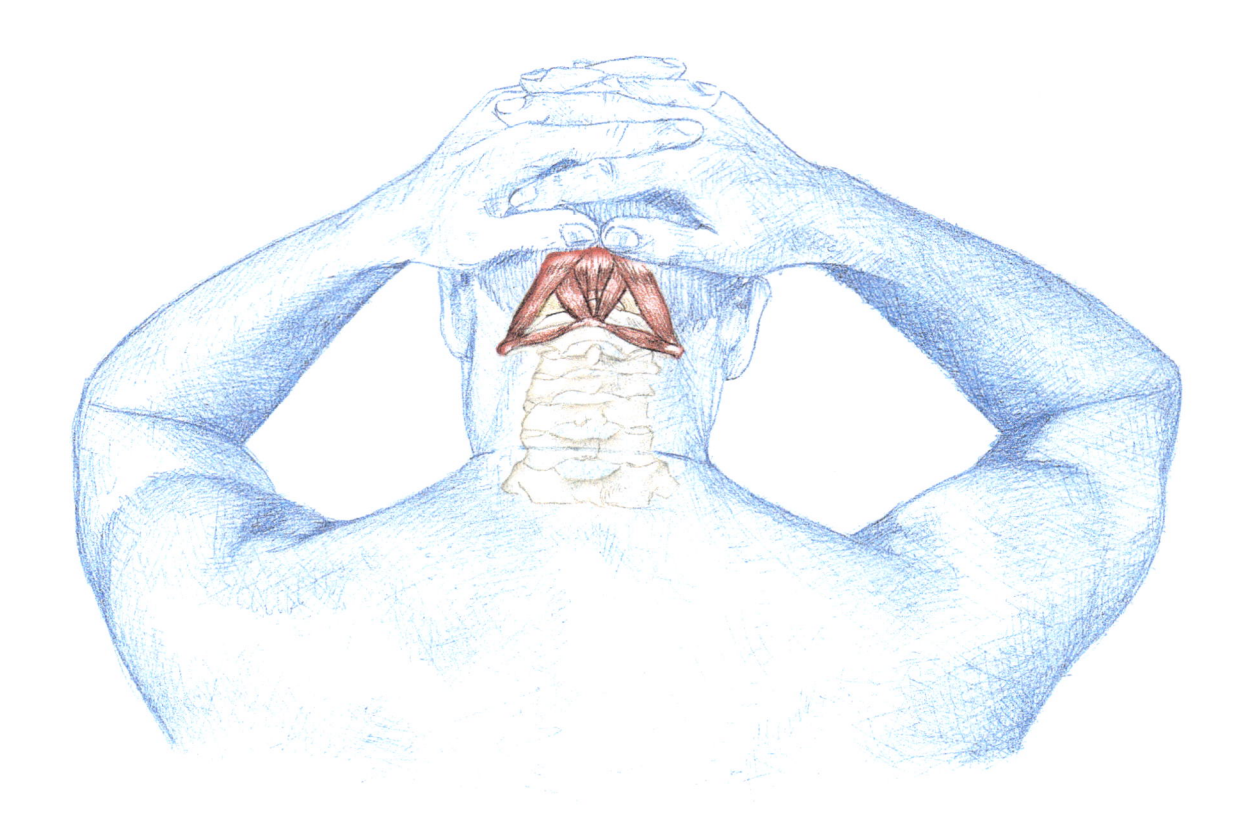

Neste exercício, duas importantes considerações precisam ser feitas: não deixe a porção superior do corpo pender para a frente (apenas o pescoço flexiona) e fique atento à colocação do polegar. Para melhores resultados, desloque os polegares para cima, no tecido mole localizado logo abaixo da base do crânio.

## INFORMAÇÕES SOBRE OS MÚSCULOS

Esse grupo de músculos localiza-se logo abaixo da base do crânio. Abrange a porção superior de duas vértebras cervicais e liga-se à base do crânio. Eles permitem inclinar a cabeça para trás, estabilizam-na e fazem ajustes finos aos seus movimentos.

**Causas de contratura**

Uma postura incorreta que leva a cabeça para diante do corpo força esses músculos a trabalharem de forma estática para direcionar o olhar para a frente, em vez de para baixo. É um processo que ocasiona encurtamento.

Os suboccipitais também são ativados pela tensão, em especial se você range dentes ou comprime as mandíbulas. Ao acordar com dor de cabeça, talvez você esteja sobrecarregando-os durante a noite.

### Sintomas de contratura
- Dificuldade para levar o queixo até o peito
- Dor na base do crânio ou no topo da cabeça

### Teste de flexibilidade
Uma vez que os suboccipitais criam movimento semelhante ao do esternocleidomastóideo, pode ser usado o mesmo teste. A rigidez costuma surgir nos dois músculos, concomitantemente.

Coloque-se em pé, com as costas e a parte posterior da cabeça contra uma parede. Ponha uma das mãos na nuca e tente levar o pescoço na direção da parede. Você deve conseguir pressioná-lo contra a mão.

### Precauções
Evite esse exercício se causar dor no pescoço ou indisposição.

## TÉCNICA
Esse exercício pode ser feito com você sentado ou deitado de costas. Entrelace os dedos e coloque as mãos na base do crânio; com os polegares, pressione os músculos dessa região. Alongue os músculos empurrando a cabeça para a frente por 5 a 10 segundos. Sinta como o músculo faz pressão contra os polegares. Depois, relaxe durante 5 a 10 segundos.

Intensifique o exercício empurrando a cabeça para a frente até sentir alongamento ou leve dor nos músculos. É esse seu novo ponto de rendimento.

Repita 2 ou 3 vezes.

### Erros comuns
- Não conseguir sentar ereto
- Empurrar a cabeça para baixo e não para a frente

### Comentários
Encontrando dificuldade para realizar um bom alongamento, utilize os polegares para massagear a área abaixo da base do crânio durante alguns minutos ou deixe um terapeuta auxiliá-lo até que consiga alongar sozinho.

Coloque os polegares sobre o tecido mole na base do crânio. Evite encurvar-se ao inclinar a cabeça para a frente.

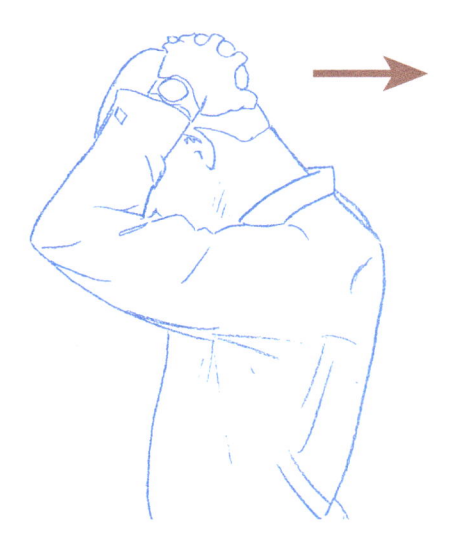

Ofereça resistência pressionando a cabeça para trás, contra as mãos.

# LEVANTADOR DA ESCÁPULA (VERSÃO 1)

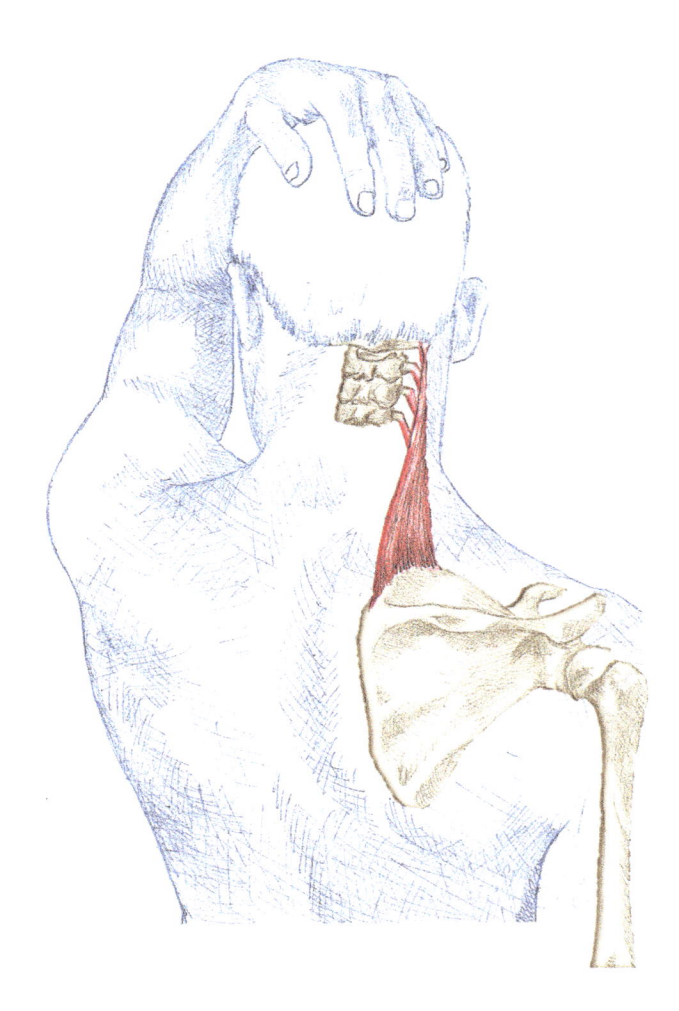

## INFORMAÇÕES SOBRE O MÚSCULO

Ele passa entre a porção superior das escápulas do ombro e a porção mais superior das quatro vértebras cervicais. É um músculo fino e plano, localizado logo abaixo da porção superior do trapézio.

Esse músculo gira e inclina a cabeça para o lado. Quando os dois lados do músculo trabalham de forma simultânea, ocorre elevação da circunferência do ombro e inclinação da cabeça para trás.

### Causas de contratura

O levantador da escápula encurta devido a má postura, elevação da cintura escapular, ou apoio do telefone entre a face e o ombro.

Considerando-se que esse músculo ergue a cintura escapular, ele também trabalha de forma estática em períodos de estresse, uma vez que essa parte do corpo costuma estar elevada em resposta à tensão.

### Sintomas de contratura
- Dificuldade para girar a cabeça
- Dificuldade para levar o queixo até o peito
- Dor na parte posterior da cabeça
- Torção no pescoço

### Teste de flexibilidade

Você deverá conseguir girar a cabeça cerca de 90 graus e inclinar o pescoço em torno de 45 graus para o lado.

### Precauções

Evite esse exercício se surgir dor no pescoço.

## TÉCNICA

Sente-se em uma cadeira ou um banco, com os pés bem separados e as costas e os músculos abdominais levemente contraídos. Leve a mão direita para trás de seu corpo e segure a borda da cadeira. Incline a porção superior do corpo para a esquerda, mantendo ereta a cabeça. Você sentirá leve pressão no ombro direito ou na parte superior do braço direito.

Como sempre, é importante iniciar um alongamento com a posição correta. Encurvar-se enquanto sentado evita que você alongue tão bem quanto poderia se estivesse ereto. Fique atento à rotação da cabeça; após virá-la 45 graus e começar a inclina-la para a frente, certifique-se de que tudo esteja alinhado, para que você não estique o músculo em um ângulo errado.

Tente erguer o ombro direito na direção do teto durante 5 segundos. Não movimente o corpo para a lateral. Relaxe um instante e, em seguida, incline a porção superior do corpo um pouco mais para o lado. Você acabou de atingir a posição correta para iniciar o alongamento.

Gire a cabeça 45 graus para a esquerda. Coloque a mão esquerda atrás da cabeça e, com delicadeza, puxe-a em ângulo na direção do joelho. Alongue o músculo assim durante 5 a 10 segundos. Interrompa o movimento ao sentir dor leve no lado direito do pescoço. Descanse o músculo por 5 a 10 segundos.

Ofereça resistência empurrando a cabeça com cuidado para trás contra a mão. Depois, relaxe o músculo por 5 a 10 segundos.

Intensifique o alongamento puxando devagar a cabeça na direção do joelho, até chegar a um novo ponto de rendimento.

Repita 2 ou 3 vezes.

**Erros comuns**
- Não conseguir sentar ereto
- Comprimir o pescoço em vez de movimentar a cabeça para a frente e para baixo
- Girar a cabeça demais ou de modo insuficiente
- O movimento não seguir a direção do nariz, diretamente até o joelho

**Comentários**

Esse músculo pode ser difícil de alongar se os outros estiverem contraídos. Caso você ache a prática difícil, tente alongar a porção superior do trapézio e dos músculos suboccipitais primeiro.

Na posição inicial, coloque a mão em diagonal, atrás de você, e gire a cabeça 45 graus. Leve a cabeça para baixo na direção do joelho esquerdo, sem encurvar-se.

Ofereça resistência pressionando a cabeça contra a mão.

# LEVANTADOR DA ESCÁPULA (VERSÃO 2)

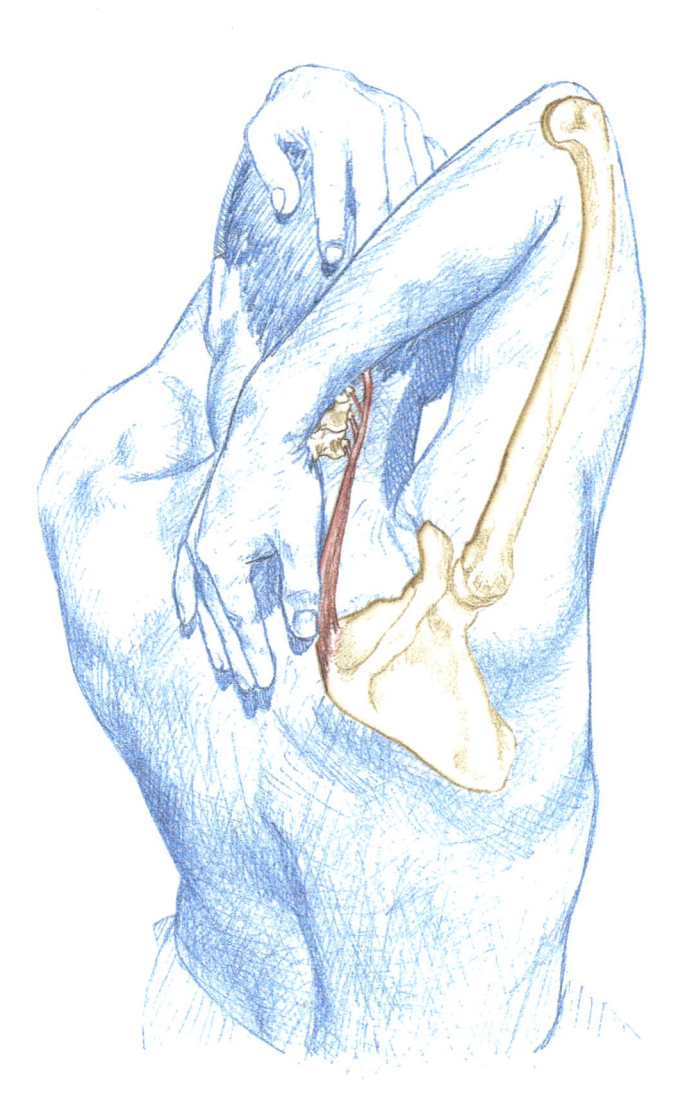

### Precauções
Evite esse exercício se você tem dor na articulação do ombro ou na nuca.

## TÉCNICA

Sente-se em uma cadeira ou um banco, com os pés bem separados e as costas e os músculos abdominais levemente contraídos. Leve o braço direito para cima da cabeça, dobre o cotovelo e coloque a mão na nuca; ponha a mão esquerda atrás da cabeça.

Gire a cabeça 45 graus para a esquerda, de modo a apontar o nariz na direção do joelho esquerdo; com a mão esquerda, empurre devagar a cabeça na direção desse joelho, em ângulo, até sentir dor leve no lado direito do pescoço. Alongue assim por 5 a 10 segundos. Descanse o músculo durante 5 a 10 segundos.

Ofereça resistência empurrando, com cuidado, a parte posterior da cabeça contra a mão esquerda. Relaxe o músculo por 5 a 10 segundos em seguida.

Continue a puxar a cabeça na direção do joelho, intensificando o alongamento até atingir um novo ponto de rendimento.

Repita 2 ou 3 vezes.

### Erros comuns
- Não conseguir sentar ereto
- Comprimir a nuca em vez de movimentar a cabeça para a frente e para baixo
- Girar a cabeça muito ou pouco
- O movimento não acompanhar a direção do nariz, diretamente no sentido do joelho

### Comentários
Pode ser difícil alongar bem esse músculo se a articulação do ombro estiver enrijecida. Caso ocorra esse problema, tente alongar o latíssimo do dorso e o peitoral maior primeiro.

Esta versão assemelha-se ao exercício anterior para o músculo. São idênticos a posição da cabeça, o movimento e a direção. Contudo, nessa situação, você aumentará o alongamento, girando a escápula ao mesmo tempo em que eleva o braço sobre a cabeça.

Indicações de Alongamento  55

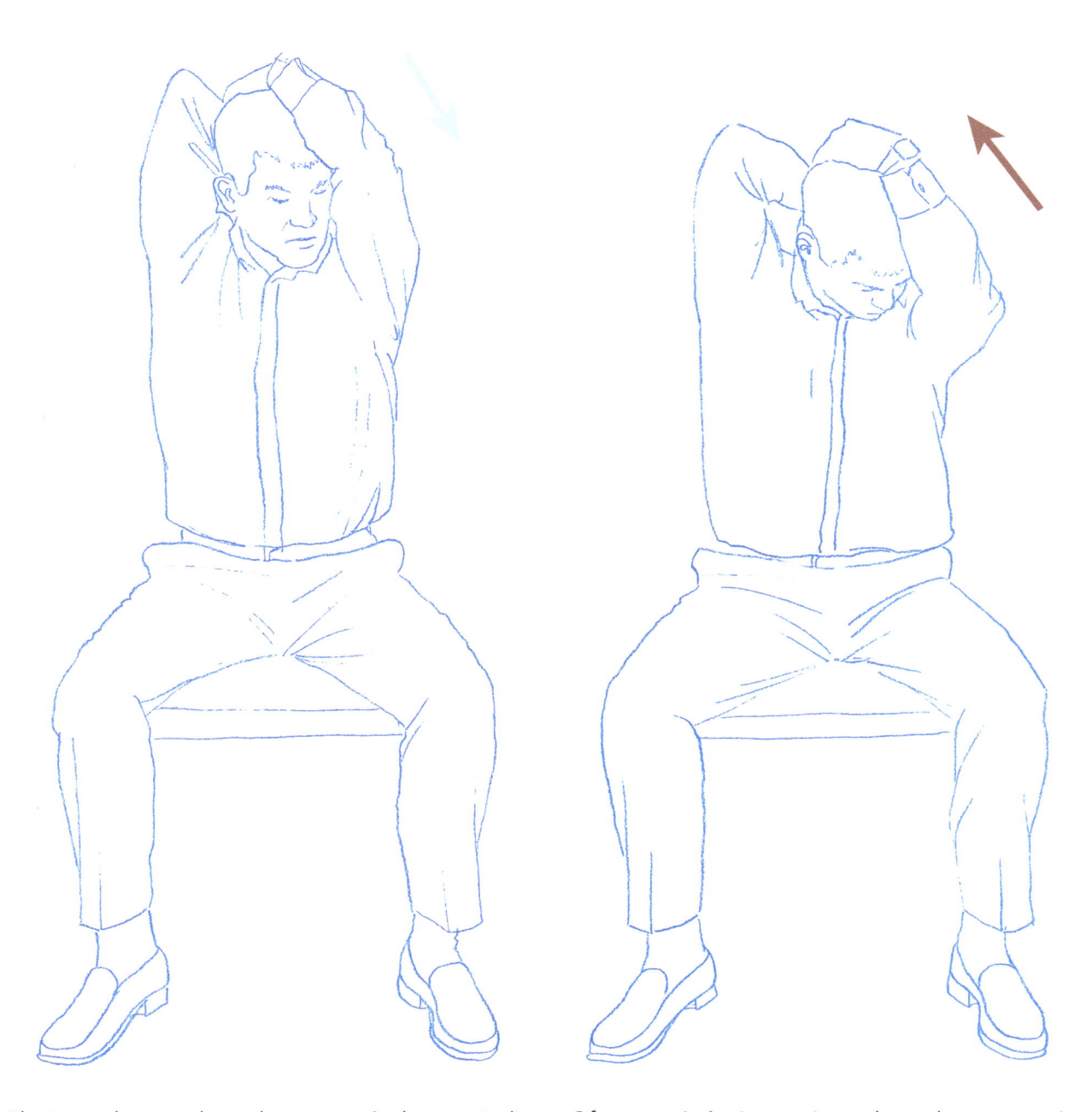

Flexione o braço colocando-o para trás da nuca. Incline a cabeça para a frente e para o lado, na direção do joelho esquerdo.

Ofereça resistência pressionando a cabeça para trás, contra a mão.

# PEITORAL MAIOR (VERSÃO 1)

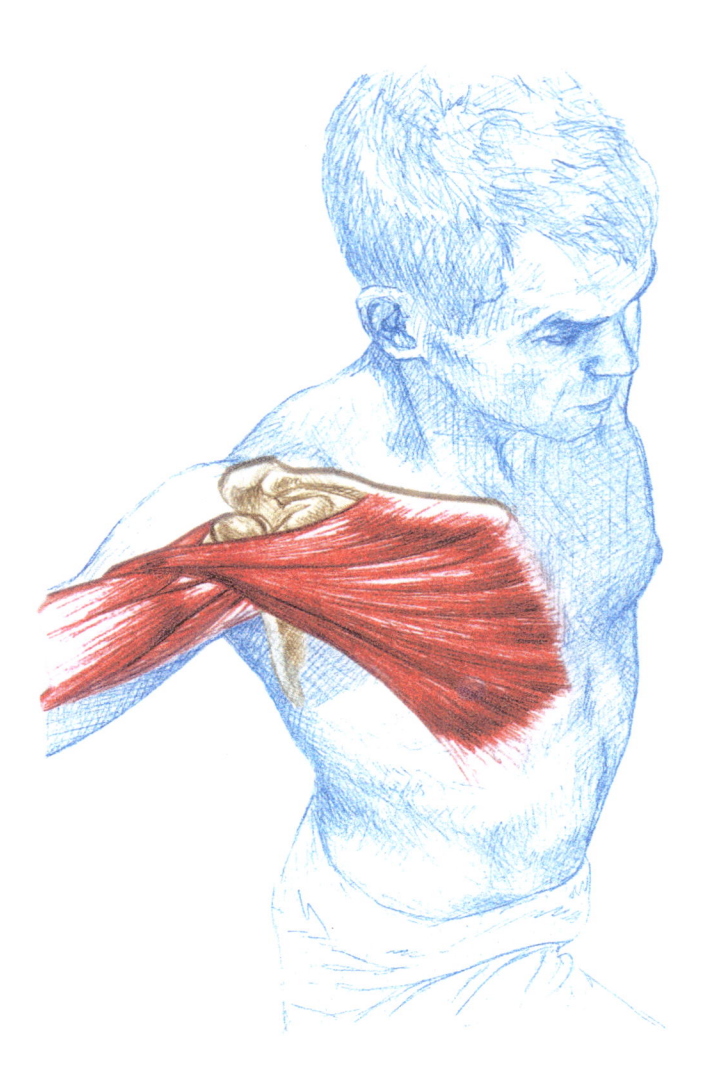

## INFORMAÇÕES SOBRE O MÚSCULO

O peitoral maior é um músculo grande, situado perto da pele, diante da caixa torácica. Tem origem na área próxima à clavícula, ao esterno e à porção superior dos músculos do abdome; a partir daí, segue na direção da porção superior do braço. Esse músculo gira internamente o braço e movimenta as escápulas para fora.

**Causas de contratura**

O peitoral maior encurta por maus hábitos posturais, como flexão da coluna ou trabalho com os braços estendidos diante de você. Cabeleireiros, massagistas e pessoas que trabalham com computador costumam ser afetados.

Ele não é atingido, de forma direta, pelo estresse, mas há pessoas que se sentem relaxadas após alongá-lo; inclusive, há as que creem que a respiração fica mais fácil. Tensão reduzida no peitoral maior costuma levar a uma melhor postura, o que possibilita o relaxamento de outros músculos.

**Sintomas de contratura**
- Postura do pescoço de abutre (cabeça projetada à frente do corpo)
- Dor ou espasmos musculares entre as escápulas
- Dor ao longo do esterno
- Pressão no peito (similar à angina)
- Sensações de formigamento e entorpecimento nos braços, em especial à noite

**Teste de flexibilidade**

*Teste 1*

Coloque-se em pé com as costas contra a parede. Eleve os braços para os lados, até que os cotovelos fiquem um pouco acima dos ombros. Flexione os cotovelos em 90 graus e vire-os para cima, de forma a deixar os antebraços apoiados completamente na parede e os braços nivelados com os ombros. Você deverá fazer todo o seu antebraço e o dorso da mão tocarem a parede, sem aumentar a curvatura da porção inferior das costas.

A hipermobilidade na articulação do ombro, onde ocorre a maior parte dos movimentos, pode dificultar o alongamento do peitoral maior; a atividade pode ainda ser mais difícil se o músculo estiver muito contraído. A técnica tem muita importância nesse exercício. Mantenha contraídos os músculos abdominais para evitar o aumento da curvatura na porção inferior das costas.

*Teste 2*

Fique em pé, voltado para um canto em ângulo reto. Coloque um pé no vão e dobre os cotovelos em 90 graus. Em seguida, ponha os antebraços bem encostados na parede, e os braços nivelados com os ombros. Incline a porção superior do corpo na direção do vão. Se você realmente tiver flexibilidade, o peito chegará perto do canto da parede.

## Precauções

Evite esse exercício se tiver dor na articulação do ombro, entre as escápulas, ou na porção inferior das costas durante o alongamento.

# TÉCNICA

Fique em pé, com a mão direita e o antebraço posicionados contra o batente de uma porta. Deixe o cotovelo um pouco mais alto que o ombro. Contraia os músculos do abdome para evitar o aumento da curvatura na porção inferior das costas. Dê um passo adiante com o pé direito.

Alongue durante 5 a 10 segundos, devagar, dobrando a perna direita. Seu corpo inclinará para a frente e para baixo. Interrompa o movimento ao sentir alongar o músculo peitoral. Depois, relaxe o músculo por 5 a 10 segundos.

Ofereça resistência comprimindo o cotovelo direito contra a moldura da porta durante 5 a 10 segundos. Relaxe cerca de 5 a 10 segundos.

Repita 2 ou 3 vezes.

## Erros comuns

- Posicionar o cotovelo baixo demais
- Não conseguir contrair os músculos abdominais (aumentando a curvatura da porção inferior das costas)

## Comentários

Pode ser difícil conseguir um bom alongamento do músculo se você já possui muita mobilidade na articulação do ombro. Se for o caso, erga um pouco mais o braço.

Mantenha o cotovelo um pouco mais alto que o ombro. Contraia os músculos do abdome e incline para a frente a porção superior do corpo.

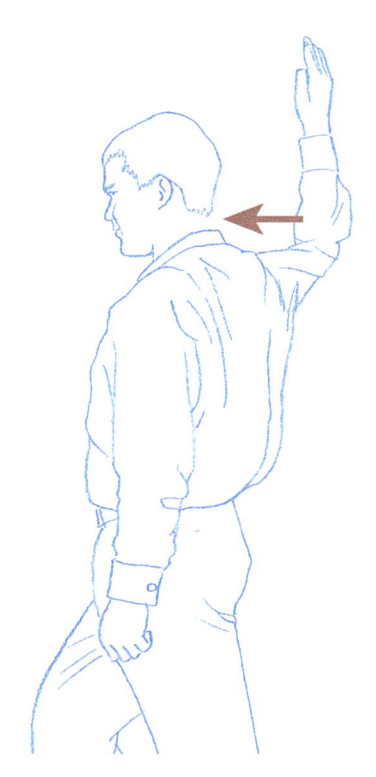

Ofereça resistência comprimindo o cotovelo contra o marco da porta, sem movimentar o corpo.

# PEITORAL MAIOR (VERSÃO 2)

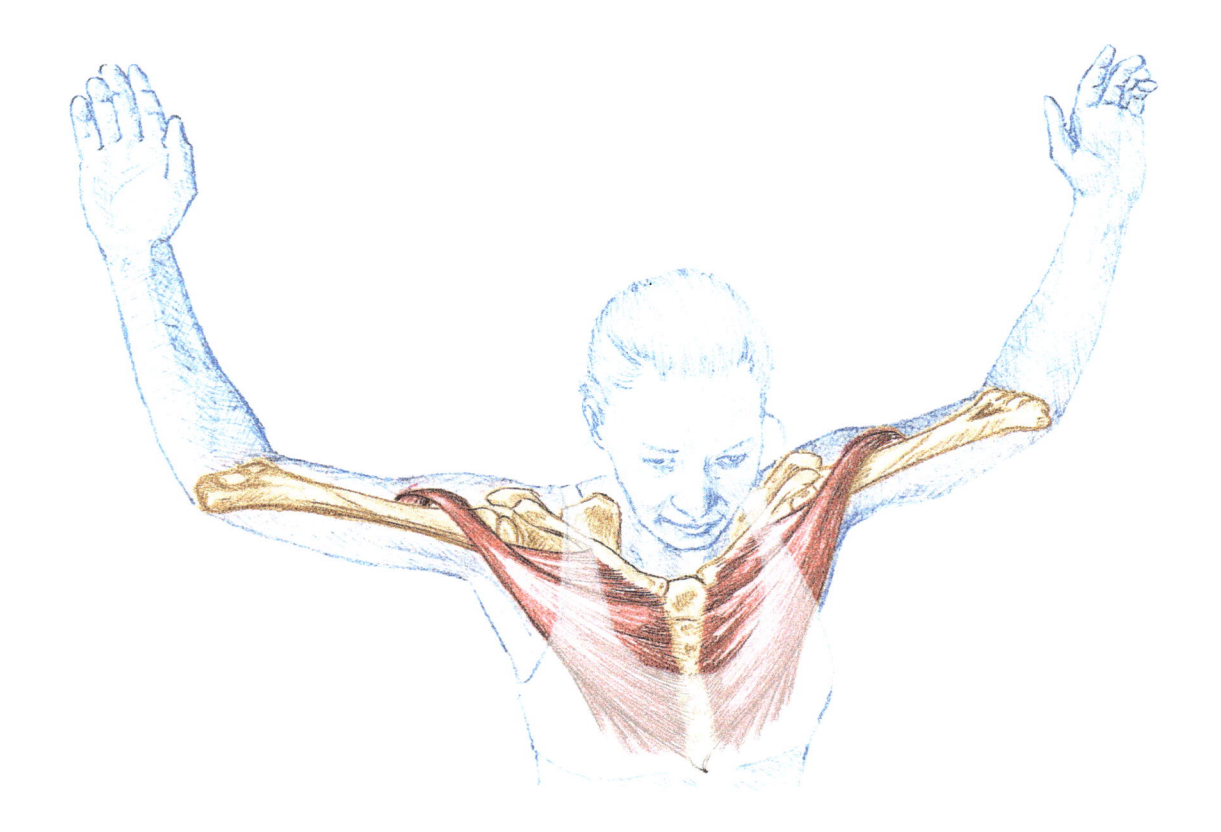

Este exercício é muito eficaz se você quer flexibilidade nos peitorais, nos músculos em torno das costelas e naqueles entre as costelas e a coluna. Ele alonga os dois lados do músculo torácico ao mesmo tempo. Assim, cuide para colocar os cotovelos na mesma altura para que sejam alongados igualmente. Lembre-se também de alternar a posição da perna dianteira.

## TÉCNICA

Coloque-se em pé diante de um canto da parede. Ponha um pé no canto e as mãos e os antebraços contra as paredes. Os cotovelos devem ser posicionados um pouco acima das escápulas, e os antebraços devem apontar para o teto. Contraia os músculos abdominais para evitar o aumento da curvatura na região inferior do dorso.

Alongue cerca de 5 a 10 segundos, dobrando a perna que está à frente e inclinando o corpo na direção do canto, até sentir dor leve ou alongamento do músculo peitoral. Depois, relaxe o músculo durante 5 a 10 segundos.

Ofereça resistência pressionando os cotovelos contra as paredes, mantendo imóvel a porção superior do corpo. A ardência que sentir no músculo deve desaparecer. Relaxe-o durante 5 a 10 segundos.

Intensifique o alongamento dobrando a perna e inclinando o tórax na direção do vão da parede até sentir alguma ardência. Esse será seu novo ponto de rendimento.

Repita 2 ou 3 vezes.

### Erros comuns
- Manter os cotovelos baixos demais
- Não apontar os antebraços para cima, retos
- Não conseguir contrair os abdominais, aumentando a lordose lombar

### Comentários

Se você está sem flexibilidade e com dificuldade para alongar, tente a versão 1 durante um tempo antes de fazer este exercício. Massagem no músculo pode ajudá-lo a relaxar.

Mantenha os cotovelos um pouco acima dos ombros. Contraia os abdominais e incline o tórax na direção do vão.

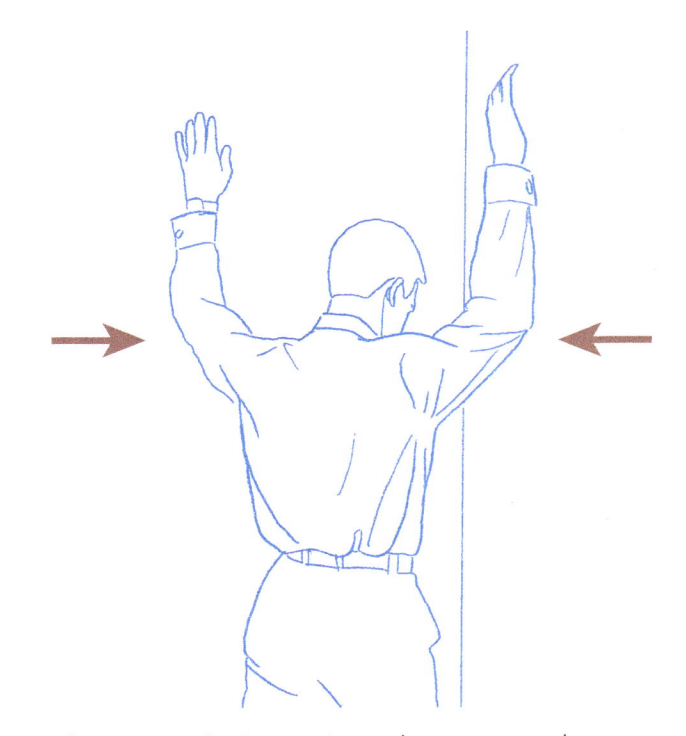

Ofereça resistência pressionando seus cotovelos contra a parede, sem movimentar o corpo.

# PEITORAL MENOR (VERSÃO EM PÉ)

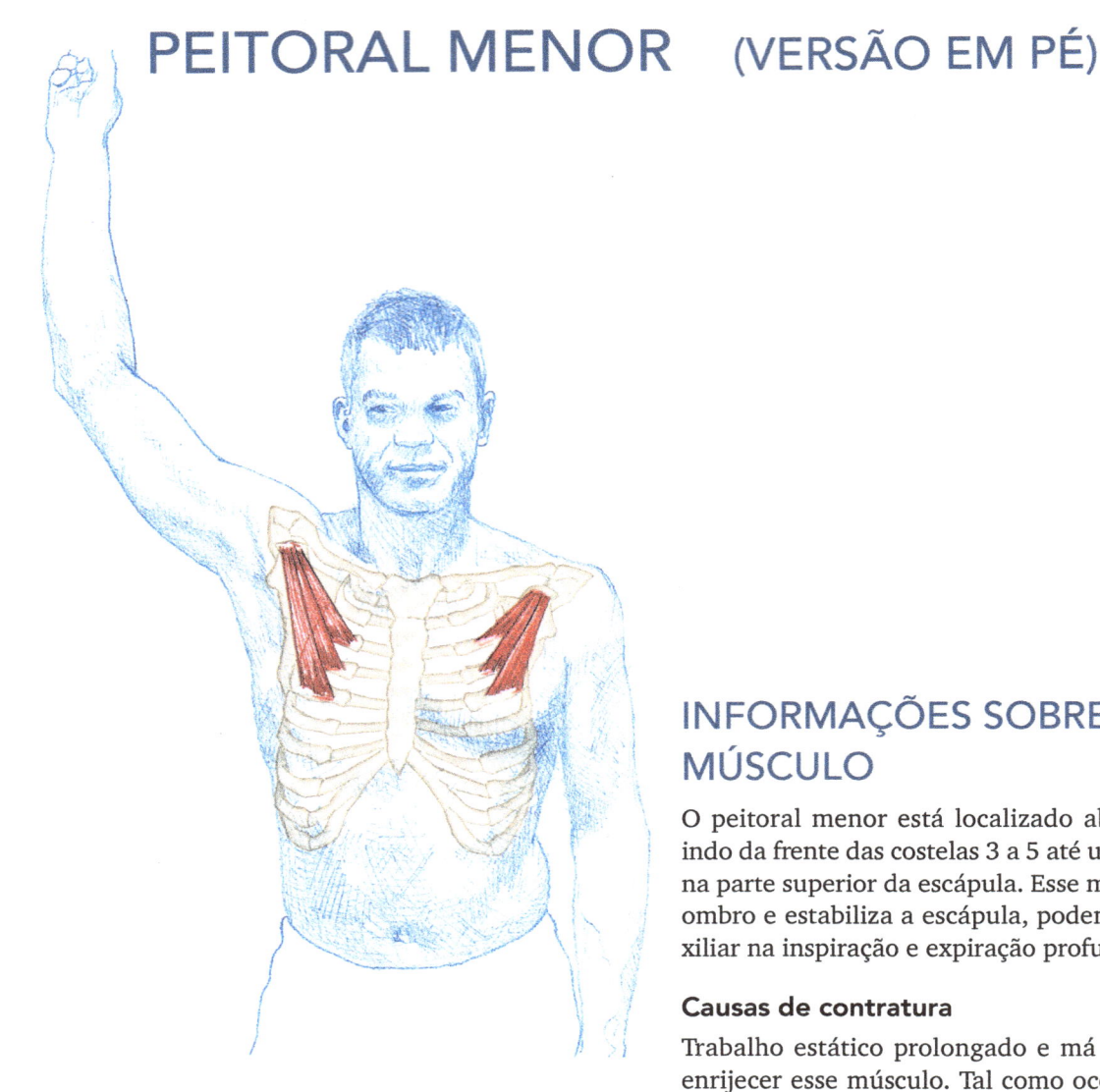

Pode ser difícil conseguir um bom alongamento do peitoral menor, uma vez que esse músculo pode estar bastante contraído, com movimentos muito pequenos. Mesmo que não o sinta, o alongamento será benéfico; trará alívio ao entorpecimento das mãos e dos braços à noite. Você perceberá o trabalho desse músculo ao sentir desconforto no braço ou na mão ao alongar. Não se preocupe, pois tal sensação desaparece com o aumento da flexibilidade do músculo.

## INFORMAÇÕES SOBRE O MÚSCULO

O peitoral menor está localizado abaixo do maior, indo da frente das costelas 3 a 5 até um dos processos na parte superior da escápula. Esse músculo abaixa o ombro e estabiliza a escápula, podendo também auxiliar na inspiração e expiração profundas.

### Causas de contratura

Trabalho estático prolongado e má postura podem enrijecer esse músculo. Tal como ocorre com outros músculos, o estresse aumenta a tensão na parte superior do peito, em especial quando a respiração fica mais rápida.

### Sintomas de contratura

- Entorpecimento e dor que irradiam para o braço
- Sintomas semelhantes aos do cotovelo de tenista
- Dificuldade de inspirar profundamente
- Dor em todo o músculo (semelhante a sintomas de angina ou ataque cardíaco)

### Precauções

Evite o exercício quando sentir dor na articulação do ombro ou pescoço ao alongar.

## TÉCNICA

Em pé, com o antebraço e a mão direitos apoiados no batente de uma porta, posicione o cotovelo bem mais alto que a articulação do ombro. O antebraço fica apontado para cima, formando um ângulo de 130 graus entre seu corpo e o cotovelo. Contraia os músculos abdominais para evitar aumento da curvatura na porção inferior da coluna. Avance o pé direito à frente.

Alongue cerca de 5 a 10 segundos, flexionando, devagar, a perna direita, inclinando a parte superior do corpo lentamente para a frente e para baixo. Interrompa o movimento ao sentir formigamento leve no músculo. Relaxe-o durante 5 a 10 segundos.

Ofereça resistência empurrando o cotovelo direito para a frente por 5 a 10 segundos. Relaxe durante 5 a 10 segundos.

Intensifique o alongamento flexionando a perna direita até sentir dor leve. Esse é seu novo ponto de rendimento.

Repita 2 ou 3 vezes.

### Erros comuns
- Posicionar o cotovelo alto ou baixo demais
- Ausência de flexibilidade na articulação do ombro
- Não conseguir contrair suficientemente o abdome, aumentando, assim, a lordose lombar

### Comentários

Esse exercício é difícil, pois pode ser complicado atingir o músculo. Tente alongar o peitoral maior antes de trabalhar com o menor.

Confira a altura do cotovelo, que deve estar na altura dos olhos. Contraia os abdominais e incline a porção superior do tórax para a frente.

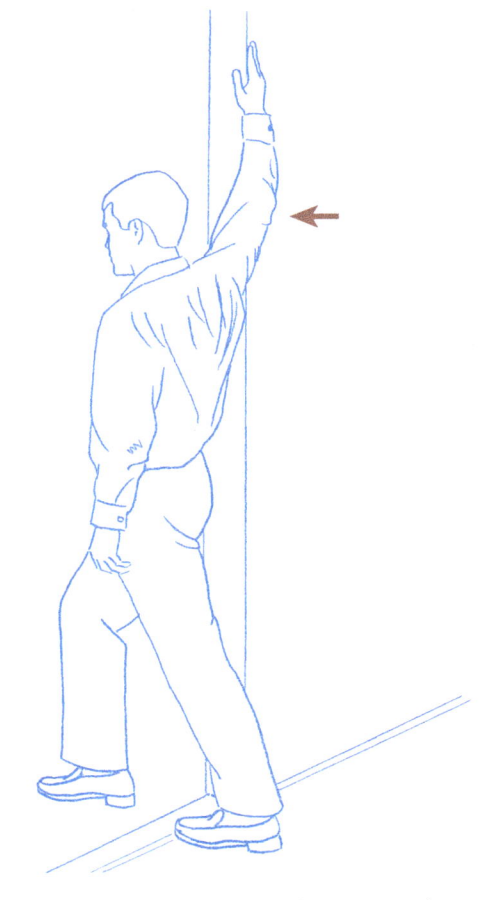

Ofereça resistência pressionando o cotovelo contra o batente da porta sem movimentar o corpo.

# PEITORAL MENOR (VERSÃO SENTADA)

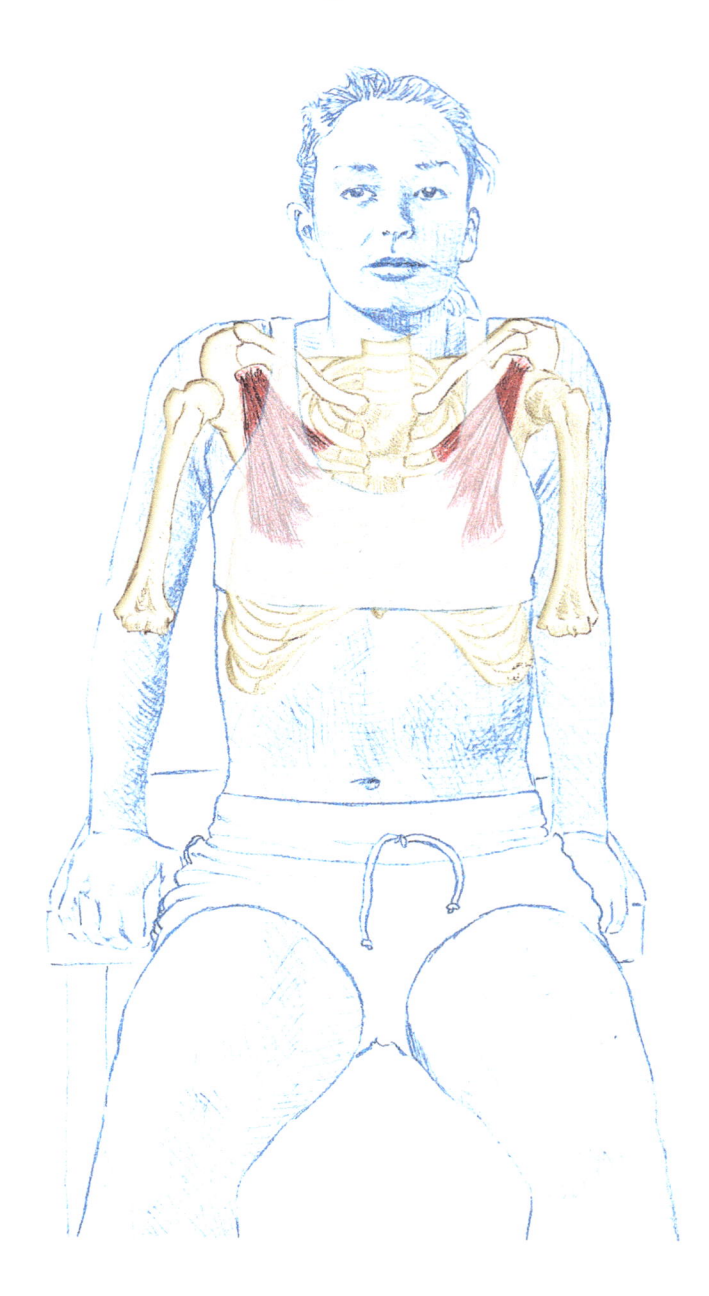

Este exercício requer braços fortes e um banco estável ou fixo. No início, faça-o com cuidado, pois você pode sentir o alongamento dos ombros e da cintura escapular, mas tal sensação desaparece com o tempo.

## Precauções

Evite o exercício se tiver dor no ombro, no pescoço ou nos punhos, ou diante de dificuldade em erguer-se com os braços estendidos.

## TÉCNICA

Sente-se em superfície estável, como um banco fixo no chão. Coloque as mãos no banco, com os dedos virados para a frente. Assente os pés no chão antes de deslizar os quadris para a frente e apoiar-se nos braços. Mantenha a parte superior do corpo ereta e os músculos abdominais contraídos para manter o equilíbrio.

Alongue por 5 a 10 segundos, relaxando os músculos do ombro, de modo que a cintura escapular se eleve. Interrompa ao sentir alongar o músculo peitoral. Relaxe a musculatura durante 5 a 10 segundos.

Ofereça resistência usando a cintura escapular para erguer a parte superior do corpo, em torno de 5 cm. Relaxe os músculos por cerca de 5 a 10 segundos.

Intensifique o alongamento deixando que a porção superior do corpo, devagar, abaixe outra vez, até atingir novo ponto de rendimento.

Repita 2 ou 3 vezes.

## Erros comuns

- Manter os braços um pouco dobrados
- Não conseguir relaxar totalmente o ombro

## Comentários

Já que outros músculos podem inibir o movimento, a porção inferior do trapézio pode estar muito contraída, causando dor na articulação interna da clavícula; alongue o peitoral maior antes de realizar a atividade.

Certifique-se de que a superfície de apoio está fixa e os braços, perfeitamente retos. Deixe o corpo abaixar, devagar, elevando o ombro.

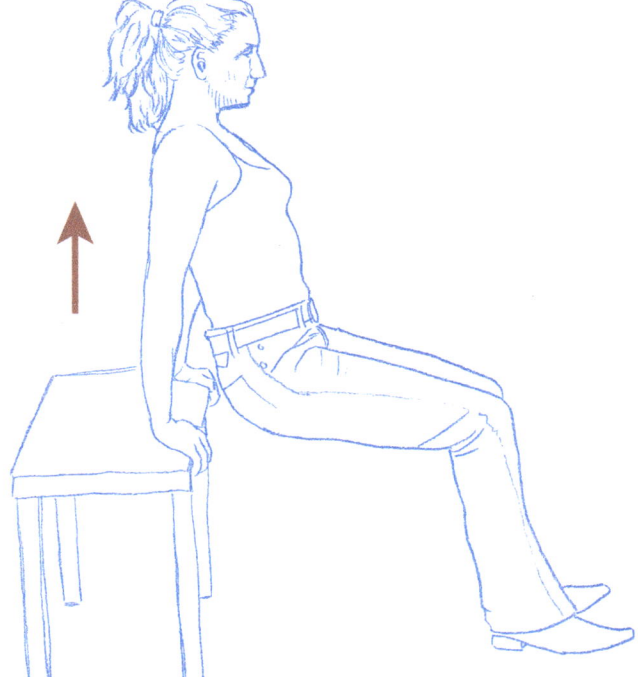

Ofereça resistência empurrando a parte superior do corpo 5 cm para cima.

# TRAPÉZIO TRANSVERSO E ROMBOIDES
## (VERSÃO EM PÉ)

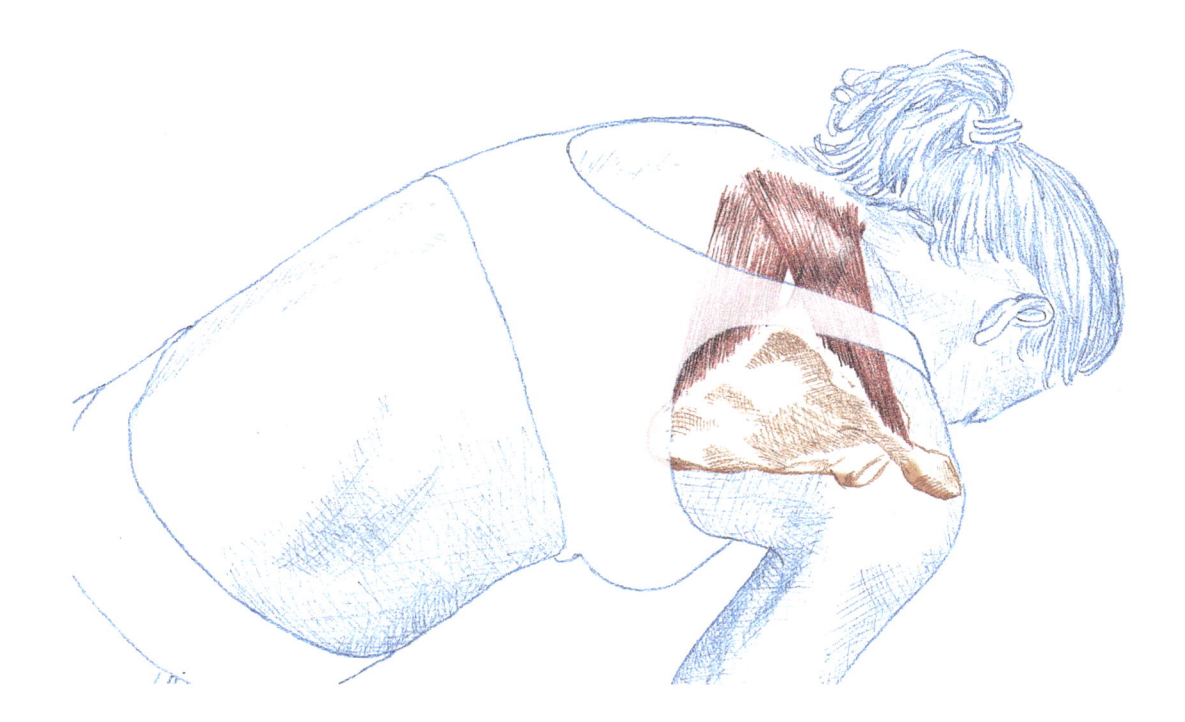

Há necessidade de força neste exercício, pois os músculos entre as escápulas podem estar contraídos. Há, porém, um problema: para que a atividade seja realizada corretamente, você deve poder, de fato, contrair os abdominais para não lesionar a porção inferior das costas. Ao sentir alguma pontada de dor nessa região, talvez prefira tentar o exercício seguinte. A finalidade dessa atividade é usar o braço para puxar a escápula o máximo possível para a frente e para o lado.

## INFORMAÇÕES SOBRE OS MÚSCULOS

A parte transversa do trapézio localiza-se na superfície do sistema muscular, indo dos processos da coluna até um ponto da extremidade mais distante da escápula. Os romboides, maior e menor, situam-se abaixo do trapézio. Vão dos processos da coluna até a borda interna da escápula. Esses músculos, mediante força, unem as escápulas e estabilizam a cintura escapular.

### Causas de contratura
A má postura leva esses músculos a trabalharem de forma estática para proteger os ligamentos e os discos da coluna. O músculo peitoral encurtado pode significar demanda sobre o trapézio transverso e os romboides além de sua capacidade.

### Sintomas de contratura
- Dor e incômodo entre as escápulas
- Incômodo na região frontal do ombro
- Entorpecimento entre as escápulas

### Precauções
Evite essa atividade se tiver dor na porção inferior das costas ou na articulação do ombro.

## TÉCNICA

Coloque-se em pé, com o pé direito sobre um banco ou cadeira firme e o esquerdo no chão; a perna esquerda deve estar levemente flexionada. Passe o braço direito sobre as pernas e, com ele, segure-se na lateral oposta do banco ou cadeira. A mão fica 10 cm à frente do joelho esquerdo, com os nós dos dedos para o mesmo lado. Coloque a mão esquerda sobre a coxa esquerda, logo acima do joelho. Com os músculos abdominais contraídos, deixe pender a cabeça.

Ainda segurando firme a cadeira, eleve-se, lenta e cuidadosamente estendendo a articulação do quadril direito e a do joelho esquerdo. Alongue dessa maneira por cerca de 5 a 10 segundos. O alongamento pode ser intensificado se você empurrar a mão esquerda para baixo, sobre a coxa. Continue até sentir alongar ou pressionar a região entre as escápulas e a coluna, no lado direito. Relaxe os músculos durante 5 a 10 segundos.

Ofereça resistência, com cuidado, usando o braço para impulsionar-se na direção da cadeira. Mantendo imóvel a porção superior do corpo, alongue a musculatura durante 5 a 10 segundos. Depois, relaxe-a por 5 a 10 segundos.

Intensifique o alongamento colocando a mão sobre a coxa para empurrar-se para cima, até chegar a um novo ponto de rendimento.

Repita 2 ou 3 vezes.

### Erros comuns

- Não conseguir relaxar as escápulas
- Manter a mão sobre o banco muito à frente
- Girar o corpo ao fazer o movimento (o tronco deve permanecer na horizontal)

### Comentários

Esses músculos às vezes podem estar tão contraídos e encurtados que é impossível alongá-los. Nesses casos, costuma ser útil massagear os tecidos profundos.

Mantenha a mão direita 10 cm diante do joelho direito. Empurre-se com a mão esquerda e o joelho direito. Não se esqueça de manter os músculos abdominais contraídos.

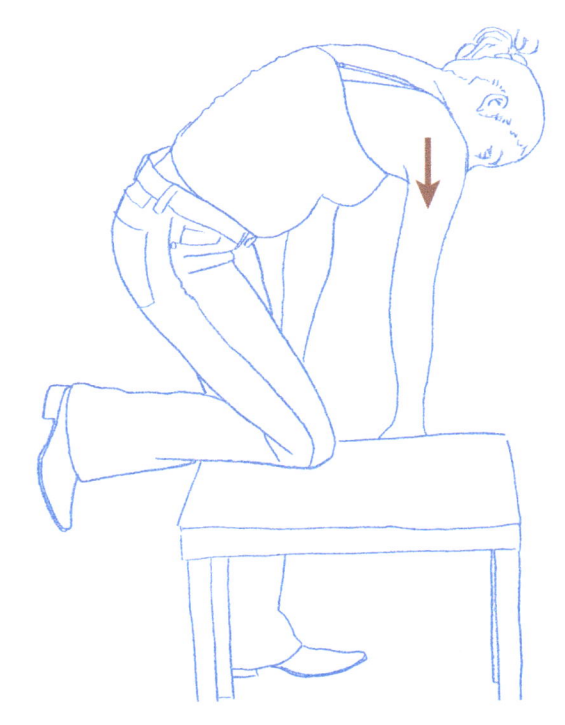

Ofereça resistência empurrando-se na direção do banco, sem movimentar o corpo.

# TRAPÉZIO TRANSVERSO E ROMBOIDES
## (VERSÃO SENTADA)

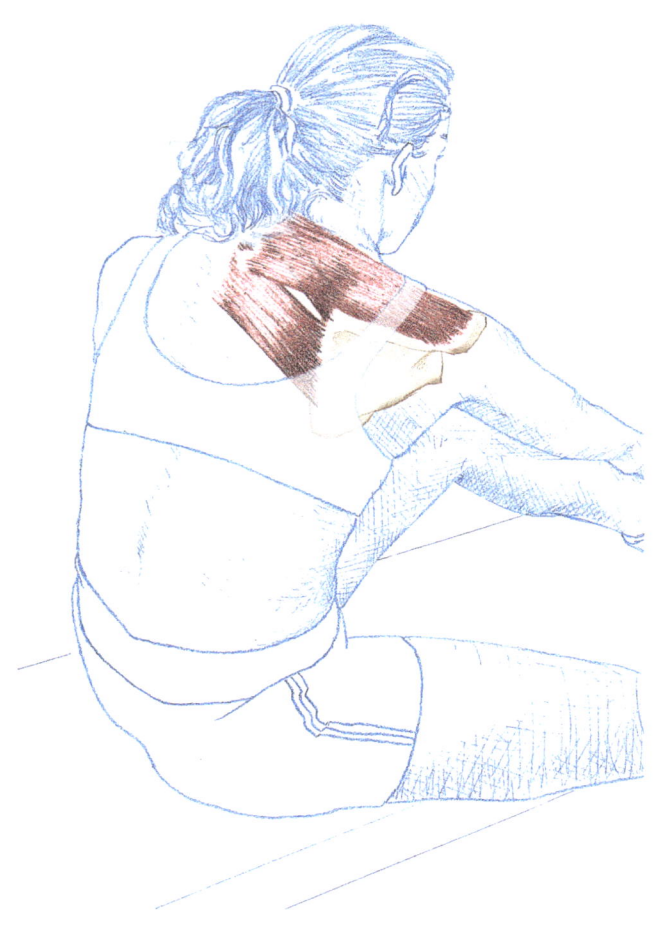

Este exercício pode ser feito em um banco ou no chão. Pode surgir alguma dificuldade se você estiver sem flexibilidade. Se for o caso, tente a versão em pé. Como no exercício anterior, você precisa conseguir contrair os músculos do abdome para proteger a porção inferior das costas.

**Precauções**
Evite este exercício se tiver dor na porção inferior das costas ou na articulação do ombro.

## TÉCNICA

Sente-se em um banco, com o pé direito no chão e o esquerdo no banco. Dobre o joelho esquerdo até alcançar, e segurar, a parte de fora do pé esquerdo com a mão direita. Coloque a mão esquerda sobre a coxa esquerda acima do joelho. Alongue, inclinando o tronco para trás, ao mesmo tempo em que empurra a mão esquerda contra a coxa. Pare ao sentir ardência leve entre as escápulas e a coluna, no lado direito. Relaxe os músculos por 5 a 10 segundos.

Ofereça resistência durante 5 a 10 segundos, usando a mão direita para, com cuidado, aproximar o tronco do pé. Certifique-se de que o tronco esteja imóvel. (Para alongar o lado direito, tente virar o corpo para a direita.) Relaxe os músculos por 5 a 10 segundos.

Intensifique o alongamento inclinando o tronco para trás e empurrando a mão esquerda até atingir novo ponto de rendimento.

Repita 2 ou 3 vezes.

## Erros comuns

- Não conseguir arredondar a coluna torácica
- Virar o corpo ao realizar o movimento

## Comentários

Esses músculos podem estar tão contraídos e encurtados que você não conseguirá alongá-los. Uma massagem nos tecidos profundos costuma ser útil. Se tiver dor na porção inferior das costas, pode não estar contraindo de maneira suficiente a musculatura do abdome.

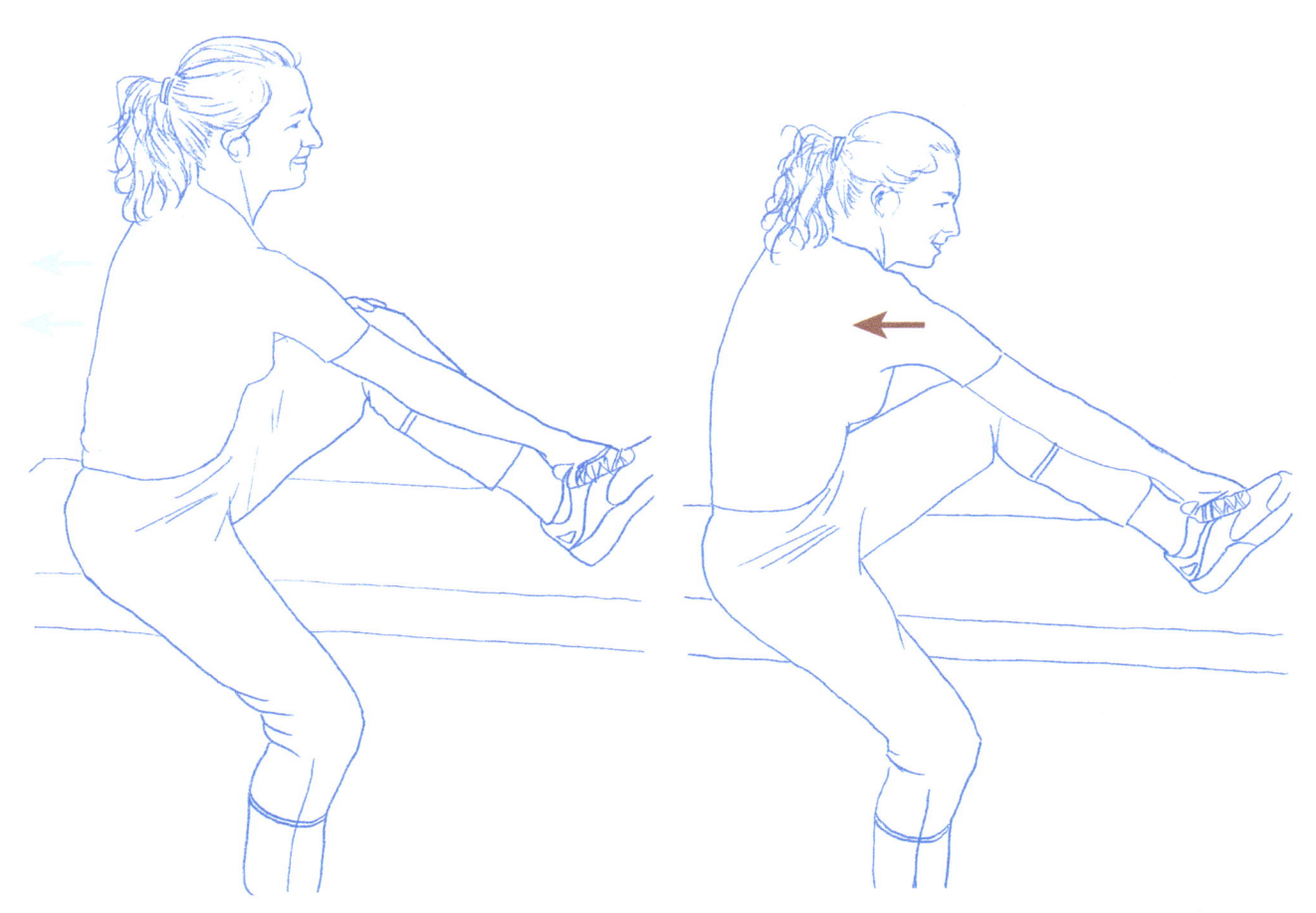

Sente-se o mais ereto possível na posição de início. Flexione o tronco para trás, ao mesmo tempo em que empurra a coxa com a mão esquerda. Não se esqueça de contrair os músculos adominais.

Ofereça resistência, puxando o braço e o ombro para trás, sem movimentar a porção superior do braço.

# LATÍSSIMO DO DORSO (VERSÃO EM PÉ)

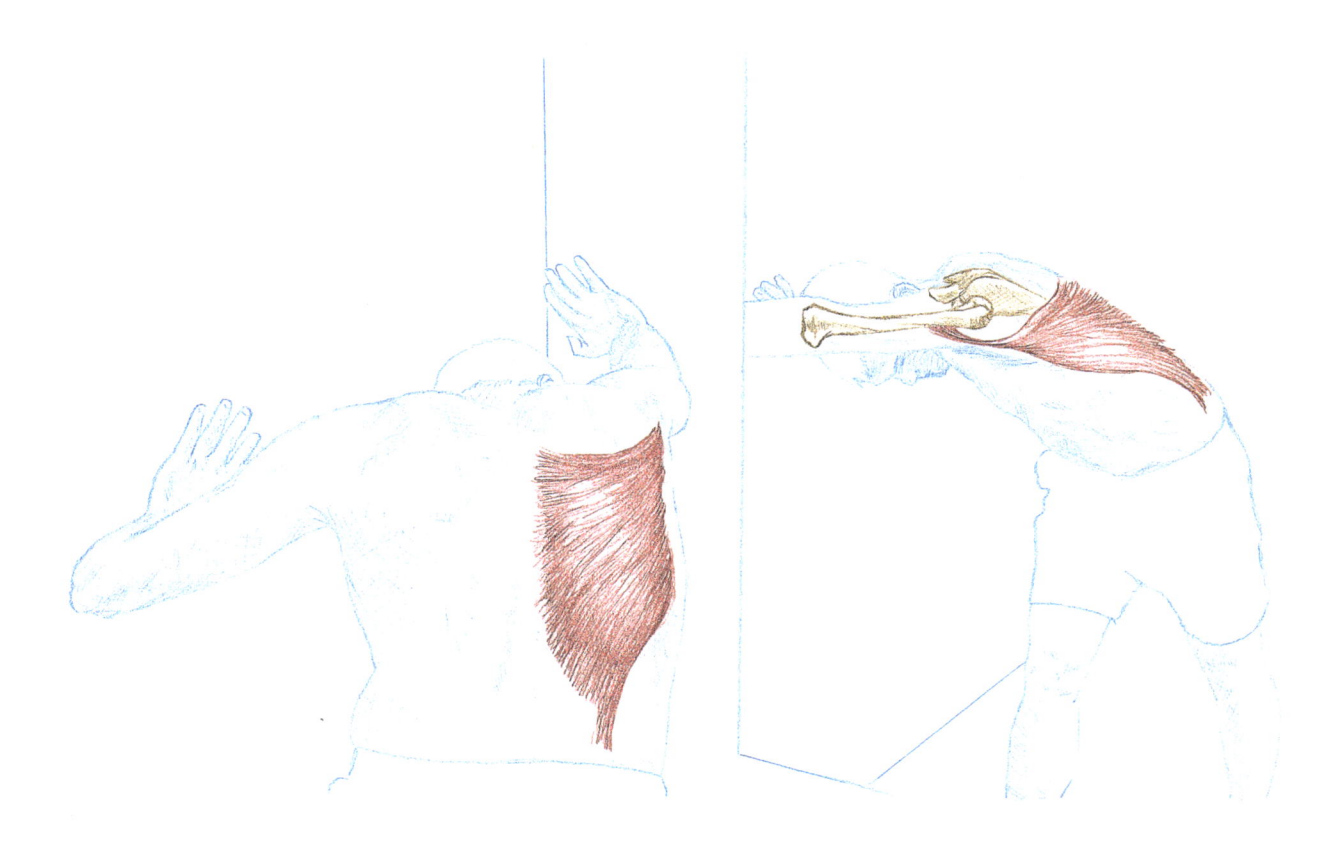

Esta atividade pode parecer tecnicamente complicada; no entanto, assim que compreendida, ela funcionará. Toda a lateral do tronco será alongada até a axila. O exercício ficará mais fácil caso você se imagine alongando o braço e a cintura escapular o máximo possível, ao mesmo tempo em que inclina o tronco formando uma curvatura lateral.

## INFORMAÇÕES SOBRE O MÚSCULO

O latíssimo do dorso é um músculo grande, localizado muito próximo da pele. Inicia na crista ilíaca (quadril) e na coluna, passando em torno da região interna da porção superior do braço.

Ele leva o braço para trás e na direção do corpo, abaixa a cintura escapular, une as escápulas, flexiona para trás e para os lados a coluna vertebral e estende a coluna quando os braços são erguidos acima da cabeça.

### Causas de contratura

Considerando-se que a maior parte dos movimentos é feita com os braços abaixo da cabeça, esse músculo costuma contrair e encurtar por falta de exercício. Raramente ele enrijece a ponto de limitar o movimento da articulação do ombro, com os braços abaixo do nível dos ombros. A tensão no latíssimo do dorso, porém, pode limitar movimentos feitos com os braços acima do ombro, como no caso da modalidade esqui *cross-country*, da ginástica, do montanhismo e do golfe.

### Sintomas de contratura

- Dificuldade de trabalhar com as mãos bem acima da cabeça
- Dor na articulação do ombro
- Dor ou desconforto na região inferior do tronco

### Teste de flexibilidade

Coloque-se em pé, com as costas contra uma parede, ou deite-se no chão, com os braços na lateral do corpo. Flexione os ombros e tente alcançar a parede ou o chão com a porção superior das mãos. Mantenha os cotovelos estendidos e a região inferior da coluna em contato com a parede ou o chão.

### Precauções

Evite este exercício se tiver dor na articulação do ombro ou na região inferior da região lombar durante o alongamento.

## TÉCNICA

Ache uma maçaneta de porta ou algo similar sólido e que esteja localizado na mesma altura do umbigo. Fique em pé diante da maçaneta, a uma distância do comprimento dos braços. Segure a maçaneta com a mão direita e dê um passo para o lado esquerdo, de modo que o ombro esquerdo fique mais próximo da parede que o direito. Incline o tronco para a frente, alinhando braço e corpo entre si. O corpo, visto de lado, deve formar um V. Você tem que segurar com firmeza a maçaneta para evitar cair para trás.

Leve a perna direita para trás e um pouco à esquerda. Vistos de trás, perna, corpo e braço devem assemelhar-se a um arco. Coloque a mão esquerda na porta ou na parede, levemente à esquerda da mão direita. O cotovelo esquerdo deve estar um pouco flexionado, para que seja usado para empurrar.

Alongue durante 5 a 10 segundos, fazendo pressão para afastar-se da parede com a mão esquerda, aumentando a curvatura do arco, até sentir leve incômodo na lateral das costas. Relaxe o músculo de 5 a 10 segundos.

Ofereça resistência por 5 a 10 segundos, levando o braço direito para o lado. Não solte a maçaneta ou movimente o corpo. Relaxe o músculo durante 5 a 10 segundos.

Intensifique o alongamento aumentando a curvatura do arco e tentando afastar-se da porta ou da parede até chegar a um novo ponto de rendimento.

Repita o exercício 2 ou 3 vezes.

### Erros comuns

- Colocar-se em pé muito distante da porta ou da maçaneta
- Não conseguir flexionar correta e suficientemente o braço que está empurrando para obter o impulso adequado
- Não conseguir alinhar o braço com o tronco (por completo)

### Comentários

Se você tiver dificuldade com este exercício, peça a alguém para conferir sua posição inicial. Para aumentar o alongamento, segure a maçaneta a partir da base. Diante de problemas para a impulsão, aproxime-se da parede.

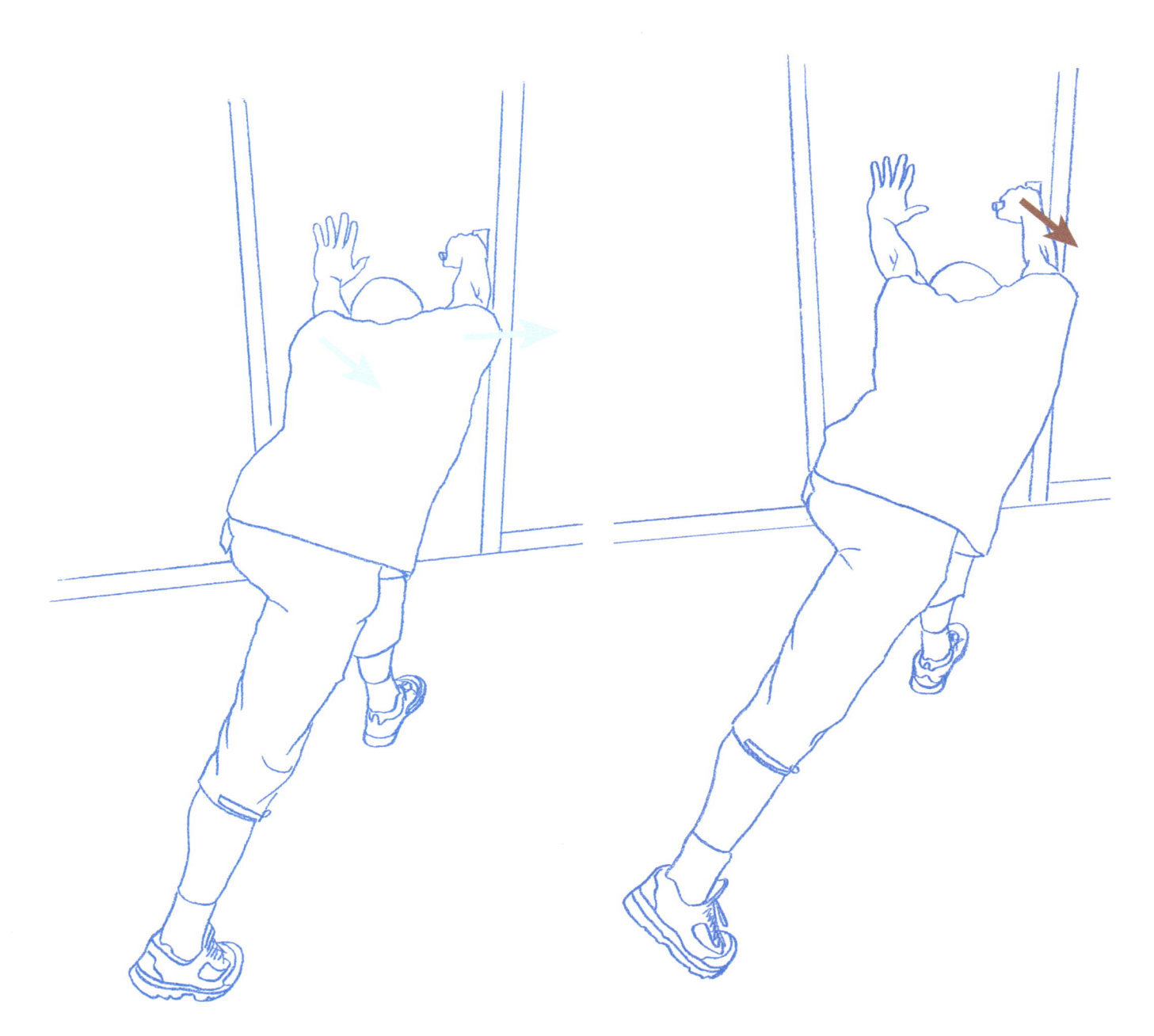

Certifique-se de que o pé esquerdo está bem para a frente, de modo que você consiga impulsionar-se para trás. Dê impulso com a perna esquerda e a mão esquerda.

Ofereça resistência levando a mão direita para a direita, sem movimentar o corpo.

# LATÍSSIMO DO DORSO (VERSÃO SENTADA)

### Precauções
Evite este exercício caso sinta dor nos joelhos ou no tronco ao alongar.

## TÉCNICA

Sente-se na cadeira, com o lado direito voltado para a mesa. Posicione os pés bem afastados no chão. Coloque a perna direita sobre a esquerda, de modo que o tornozelo fique sobre a coxa; em seguida, ponha o joelho direito sob a mesa. Sente-se com as costas bem retas e os músculos abdominais contraídos. Flexione o braço direito deixando-o paralelo à cabeça. O braço deve encostar na cabeça e na face.

Alongue por 5 a 10 segundos, curvando o tronco reto para a esquerda. Estique-se bem para o alto e para a esquerda durante 5 a 10 segundos.

Ofereça resistência empurrando o joelho direito contra a mesa ou tentando empurrar o tronco para o lado e para cima por 5 a 10 segundos. Você pode combinar os dois se desejar. Relaxe o músculo durante 5 a 10 segundos.

Intensifique o alongamento permitindo que a gravidade leve o corpo para o lado até atingir novo ponto de rendimento.

Repita 2 ou 3 vezes.

### Erros comuns
- Contrair de forma excessiva outros músculos de modo que impeça uma postura sentada ereta
- Inclinar-se para a frente e não para o lado
- Não conseguir flexionar suficientemente o ombro

### Comentários
Esta é uma atividade que apresenta dificuldade técnica, exigindo certa prática antes de acertá-la. Firme muito bem os pés no chão para que você oriente o exercício com apoio. Algumas vezes é útil alongar primeiro o quadrado do lombo.

Este exercício é próprio para pessoas com bastante flexibilidade. Também é perfeito para ser realizado no local de trabalho. Para executá-lo, você deve conseguir sentar-se completamente ereto na posição inicial. Antes de se acostumar com esta atividade, aja com calma e cuidado, usando uma das mãos como apoio. Caso contrário, há o risco de empregar força demais ao alongar.

Posicione a perna sob a mesa e erga o braço o mais alto que puder. Inclinando o tronco à esquerda, leve o braço bem para cima e para o lado.

Ofereça resistência empurrando cuidadosamente o joelho contra o tampo da mesa ou inclinando e elevando o tronco mais ou menos 5 cm.

# INFRAESPINAL (VERSÃO 1)

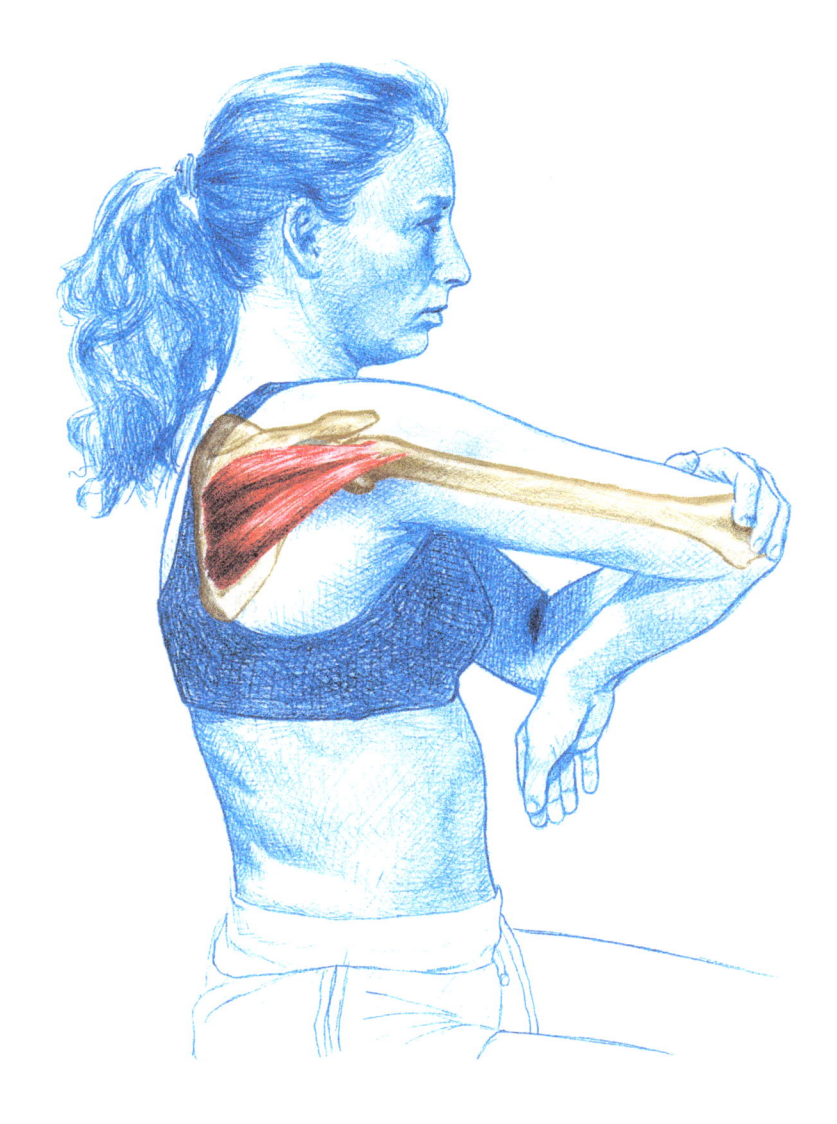

O infraespinal é um dos músculos mais importantes para que sejam evitadas ou minimizadas dores na área dos ombros. Conhecido como um músculo sensível, aja com cautela em relação a ele. Mesmo que você não sinta um alongamento real, o exercício ainda pode ter valido a pena. Ao realizar a rotação interna da articulação do ombro, alongam-se os rotadores externos dessa articulação. Para conseguir o efeito desejado com a atividade, você não deve erguer ou abaixar o cotovelo durante o alongamento. Também é muito importante não realizar os movimentos com força ao criar resistência.

## INFORMAÇÕES SOBRE O MÚSCULO

O infraespinal localiza-se perto da pele e vai da escápula à porção externa da região superior do braço. Sua principal função é rodar o braço externamente na articulação do ombro. Também estabiliza o ombro, coordenando e fazendo pequenos ajustes nos movimentos articulares.

### Causas de contratura

O infraespinal trabalha de forma estática sempre que o braço é movimentado. Pode ficar muito contraído e encurtado devido ao trabalho no teclado do computador. Nos treinos para fortalecimento, principalmente no exercício de supino, em especial levantamento de peso deitado, costuma ser usado em excesso. Pode ocorrer tensão excessiva durante a prática de atividades que envolvam levantar e puxar com a parte de trás do pescoço.

### Sintomas de contratura

- Existência de dor local ou nas escápulas
- Dor lancinante na região frontal do ombro
- Dor que irradia para o braço, o antebraço e a mão

### Teste de flexibilidade

Deite-se no chão ou fique em pé com a frente do corpo voltada para uma parede. Leve o braço para trás e coloque um dos dedos em uma alça de cinto, ou na cintura das calças, o mais longe possível. Se deitado, a gravidade leva o cotovelo para baixo para tocar o chão, se em pé, você deve conseguir tocar a parede com o cotovelo.

### Precauções

Evite o exercício ao sentir dor na região frontal do ombro durante o alongamento. Surgindo dor após a atividade, seja mais cuidadoso na próxima vez.

## TÉCNICA

Este exercício pode ser feito sentado ou em pé. Flexione o ombro direito a 90 graus e leve, em seguida, o antebraço na direção do peito, criando um ângulo de 90 graus no cotovelo. Segure o cotovelo direito com a mão esquerda, de modo que o antebraço esquerdo fique apoiado no direito. Descanse o braço direito, mantendo a posição com o esquerdo. Relaxe e abaixe o ombro esquerdo.

Alongue o músculo durante 5 a 10 segundos, empurrando a mão direita para baixo com o antebraço esquerdo, mantendo no lugar o cotovelo direito. Relaxe o músculo por 5 a 10 segundos.

Crie resistência empurrando, com cuidado, a mão direita contra o antebraço esquerdo. Relaxe o músculo por cerca de 5 a 10 segundos.

Intensifique o alongamento empurrando a mão e o antebraço para baixo até atingir novo ponto de rendimento.

Repita 2 ou 3 vezes.

### Erros comuns

- Não conseguir relaxar totalmente os ombros
- Fazer o movimento com muita rapidez
- Contrair demais outros músculos em torno da articulação do ombro

### Comentários

É difícil sentir, realmente, um bom alongamento do músculo infraespinal. Às vezes, você percebe-o apenas na parte frontal do ombro e não pela escápula. Para melhorar a percepção deste, treine os músculos peitorais e dorsais para aumentar o fluxo sanguíneo para essas regiões antes de alongar o infraespinal. Se ainda tiver dificuldade, tente massagear os tecidos profundos da área antes de alongar, podendo, ainda, tentar relaxar bem a articulação do ombro antes de iniciar a rotação, puxando o cotovelo para a frente com a mão esquerda.

Indicações de Alongamento  **75**

Relaxe completamente o braço direito e use o esquerdo para levantá-lo. Gire o braço internamente com o cotovelo esquerdo.

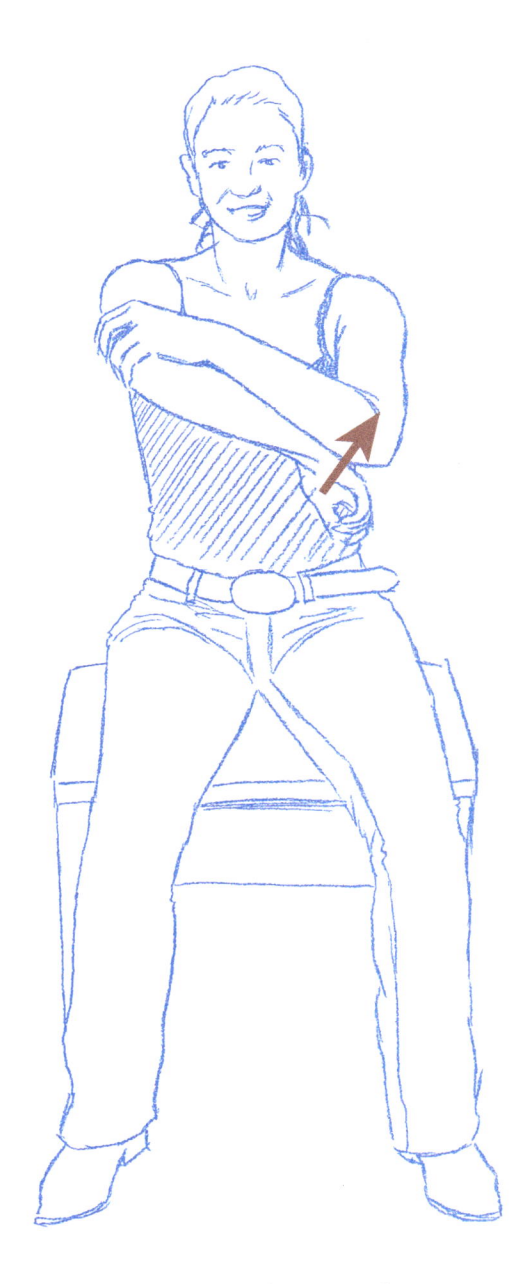

Crie resistência pressionando a mão direita contra o cotovelo esquerdo.

# INFRAESPINAL (VERSÃO 2)

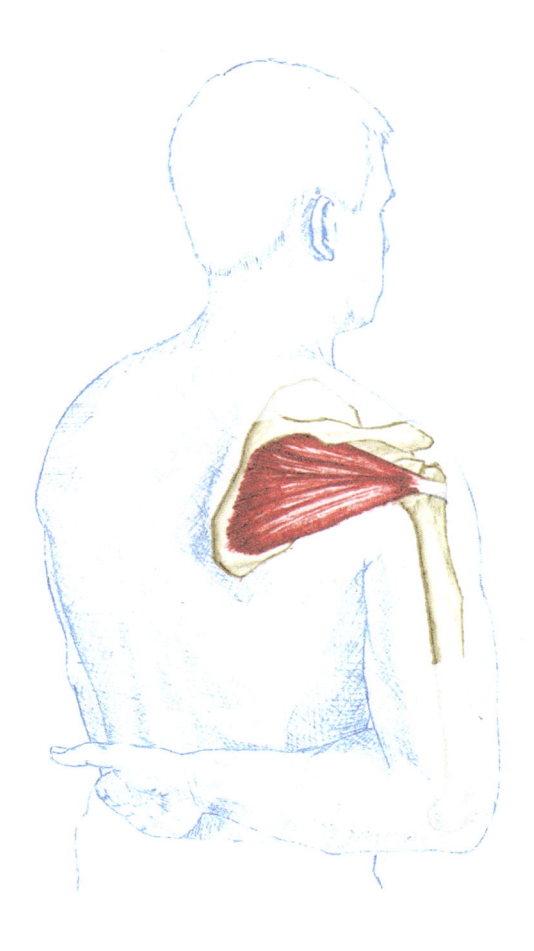

Este exercício, comumente chamado de posição de policial, é um alongamento bastante intenso para o infraespinal. Aja com cautela, levando em conta o tamanho desse músculo em relação ao peso do corpo. Certifique-se de estar bem equilibrado e de não acrescentar mais força além da oferecida pela gravidade ao inclinar o corpo. Quando atingir a posição inicial, a meta da atividade é movimentar o cotovelo para a frente, ao mesmo tempo em que o corpo vai para trás. A resistência (no caso, o marco da porta) deve ficar contra a região posterior do cotovelo.

**Precauções**

Evite este exercício se tiver dor no ombro durante o alongamento ou logo em seguida.

## TÉCNICA

Em pé, junto ao marco de uma porta, com uma perna na frente da outra. Leve a mão para trás, até as costas, e coloque um dos dedos em uma alça de cinto ou cintura de uma calça. Incline a parte de trás do cotovelo contra o marco da porta. Alongue o músculo por 5 a 10 segundos, com cuidado, inclinando para trás o tronco, até sentir leve alongamento ou desconforto no músculo. Se fizer tudo certo, o cotovelo virá para a frente. Relaxe o músculo durante 5 a 10 segundos.

Intensifique o alongamento inclinando o corpo para trás e levando o cotovelo para a frente até atingir um novo ponto de rendimento.

Repita 2 ou 3 vezes.

**Erros comuns**

- Não conseguir relaxar o ombro completamente
- Contrair os músculos ao redor da articulação do ombro
- Tocar o marco da porta com grande parte do braço

**Comentários**

Se tiver dor ou dificuldade para alcançar o músculo, tente segurar a alça do cinto que estiver mais perto da lateral. Certifique-se de que apenas o cotovelo toca o marco da porta, e não todo o braço.

Indicações de Alongamento 77

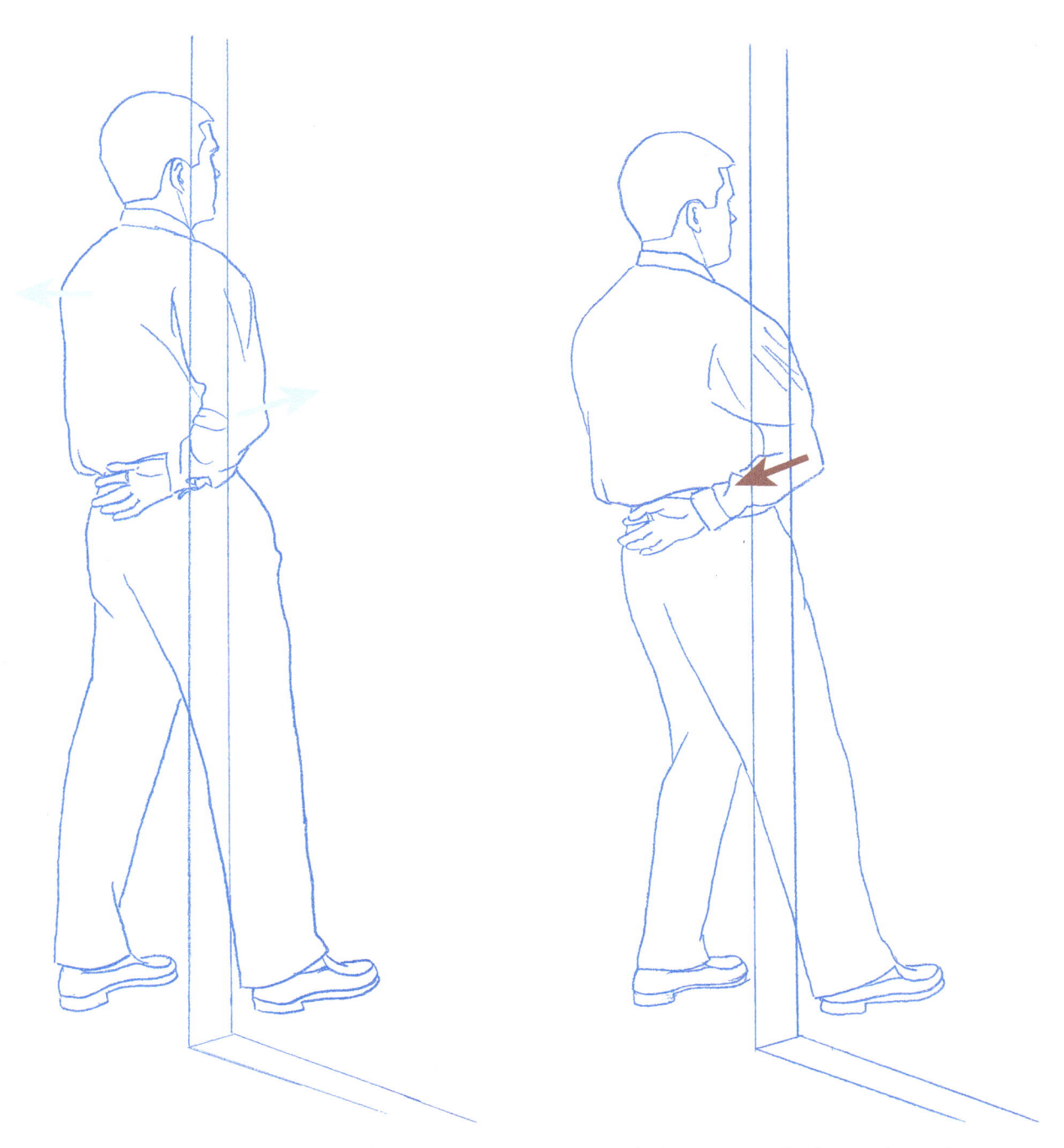

Posicione o cotovelo diante do marco da porta. Lentamente, incline o tronco para trás direcionando o cotovelo para a frente.

Com cuidado, crie resistência pressionando a parte de trás do cotovelo contra o marco da porta.

# REDONDO MAIOR

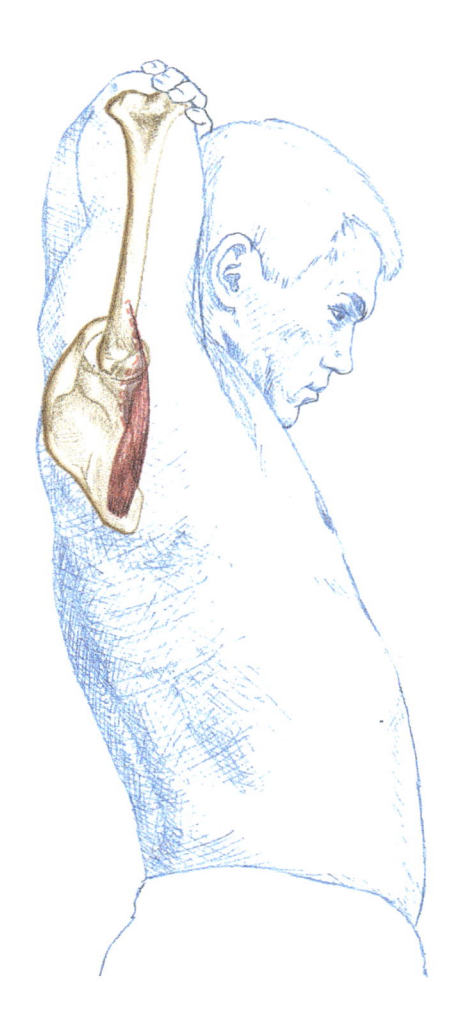

Considerando que o músculo redondo maior tem as mesmas funções na articulação dos ombros que o latíssimo do dorso, os exercícios para o seu alongamento são iguais aos mostrados nas páginas 68 e 71. Esta atividade é um pouco mais específica para o redondo maior, pois fixa a escápula contra a parede.

## INFORMAÇÕES SOBRE O MÚSCULO

O redondo maior vai da parte mais inferior e triangular da escápula até seus pontos de inserção na porção interna da região superior do braço, perto do latíssimo do dorso. Movimenta o braço na direção do corpo a partir de todas as posições, na frente ou na lateral corporal. Ajuda também a rodar para dentro a porção superior do braço.

### Causas de contratura

Trabalho estático por longos períodos pode contrair o músculo, mas essa tensão raramente impede os movimentos feitos abaixo dos ombros; no entanto, ela pode, de fato, impedir movimentos feitos acima da cabeça.

Os exemplos incluem movimentos no esqui (*cross-country*), na ginástica, no montanhismo e no golfe.

### Sintomas de contratura

- Dor que irradia para o braço
- Entorpecimento no braço e nos dedos
- Perda de força ao movimentar os braços acima da cabeça

### Precauções

Evite o exercício se tiver dor no ombro ou na nuca.

## TÉCNICA

Fique em pé, com o lado direito voltado para uma parede e os pés afastados um pouco mais que 30 cm dela. Leve o braço direito acima da cabeça e flexione o cotovelo em 90 graus. Com cuidado, incline o lado direito contra a parede, de modo que apenas a escápula a toque. Segure o cotovelo direito com a mão esquerda.

Alongue por 5 a 10 segundos, puxando o cotovelo para trás da cabeça, à esquerda, até sentir resistência ou leve ardência bem abaixo da parte externa do ombro. Relaxe o músculo durante 5 a 10 segundos.

Crie resistência levando o cotovelo até a parede ao mesmo tempo em que oferece resistência com a mão esquerda. Descanse o músculo por 5 a 10 segundos.

Intensifique o alongamento puxando o cotovelo para trás da cabeça até atingir novo ponto de rendimento.

Repita 2 ou 3 vezes.

### Erros comuns
- Colocar-se de pé perto demais da parede para firmar a escápula
- Não conseguir levar o braço para trás da cabeça devido à rigidez na articulação do ombro ou nos músculos associados

### Comentários

Se achar difícil o exercício, tente alongar o latíssimo do dorso e o peitoral maior primeiro.

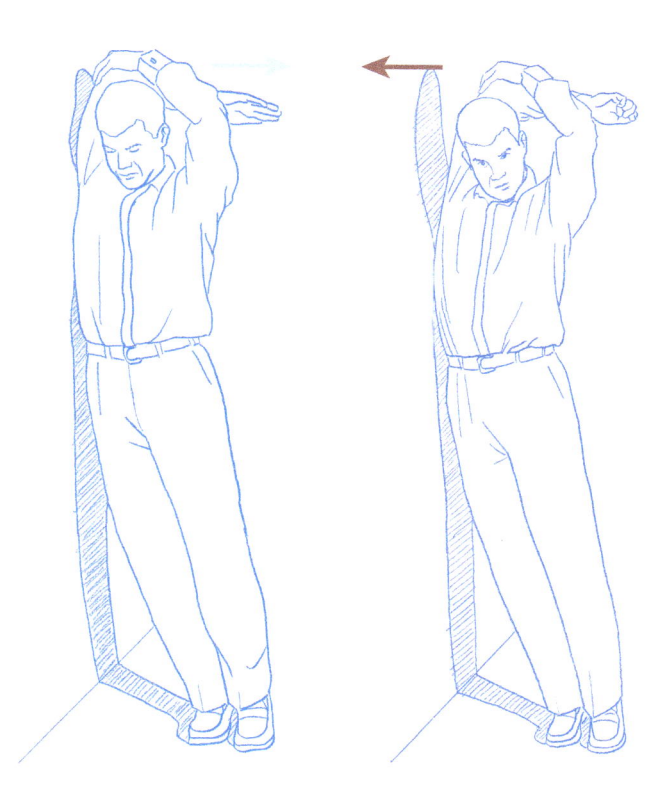

Leve o braço direito para trás da cabeça. Use a outra mão para puxar o cotovelo para a esquerda. Crie resistência pressionando o cotovelo direito contra a mão esquerda.

É importante firmar a escápula contra a parede.

# SUPRAESPINAL (VERSÃO 1)

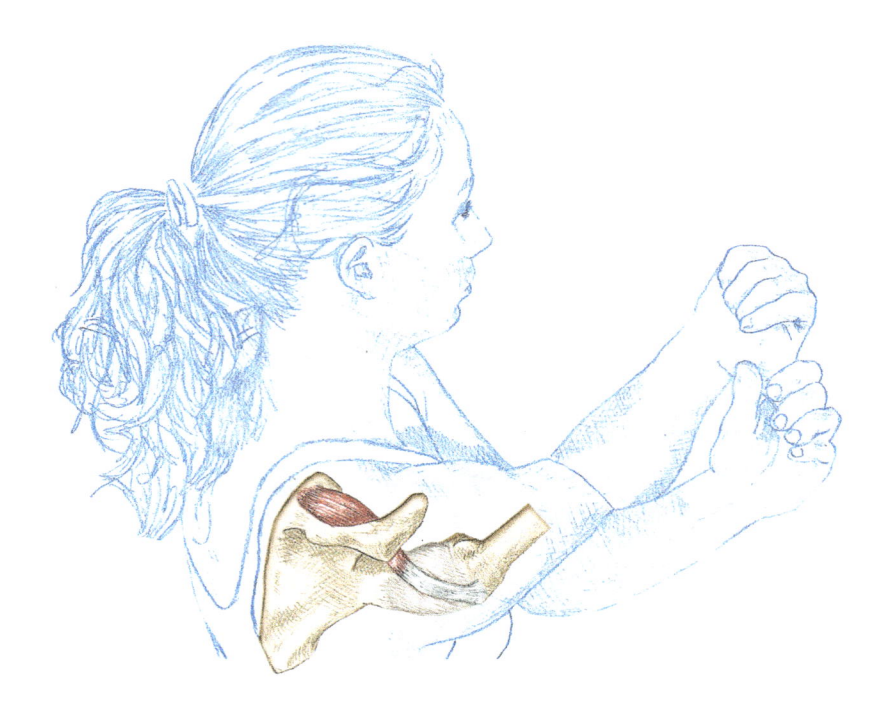

Este é um dos exercícios que apresenta maior dificuldade, primeiro por que pode ser difícil sentir o alongamento e, segundo, por que os braços podem ser muito grandes. Se este for o caso, tente a atividade seguinte. Uma vez mais, você precisa se dar conta de que está mexendo um músculo menor. Forçar os movimentos não é uma boa ideia. Faça pequenos ajustes à posição inicial e, com cuidado, observe suas sensações durante o movimento. Não desista apenas pelo fato de não conseguir realizá-lo direito nas primeiras tentativas.

## INFORMAÇÕES SOBRE O MÚSCULO

O supraespinal é um músculo relativamente pequeno, localizado abaixo da região transversal do trapézio. Começa na porção superior da escápula, e vai até onde se liga à região superior do braço. Tal músculo tem uma função muito importante: garante que a região superior do braço seja puxada na direção da escápula durante os movimentos da articulação do ombro. Sem essa ação, o músculo não conseguiria realizar seu trabalho. O supraespinal também ajuda a rodar, externamente, o braço e a erguê-lo na lateral.

### Causas de contratura

O supraespinal está sempre em ação quando o braço está em uso, estando raramente em repouso. Pode também ser comprimido ou lesionado por movimentos repetitivos acima do ombro. Limpar janelas ou pintar teto ou paredes pode causar problemas nesse músculo.

### Sintomas de contratura

- Dor acima do músculo e na parte externa do ombro
- Dor local ao erguer o cotovelo acima dos ombros

Entende-se que o supraespinal esteja parcialmente envolvido quando a dor no ombro e na nuca irradia para braços e mãos. Está também ligado aos casos de cotovelo de tenista. Em tal situação, a dor localiza-se na parte de fora do cotovelo.

### Precauções

Evite este exercício se você tiver dor no ombro ou no cotovelo.

## TÉCNICA

Este exercício pode ser realizado sentado ou em pé. Leve o braço direito à frente do corpo (como em uma luta braçal), mantendo um ângulo de 90 graus no cotovelo. Depois, leve o cotovelo na direção da linha média do corpo, posicionando-o na frente do plexo solar. Coloque o braço esquerdo sob o direito, de modo que o cotovelo direito apoie-se diante do esquerdo. Segure o polegar direito com a mão esquerda. Os braços devem estar cruzados agora, com o antebraço apontando para cima. Relaxe o ombro e o braço.

Devagar, alongue o músculo puxando o polegar direito com a mão esquerda, fazendo com que o braço rode externamente; estenda um pouco o cotovelo ao rodar o braço. Pare ao sentir leve alongamento ou desconforto no ombro direito. Relaxe o músculo por 5 a 10 segundos.

Crie resistência rodando internamente o braço (como na luta braçal), sem, de fato, movimentá-lo antes que diminua o desconforto muscular. Descanse o músculo durante 5 a 10 segundos.

Intensifique o alongamento ao continuar rodando externamente o braço até chegar a um novo ponto de rendimento.

Repita 2 ou 3 vezes.

### Erros comuns

- Dobrar demais o cotovelo
- Não conseguir posicionar o cotovelo na frente do plexo solar
- Não conseguir relaxar ombro e braço

### Comentários

Embora possa ser difícil sentir a ação desse músculo, você ainda o está alongando. Se achar difícil o exercício devido à falta de flexibilidade ou ao tamanho da massa muscular, talvez você queira tentar a versão 2.

Certifique-se de que o cotovelo continue na frente do seu corpo durante todo o exercício. Com cuidado, alongue puxando o polegar.

Ofereça resistência com o braço esquerdo ao simular uma luta braçal.

# SUPRAESPINAL (VERSÃO 2)

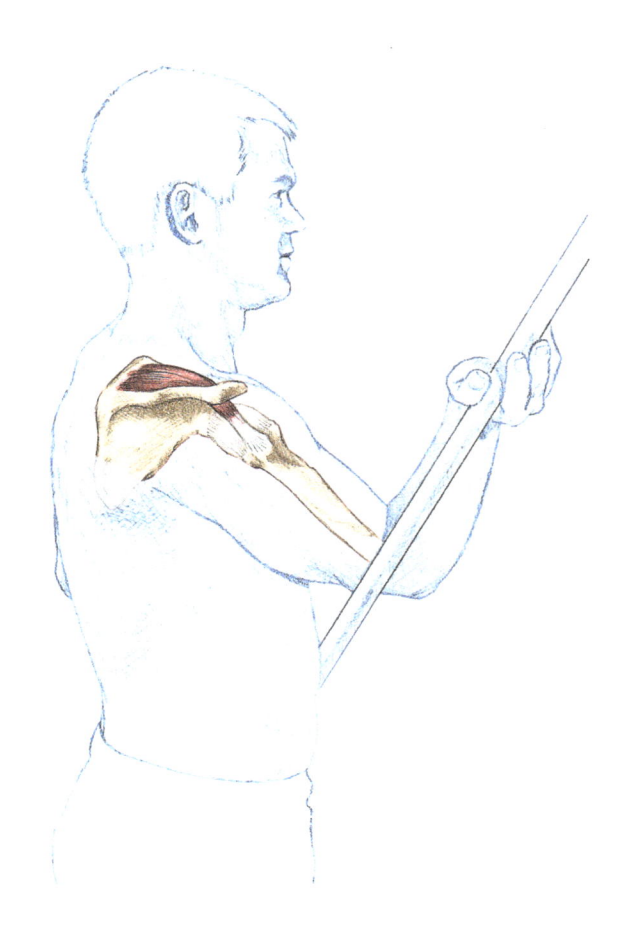

Esta é uma ótima alternativa para pessoas com dificuldade na realização da atividade anterior devido à falta de flexibilidade ou a uma lesão. O exercício é, basicamente, o mesmo, mas nele você utiliza um bastão pequeno como suporte. Não se esqueça de que a alavancagem aumenta a força; por isso, fique atento ao que você sente e vá com calma.

**Precauções**
Evite este exercício se você tiver dor no punho ou no ombro.

## TÉCNICA

Leve o braço direito para a frente do corpo (como na luta braçal), formando um ângulo de 90 graus no cotovelo. Em seguida, leve-o até a linha média do corpo, posicionando-o na frente do plexo solar. Gire o dorso da mão para a frente e segure um bastão pequeno com o polegar e o indicador. Posicione o bastão acompanhando a parte externa do braço direito.

Coloque o braço esquerdo sob o direito, segure o bastão e puxe-o na direção do quadril esquerdo, até sentir alongar todo o ombro. Relaxe o ombro e o braço durante 5 a 10 segundos.

Crie resistência ao tentar girar internamente o braço (como na luta braçal), sem, de fato, movimentá-lo, aguardando que diminua o incômodo muscular. Descanse o músculo por 5 a 10 segundos.

Intensifique o alongamento puxando o bastão até chegar ao novo ponto de rendimento.

Repita 2 ou 3 vezes.

**Erros comuns**
- Não conseguir relaxar ombros e braços
- Não conseguir posicionar o cotovelo na frente do plexo solar
- Não ter flexibilidade nos músculos ao redor da articulação do ombro

**Comentários**
Na falta de um bastão, utilize uma toalha.

Indicações de Alongamento    83

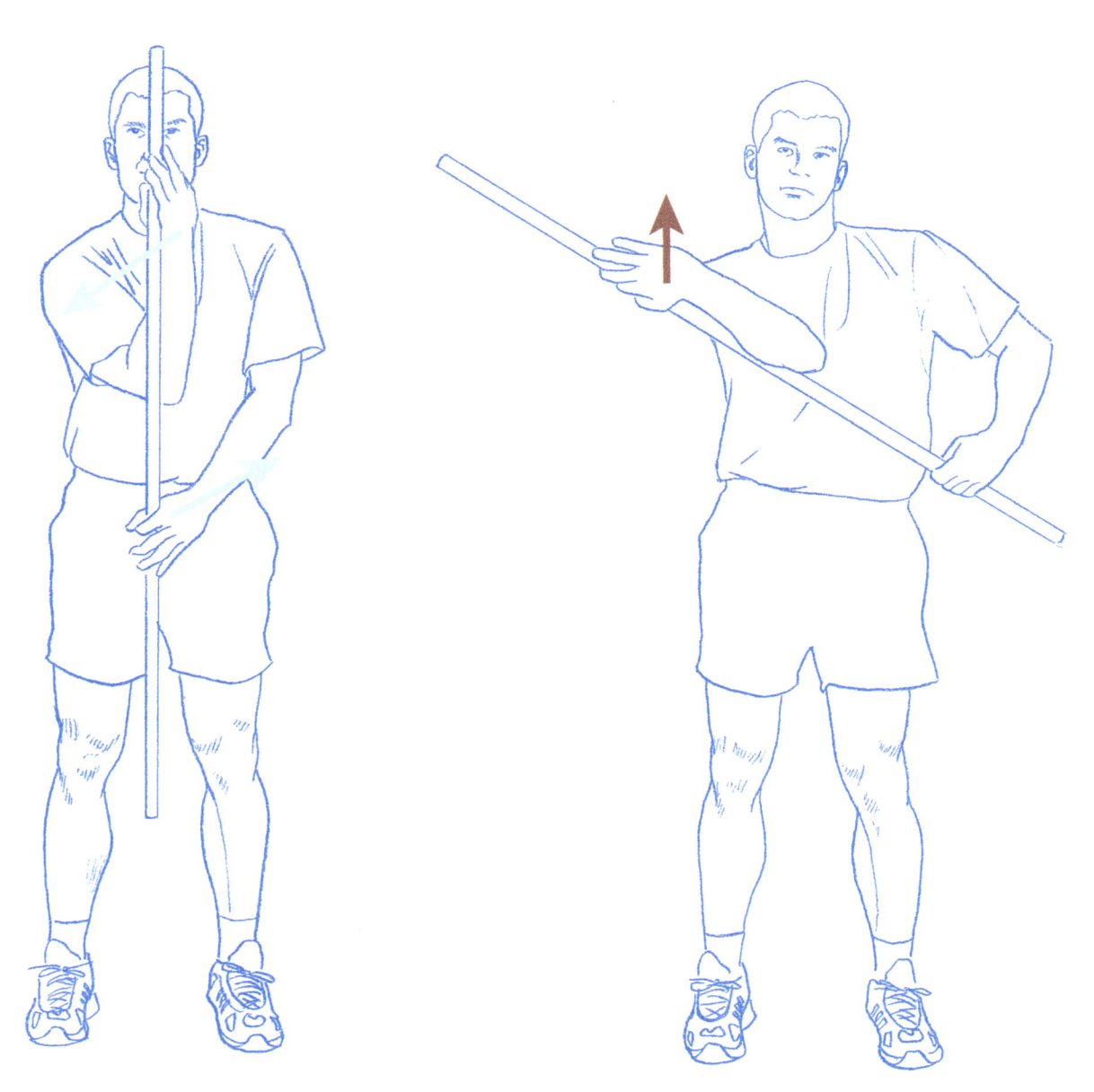

Mantenha o cotovelo direito no meio do corpo, logo acima do umbigo. Devagar, puxe o bastão para trás e para o lado.

Crie resistência simulando uma luta braçal com o braço direto ao mesmo tempo em que usa a mão esquerda para evitar que o bastão se movimente.

# GLÚTEO MÁXIMO

## INFORMAÇÕES SOBRE O MÚSCULO

O glúteo máximo é um dos maiores músculos do corpo. Localiza-se acima dos músculos profundos, indo do cóccix e da crista ilíaca para conectar-se à porção superior externa do fêmur. Esse músculo estende a articulação do quadril, roda externamente a perna e reduz a curvatura da região inferior das costas.

### Causas de contratura

A porção superior do glúteo máximo enrijece mais facilmente que a inferior. Sentar-se durante longos períodos, com as pernas em rotação externa, como ao dirigir um veículo, pode causar tensão muscular. Ele também é ativado durante movimentos de agachamento. Atletas de esportes como corrida, patinação e esqui costumam ser afetados.

### Sintomas de contratura
- Incômodo ou dor na região inferior do tronco ou na parte de trás ou externa da coxa
- Dificuldade para inclinar-se à frente

### Teste de flexibilidade

Deite de costas, dobre o joelho e leve-o até o peito. Você deve conseguir um ângulo de cerca de 120 graus em relação ao chão.

### Precauções

Evite o exercício se tiver dor nos joelhos.

## TÉCNICA

Fique em pé, diante de uma cadeira ou de um banco firme. Quanto maior sua flexibilidade, mais alta deve ser a cadeira ou o banco. Coloque o pé direito sobre a cadeira ou banco. Tente manter as costas eretas o máximo possível e os músculos abdominais contraídos.

Alongue o músculo por 5 a 10 segundos, dobrando a perna esquerda até sentir alongar acima da nádega direita. Relaxe o músculo durante 5 a 10 segundos.

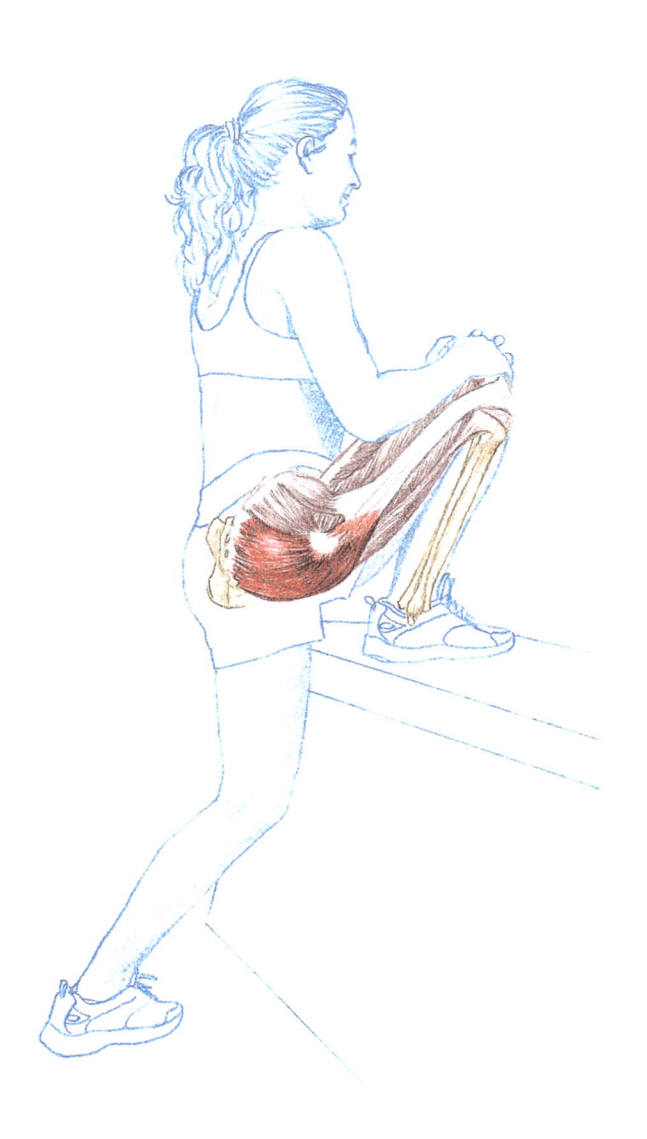

É provável que pessoas com amplitude de movimentos normal não sintam alongar esse músculo; porém, se você estiver um pouco sem flexibilidade, este pode ser um bom exercício a ser feito antes de alongar outros músculos nas nádegas, como o piriforme e o glúteo médio.

Indicações de Alongamento    **85**

Crie resistência empurrando para baixo a perna que está na frente por 5 a 10 segundos.

Intensifique o alongamento ao continuar dobrando a perna esquerda até atingir novo ponto de rendimento.

Repita 2 ou 3 vezes.

**Erros comuns**
- Colocar o pé muito baixo à frente
- Não conseguir manter as costas eretas
- Virar o joelho para fora durante o alongamento

**Comentários**

Às vezes, é difícil sentir alongar esse músculo se você já é flexível. Caso isso ocorra, tente alongar o piriforme ou o glúteo médio.

Ajuste a altura da superfície conforme o nível de flexibilidade. Mantenha as costas retas enquanto flexiona o joelho esquerdo.

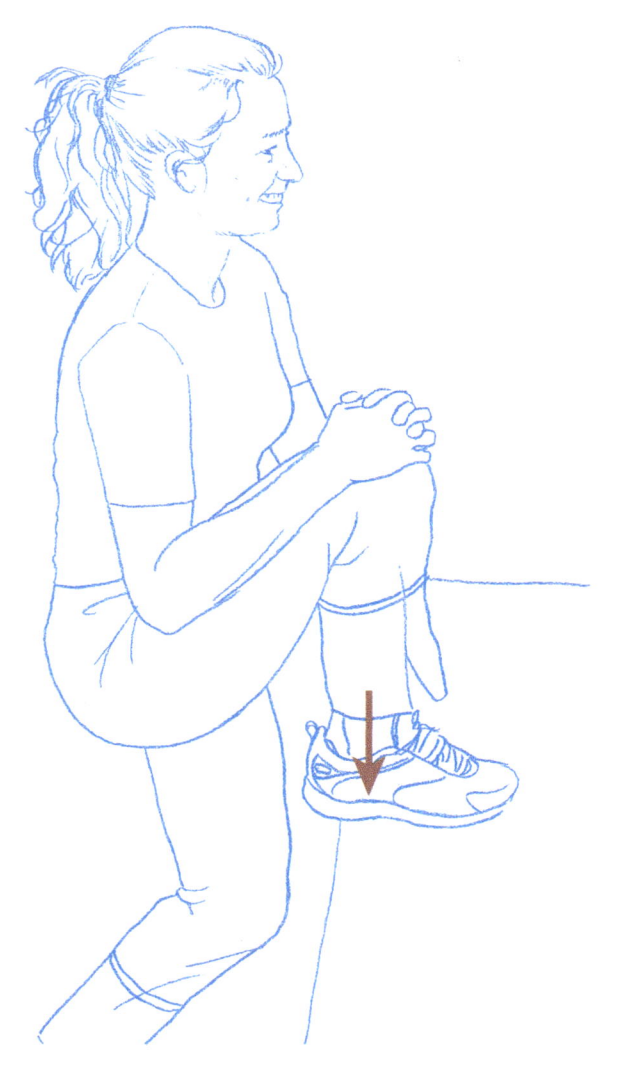

Ofereça resistência pressionando o pé contra a superfície.

# GLÚTEOS MÉDIO E MÍNIMO

## INFORMAÇÕES SOBRE OS MÚSCULOS

Os glúteos médio e mínimo estão dispostos em camadas, com o médio cobrindo totalmente o mínimo. Situam-se na parte externa do osso do quadril e descem até o trocanter maior, na porção superior externa do fêmur. A tarefa principal dos glúteos médio e mínimo é estabilizar a pelve lateralmente, em especial quando a pessoa caminha, corre e fica em pé sobre uma perna. Também ajudam a mover a perna para fora e a rodá-la interna e externamente.

### Causas de contratura

A maior parte das pessoas inclina o quadril com mais frequência para um dos lados do corpo. É um hábito que cria tensão estática no lado alongado. Uma diferença no comprimento da perna, às vezes, deixa o quadril suspenso, com o peso normalmente apoiado pela perna mais curta. Lesões também podem deixar as pessoas propensas a colocar mais peso sobre uma das pernas.

### Sintomas de contratura
- Dor local nos músculos e na região mais inferior das costas
- Dores que irradiam para a perna (falsa ciática)

### Precauções

Evite o exercício caso sinta dores na porção interna ou externa do joelho.

## TÉCNICA

Utilize uma mesa, escrivaninha ou outra superfície plana que tenha a altura da sua virilha.

Coloque o pé direito sobre a mesa fazendo o joelho direito ficar posicionado em frente ao umbigo e o pé, à esquerda do quadril esquerdo.

Rode a pelve de modo a ficar voltada para a frente. Imagine que a perna cria um triângulo, com a pelve formando uma base. Contraia os músculos abdominais e tente aumentar a curvatura da região inferior das costas. Lembre-se de manter a perna de apoio bem estendida.

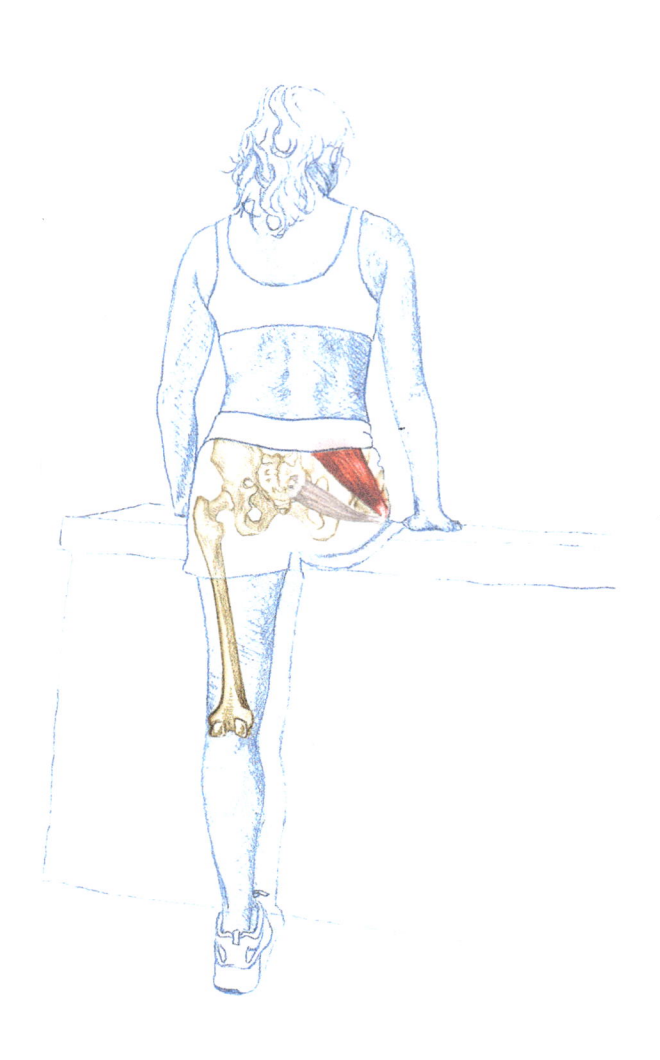

Esses músculos trabalham constantemente quando você caminha ou corre, significando que precisam ser alongados com frequência. Considerando que eles rodam o quadril externamente, você deve tentar aumentar o arco durante o exercício para ser capaz de alongar. São músculos capazes de influenciar, de forma negativa, a região inferior das costas caso você mantenha contraídos os músculos do abdome.

Indicações de Alongamento 87

Alongue devagar por 5 a 10 segundos, inclinando a porção superior do corpo para a frente, ao mesmo tempo em que mantém a curvatura da coluna lombar. Pare o exercício ao sentir alongamento ou dor leve na nádega direita. Relaxe os músculos durante 5 a 10 segundos.

Crie resistência empurrando o joelho para baixo, na direção da superfície da mesa, por 5 a 10 segundos. Descanse os músculos de 5 a 10 segundos.

Intensifique o alongamento flexionando o tronco para a frente enquanto mantém a curvatura da coluna lombar, até chegar a um novo ponto de rendimento.

Repita 2 ou 3 vezes.

### Erros comuns

- Não conseguir manter a curvatura da coluna lombar
- Deixar o joelho afastar-se da posição em frente ao umbigo

### Comentários

Talvez você tenha dificuldade para manter o corpo ereto; nesse caso, apoie-se na mesa com a ponta dos dedos.

Sentindo dor na virilha, no lado que está sendo alongado, leve o joelho um pouco para a lateral. Se encontrar dificuldade para manter a curvatura da coluna lombar, o músculo pode estar contraído demais ou a superfície pode ser muito alta.

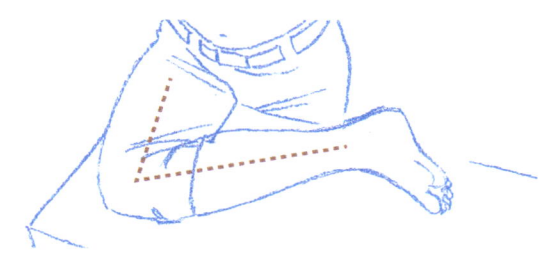

O joelho deve estar posicionado diretamente à frente do umbigo.

A superfície deve ter a altura da virilha. Certifique-se de que os quadris fiquem paralelos à superfície. Não se esqueça de manter contraídos os músculos do abdome, e a coluna totalmente reta ao inclinar o tronco para a frente.

Crie resistência pressionando o joelho direito contra a superfície.

# PIRIFORME (VERSÃO EM PÉ)

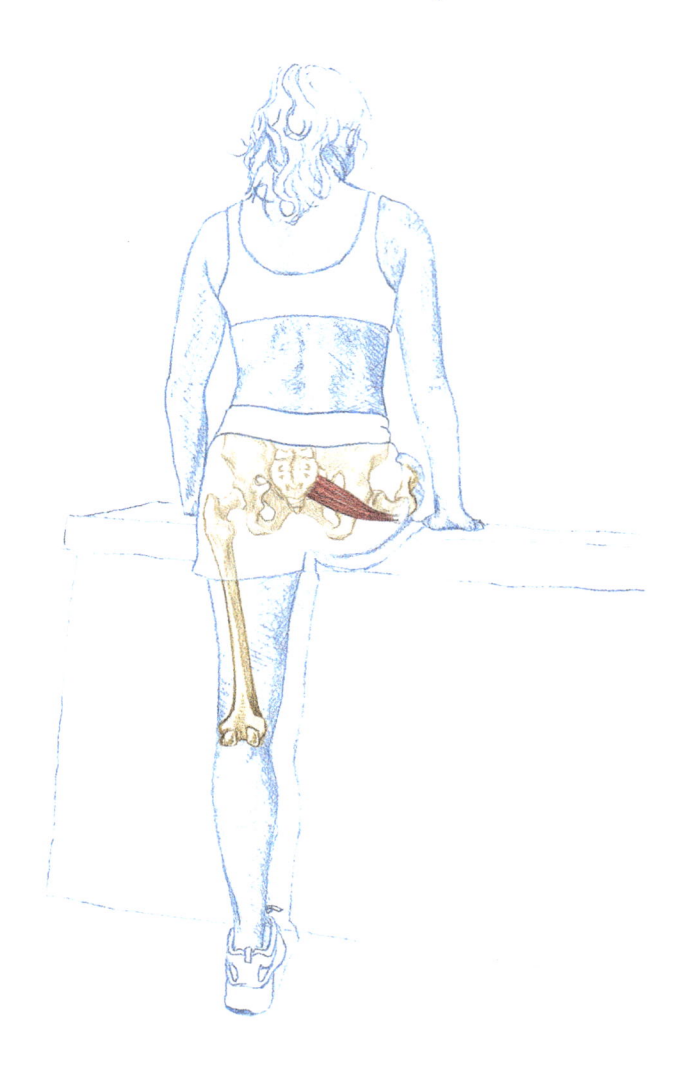

## INFORMAÇÕES SOBRE O MÚSCULO

O piriforme, localizado sob o glúteo máximo, é um dos músculos profundos que afetam a articulação do quadril. Vai da parte frontal do sacro até o processo maior no topo do fêmur, ou grande trocanter. A sua principal função é rodar externamente a perna no momento em que a articulação do quadril é estendida (em pé). Quando tal articulação é flexionada mais do que 60 graus, esse músculo causa rotação interna.

### Causas da contratura

O piriforme contrai-se e encurta em decorrência de períodos excessivos na posição sentada. Lembre-se do tempo em que passou sentado ao longo dos anos! Sentar-se com os pés bem afastados cria uma rotação externa nos quadris, que atinge ainda mais o músculo. Ele também é bastante afetado por seus antagonistas, como os flexores do quadril, que aumentam a demanda sobre o músculo quando contraídos. Tais flexores também rodam externamente a perna, levando o piriforme a encurtar de forma passiva.

### Teste de flexibilidade

*Teste 1*
Posicione-se deitado em decúbito ventral, joelhos unidos, com um dos joelhos flexionado a 90 graus. Deixe a perna mover-se para o lado de fora, ao mesmo tempo em que mantém o outro quadril no chão. O ângulo entre a perna e o chão deve ser de 45 a 50 graus. As duas pernas devem ter a mesma amplitude de movimentos.

*Teste 2*
Sente-se com os membros inferiores unidos e as costas eretas. Coloque uma perna sobre o outro joelho, com o calcâneo voltado para a virilha, deixando o joelho da perna erguida caído para a lateral. O membro inferior estendido deve estar agora em contato com o chão.

Repita com a outra perna e compare a amplitude de movimentos de cada uma. Cuide para sentar na mesma posição durante o teste.

O piriforme é um músculo que deve ser alongado diariamente. Ele costuma causar dor na região mais inferior das costas e na perna. Devido a sua posição, pode ser, em algumas ocasiões, penetrado pelo nervo isquiático. Se o piriforme se contrai, pode, diretamente, comprimir o isquiático, causando dor local ou irradiando-a para a perna (falsa ciática).

**Sintomas da contratura**
- Incômodo ou dor nas nádegas
- Entorpecimento e dor que vai da região posterior da coxa à região posterior do joelho
- Dor e desconforto na região mais inferior das costas
- Dor na parte externa do joelho, também conhecida como joelho de corredor

**Precauções**
Evite este exercício se tiver dor na porção interna ou externa do joelho, ou desconforto na área da virilha durante o alongamento.

## TÉCNICA

Use uma superfície com a mesma altura da virilha. Dependendo da sua altura, você pode utilizar uma mesa ou um balcão. Leve o membro inferior direito de modo a posicionar o joelho direito bem em frente ao quadril direito. Certifique-se de que o joelho esteja fletido em 90 graus. A coxa e a pelve também devem formar um ângulo reto.

Vistas de cima, a pelve e a perna devem lembrar um quadrado aberto. Certifique-se de que o membro inferior de apoio esteja reto e na vertical.

Tente, agora, flexionar a porção inferior das costas o máximo que puder, mantendo contraídos os músculos do abdome.

Você chegou à posição inicial correta.

Alongue o músculo de 5 a 10 segundos flexionando o quadril e inclinando o tronco, devagar, para a frente, mantendo a curvatura da coluna lombar, até sentir alongar o músculo. Relaxe-o por 5 a 10 segundos.

Crie resistência pressionando o pé e o joelho para baixo durante 5 a 10 segundos. A sensibilidade deve desaparecer com a resistência. Caso contrário, você alongou demais. Descanse a musculatura por 5 a 10 segundos.

Intensifique o alongamento inclinando o tronco para a frente até sentir tensão no músculo outra vez. Esse é seu novo ponto de rendimento.

Coloque uma toalha debaixo do joelho caso não consiga tocar a superfície.

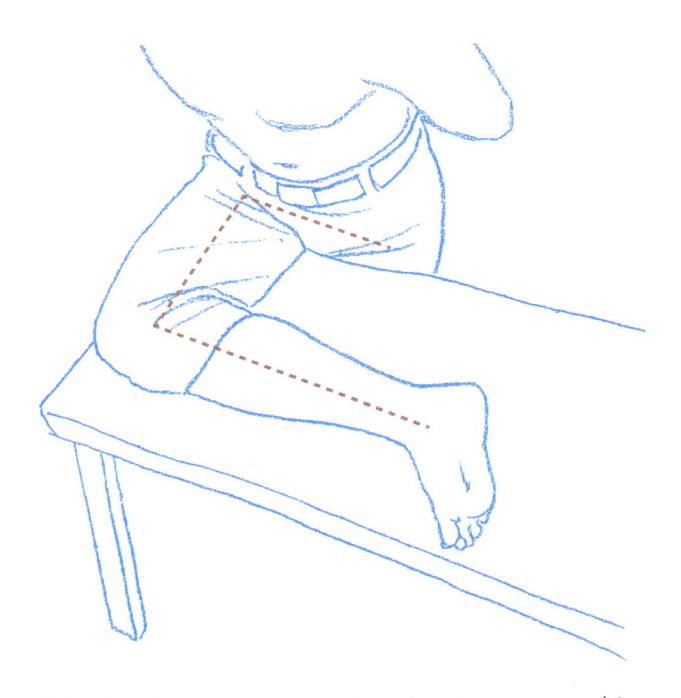

O joelho deve estar em um ângulo reto, e os quadris, a coxa e a porção inferior da perna devem formar um quadrado aberto.

### Erros comuns

- Levar a perna para fora do alinhamento com a virilha
- Inclinar demais o tronco
- Não conseguir flexionar a coluna suficientemente
- Afastar a pelve da posição à frente

### Comentários

Se ocorrer dor na virilha, tente levar o joelho um pouco para o lado. Caso o joelho doa, coloque uma almofada por baixo dele como apoio. Surgindo problemas para manter o alinhamento, é sinal de que a superfície está alta ou baixa demais. Se esse exercício for muito difícil, alongue os glúteos máximo e médio durante um tempo antes de retornar à atividade. Você ainda pode tentar a versão sentada. Sua capacidade de realizar o alongamento depende do seu equilíbrio e da sua facilidade de inclinar o tronco à frente para segurar ou não a superfície com as mãos visando manter o tronco ereto.

Ao inclinar o tórax para a frente, mantenha a curvatura da coluna lombar. Use a ponta dos dedos como apoio. Não se esqueça de manter contraídos os músculos abdominais.

Crie resistência pressionando o joelho direito contra a superfície.

# PIRIFORME (VERSÃO SENTADA)

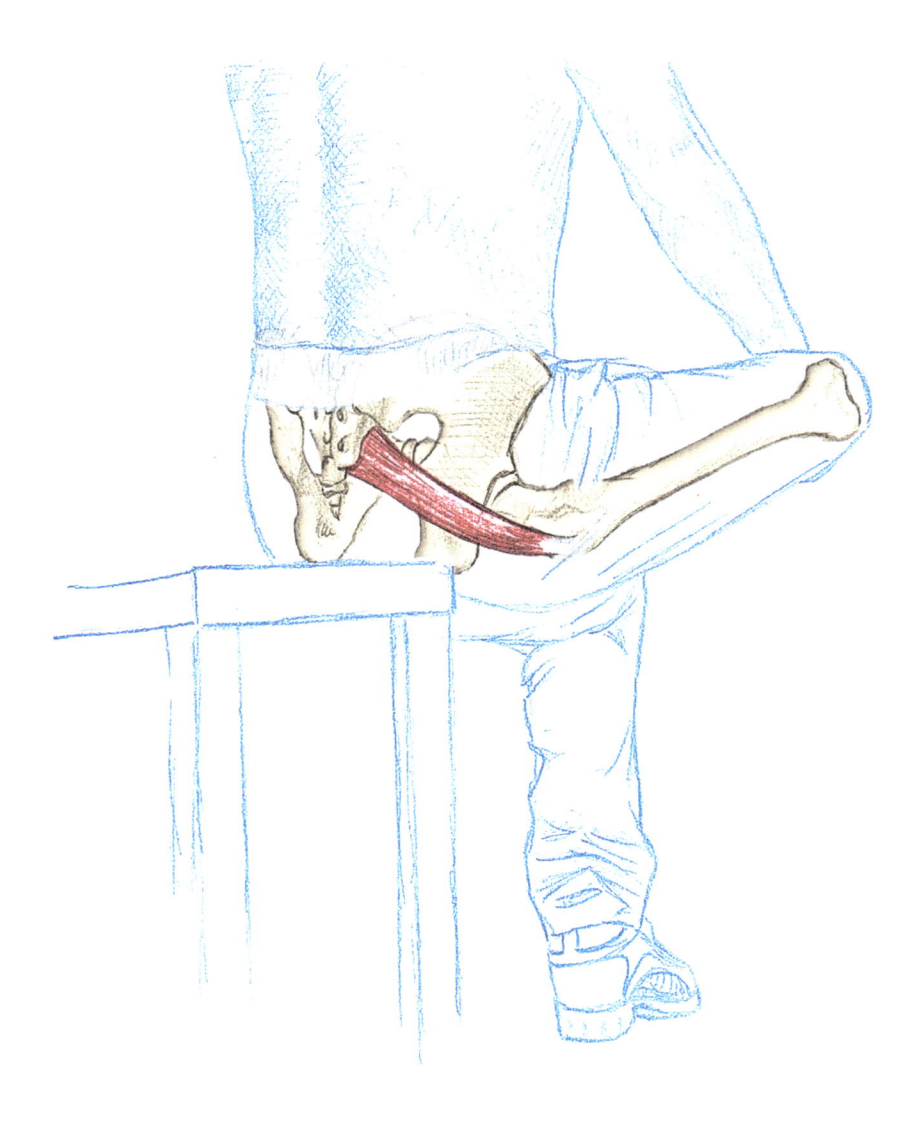

Este exercício é útil caso você encontre dificuldade com a versão em pé. Seus músculos podem estar contraídos demais, o que dificulta encontrar a posição inicial mais correta. Mesmo a versão em pé sendo mais eficiente, você pode sentir-se melhor com esta versão. Ela tem duas opções; caso esteja muito contraído, tente a segunda versão, que possibilita empurrar o joelho para baixo. Se você tiver um pouco mais de flexibilidade e capacidade de movimentar a porção inferior da perna na posição horizontal, tente a primeira opção, que inclina o tronco para a frente.

**Precauções**

Evite a atividade se você tiver dor na parte interna ou externa do joelho, ou na região lombar, ao alongar.

## TÉCNICA

A posição inicial para este exercício é a mesma do segundo teste de flexibilidade, na página 88. Sente-se em uma cadeira, com os pés unidos e as costas retas. Leve a perna direita para cima da esquerda, de modo que a parte externa do pé direito fique sobre a coxa esquerda, logo acima do joelho. Sente-se ereto, contraia os músculos abdominais e realize flexão de quadril, inclinando o tronco à frente o máximo possível. Firme o joelho, empurrando-o para baixo com uma das mãos.

Alongue o músculo durante 5 a 10 segundos, inclinando o tronco à frente ou empurrando o joelho para o chão até sentir leve incômodo no músculo. Relaxe-o por 5 a 10 segundos.

Crie resistência empurrando o joelho para cima, contra a mão, por 5 a 10 segundos, ou pressionando a perna para baixo, na direção da coxa, durante 5 a 10 segundos. Descanse o músculo de 5 a 10 segundos.

Alongue inclinando o tronco à frente, ou empurrando o joelho para baixo, usando a mão, até sentir alongar novamente o músculo. Esse será seu novo ponto de rendimento.

Repita 2 ou 3 vezes.

A partir da posição inicial, sente-se o mais ereto possível e pressione um pouco o joelho para baixo. Incline o tronco à frente, mantendo a curvatura da coluna lombar.

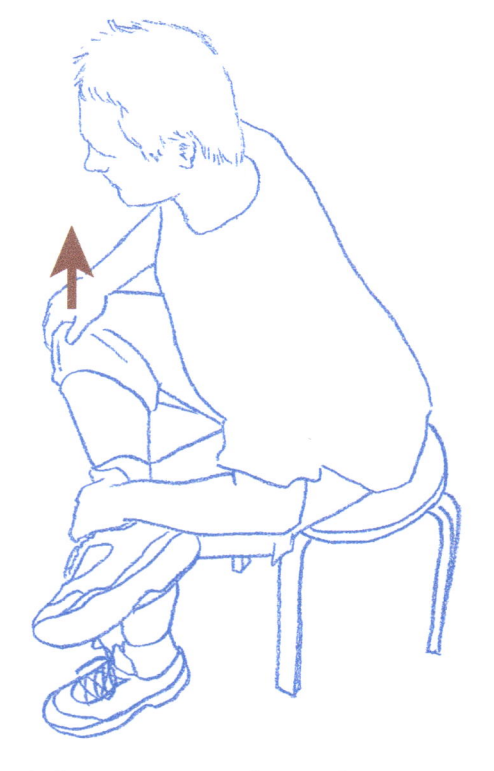

Crie resistência pressionando o joelho para cima, contra a mão.

## Erros comuns

- Tentar manter o corpo ereto
- Tentar estender ou flexionar a coluna durante o exercício
- Não conseguir colocar o pé contra a coxa, fazendo pressão mais acima, na parte inferior da perna
- Assumir uma posição inicial incorreta devido à falta de flexibilidade em outros músculos

## Comentários

Se você tiver dificuldade para conseguir um bom alongamento do músculo, tente a versão em pé do exercício, na página 88. Caso esteja muito contraído para fazer qualquer um dos exercícios, talvez queira considerar uma massagem profunda dos tecidos, ou pedir ajuda a um massagista especializado ou fisioterapeuta para alongar.

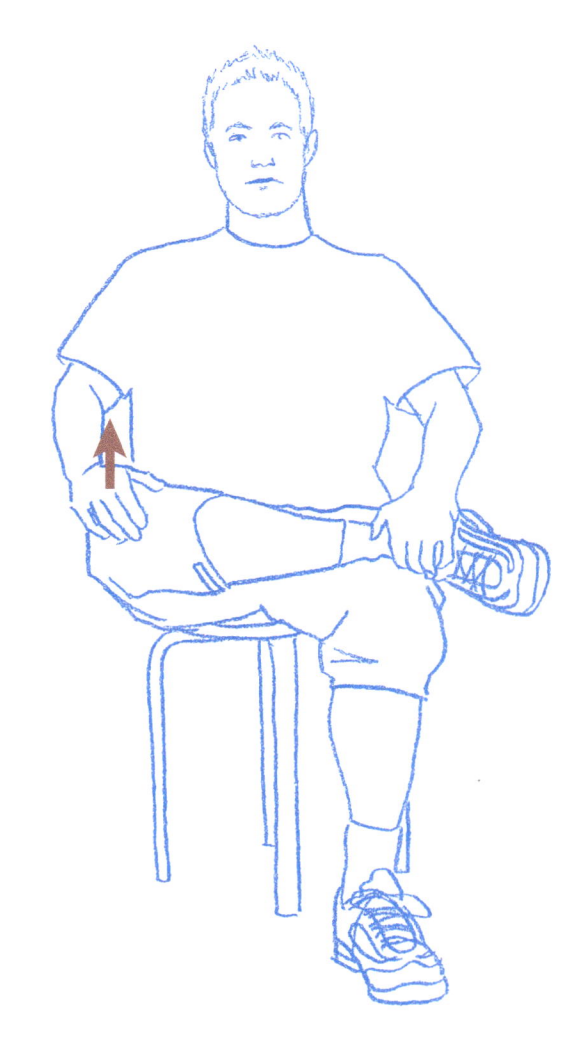

Sente-se com as costas retas e os músculos abdominais contraídos. Com cautela, pressione o joelho para baixo, na direção do chão.

Crie resistência pressionando o joelho direito contra a mão.

# QUADRADO DO LOMBO (VERSÃO DEITADA)

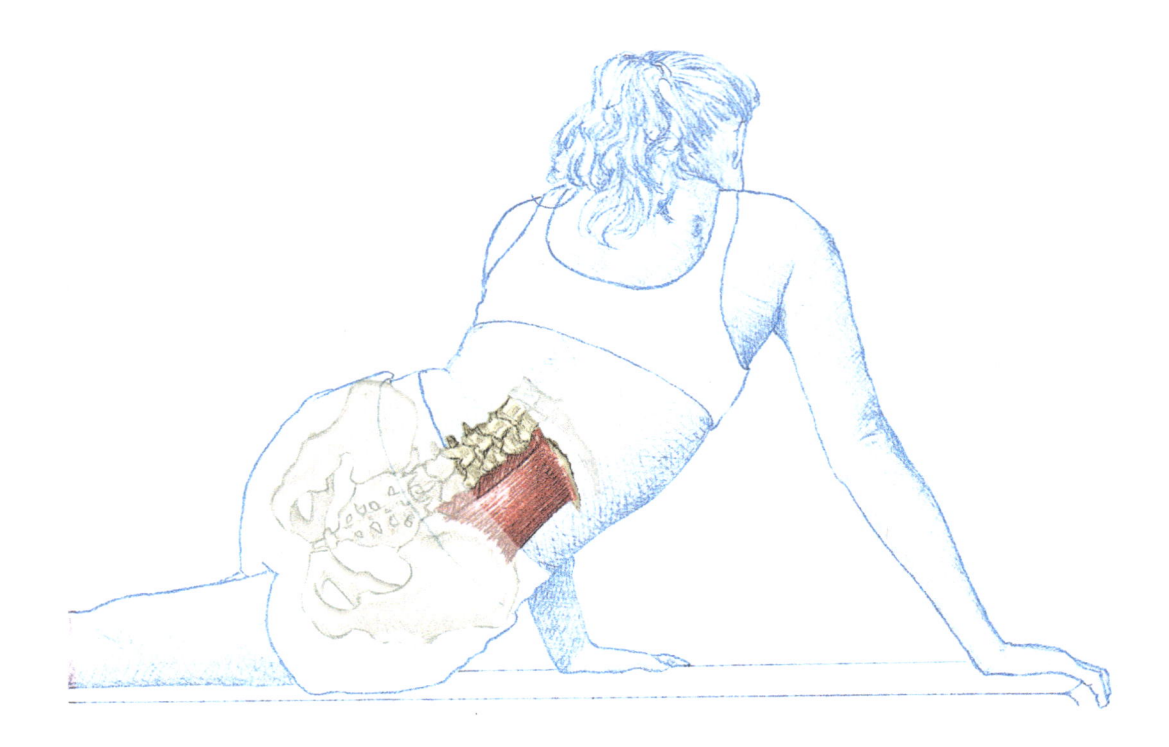

Este exercício é intenso e demanda certo grau de força nos braços e bom controle corporal. Se você não conseguir manter uma linha perfeitamente reta no corpo durante a atividade, não conseguirá um alongamento satisfatório. Caso tenha acesso a algum tipo de linha ou marca no chão, utilize-a para localizar a posição correta do corpo. Ir da posição de banhista para o alongamento pode ser complicado no início; no entanto, o uso da mão esquerda como auxílio costuma funcionar.

Lembre-se de que se trata de um exercício intenso; cuide para não se machucar nas primeiras tentativas.

## INFORMAÇÕES SOBRE O MÚSCULO

O quadrado do lombo localiza-se na porção inferior das costas, abaixo dos músculos longos e retos em cada lado da coluna. Vai da borda superior do osso do quadril e da coluna lombar até a costela inferior. Ele flexiona o tronco para o lado em que está localizado e estabiliza a pelve e a coluna lombar.

**Causas de contratura**

Se você costuma dormir de lado, em uma cama macia demais, o quadrado do lombo ao lado do corpo voltado para cima pode contrair-se e encurtar.

Diferenças no comprimento da perna também causam compensação muscular no tronco, levando o quadrado do lombo a constantemente trabalhar de forma estática quando você senta ou caminha.

# Indicações de Alongamento

**Sintomas de contratura**
- Dor ou incômodo na porção inferior das costas
- Dor na porção inferior das costas durante inspiração profunda

**Precauções**
Evite este exercício se você tiver dor na região inferior das costas ou no ombro ao alongar.

## TÉCNICA

Deite-se sobre o lado direito do corpo, apoiando-se no antebraço, na conhecida posição de banhista. Certifique-se de que o corpo esteja reto. Flexione o quadril e o joelho esquerdos e puxe o joelho para cima o máximo que puder sem movimentar o membro inferior que está por baixo. Se este e o tronco ainda estiverem em uma linha reta, você conseguiu a posição inicial.

Alongue durante 5 a 10 segundos colocando a mão direita no chão, exatamente onde pôs antes o cotovelo direito. Devagar, estenda o cotovelo. Sinta-se à vontade para usar a mão esquerda como apoio até encontrar equilíbrio. Interrompa o movimento ao sentir leve incômodo no punho direito. Relaxe o músculo por 5 a 10 segundos.

Crie resistência pressionando o pé direito contra o chão durante 5 a 10 segundos.

Intensifique o alongamento ao continuar estendendo o cotovelo, ou aproximando-o do quadril, até atingir um novo ponto de rendimento.

Repita 2 ou 3 vezes.

**Erros comuns**
- Alterar a posição inicial, de modo que o quadril que está por baixo não fique mais alinhado com o resto do corpo
- Não conseguir puxar o joelho para cima para uma posição suficientemente alta
- Rolar o tronco para a frente alongando, assim, os oblíquos

**Comentários**
Caso tenha dor no punho, gire a mão, afastando os dedos de você. Se não conseguir impulsionar-se com o braço, tente colocar o antebraço em superfície mais alta. Alguns travesseiros ou catálogos telefônicos costumam ajudar a elevar o braço.

Se não conseguir impulsionar o corpo mantendo-o, ao mesmo tempo, ereto, coloque o antebraço em superfície mais alta.

Certifique-se de que o tronco e o membro inferior estão alinhados.

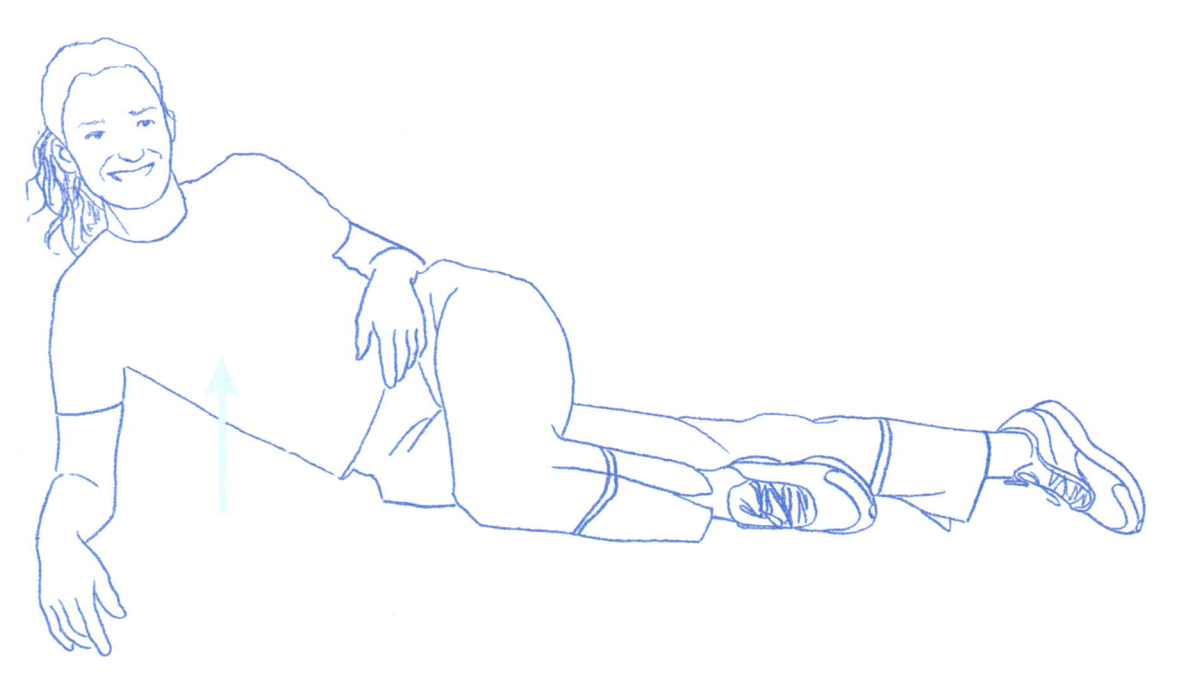

Proteja as costas elevando o joelho esquerdo o máximo que conseguir. Leve a mão esquerda para baixo e, devagar, estenda o cotovelo.

Crie resistência pressionando o pé direito contra o chão.

# QUADRADO DO LOMBO (VERSÃO SENTADA)

## TÉCNICA

A posição inicial deste exercício é a mesma do teste de flexibilidade para o piriforme, na página 88. Sente-se na cadeira com os pés unidos e as costas eretas. Leve o pé direito para cima da coxa esquerda, encostando a parte externa do tornozelo direito na coxa esquerda, logo acima do joelho. Posicione o joelho direito sob o tampo de uma mesa, firmando-o para que não seja erguido. Depois, coloque a mão direita sobre o ombro esquerdo.

Alongue por 5 a 10 segundos inclinando, devagar, o tronco à esquerda. Continue até sentir alongar o músculo. Relaxe-o durante 5 a 10 segundos.

Crie resistência empurrando, com cautela, o joelho direito contra o tampo da mesa, por 5 a 10 segundos. Você também pode tentar erguer o tronco cerca de 1 cm agora. Descanse o músculo por 5 a 10 segundos.

Intensifique o alongamento ao continuar inclinando o tronco para o lado, até chegar a um novo ponto de rendimento.

Repita 2 ou 3 vezes.

### Erros comuns
- Inclinar muito o corpo para a frente
- Contrair demais os glúteos, criando dificuldade para sentar-se ereto

### Comentários

Diante de dificuldade para alongar, tente girar o tronco um pouco à direita ao alongar o lado direito. Se o joelho doer, coloque algo macio entre ele e o tampo da mesa. Diante de incerteza quanto ao equilíbrio, ponha uma cadeira perto de você na qual possa apoiar-se.

Este exercício pode ser uma boa alternativa à versão em supino. Ele requer, todavia, um pouco de flexibilidade e equilíbrio. Funciona bem quando sentado à mesa de trabalho. Diante de problemas com os músculos da virilha, você deve ter cuidados especiais. Certifique-se de manter contraídos os músculos do abdome.

### Precauções

Evite o exercício se tiver problemas de equilíbrio ou dor na virilha ou no joelho.

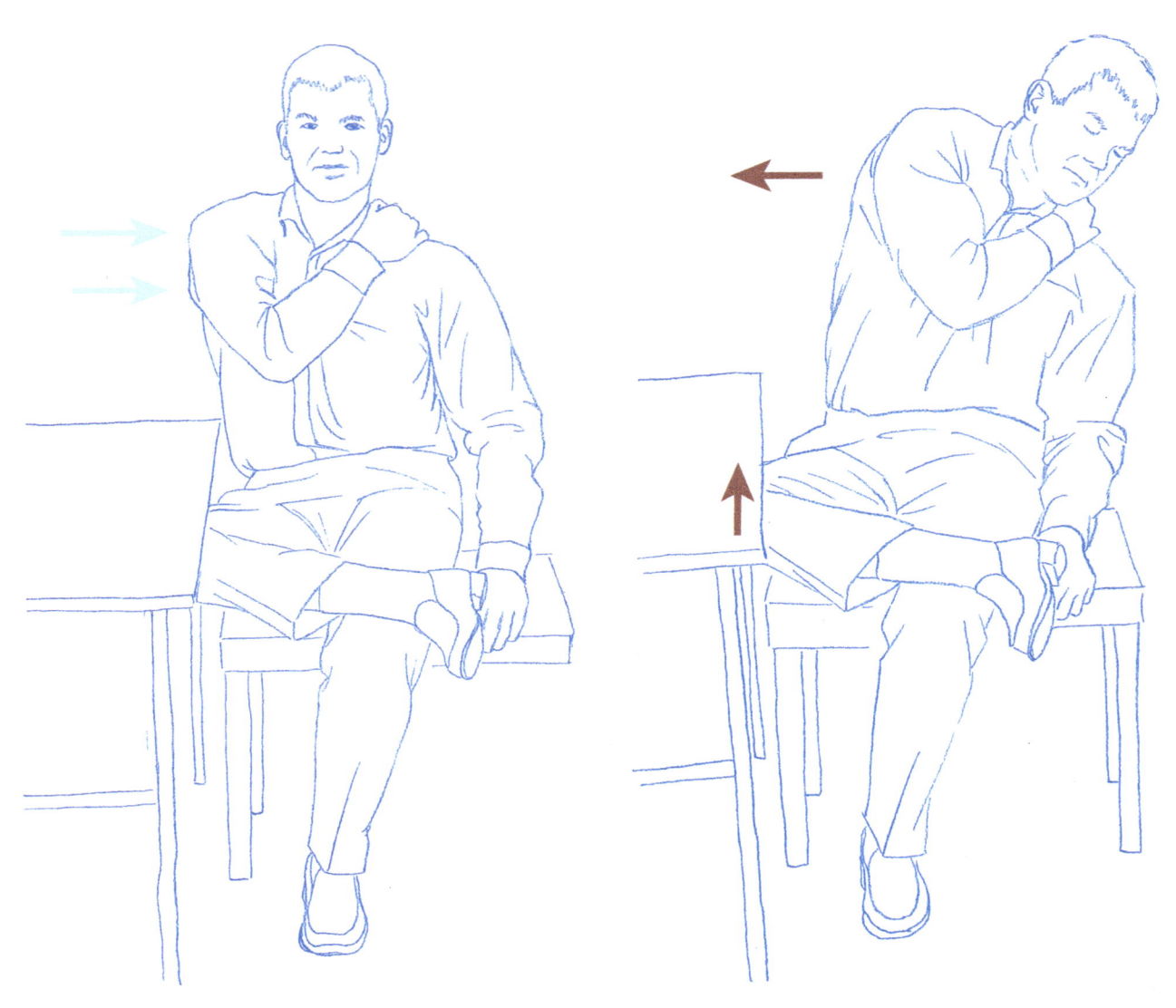

Posicione o joelho direito sob a superfície e mantenha o tronco ereto. Gire o tronco um pouco à esquerda e, depois, incline-o para o lado esquerdo.

Crie resistência pressionando o joelho contra a superfície ou erguendo o tronco cerca de 5 cm.

# PSOAS E ILÍACO (FLEXORES DO QUADRIL)

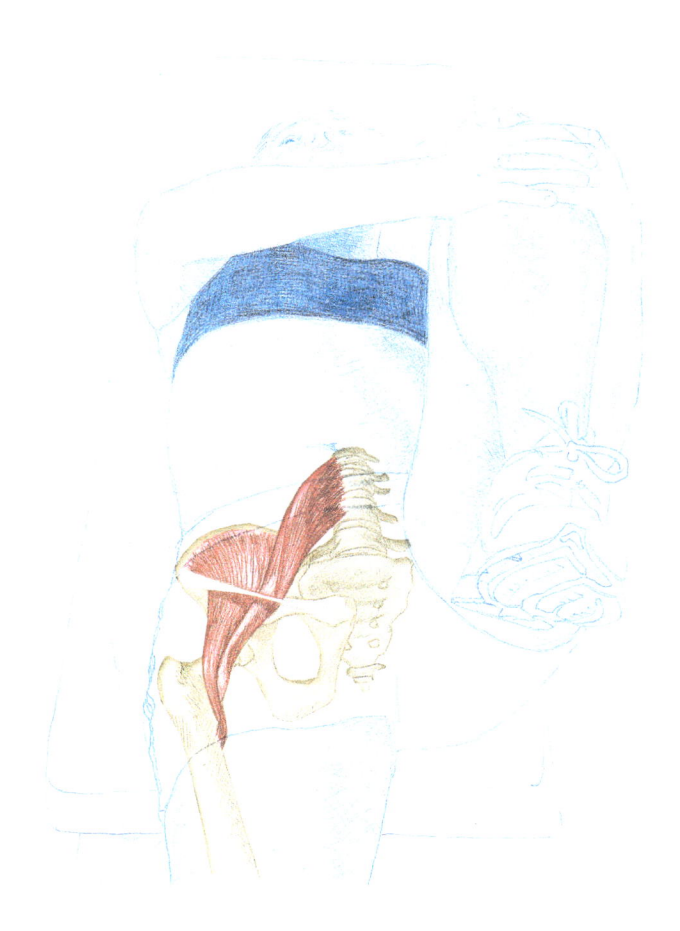

## INFORMAÇÕES SOBRE OS MÚSCULOS

São músculos profundos que se originam do lado frontal das vértebras inferiores e da parte superior e frontal do osso da pelve. Descem da porção frontal da pelve e ligam-se à parte interna da região superior do fêmur. O psoas e o ilíaco flexionam e, internamente, giram a articulação do quadril, além de aumentar a curvatura da coluna lombar.

### Causas de contratura

Esses músculos encurtam devido a atividades que flexionam os quadris por longos períodos, como no caso da posição sentada. Trabalhar, de maneira estática, os flexores do quadril, como em agachamentos com técnica inadequada, também pode criar encurtamentos.

### Sintomas de contratura

- Desconforto ou dor na região lombar
- Dor na virilha ou na região interna da coxa

### Teste de flexibilidade

Deite-se de costas, com os joelhos flexionados e levados até as costelas. Segure um dos joelhos e puxe-o ainda mais, cuidando para estender a outra perna, até que fique toda no chão. Não deixe que o pé da perna estendida vire para o lado.

### Precauções

Evite o exercício se, ao alongar, sentir compressão na virilha ou no membro inferior fletido, ou dor na região inferior das costas.

Na busca pelos responsáveis por problemas na região inferior das costas, pode-se chegar aos flexores do quadril. Eles têm força e posição para causar dano. Quem trabalha sentado encurta-os constantemente. Músculos encurtados acabam por impossibilitar colocar-se em pé ou andar sem que se sinta dor nas costas. Existem muitos alongamentos para esses músculos; porém, bem poucos são eficazes e seguros. Se você errar, poderá provocar mais dor.

## TÉCNICA

Sente-se na borda de uma mesa ou de um banco firme. Deite-se de costas e erga as duas pernas na direção da caixa torácica, usando as mãos. Chegando ali, todo o seu dorso precisa estar encostado na superfície. Segure o joelho esquerdo com as duas mãos e, devagar, estenda a perna direita até que fique solta no ar. Se o joelho esquerdo ainda estiver tensionado sobre a caixa torácica e a porção inferior das costas bem encostada na superfície, você chegou à posição inicial.

Alongue durante 5 a 10 segundos, soltando a perna pendente. Deixe-a assim por 5 a 10 segundos. Para alongar ainda mais, pendure algo pesado, como uma mochila com livros, nessa perna. Você pode, também, puxá-la para baixo para simular um peso. Depois, descanse os músculos por 5 a 10 segundos.

Crie resistência elevando a perna direita na direção do teto durante 5 a 10 segundos.

Intensifique o alongamento ao manter relaxada a perna solta até chegar a um novo ponto de rendimento. Deixe-a pendente por 5 a 10 segundos.

Repita 2 ou 3 vezes.

### Erros comuns
- Deitar-se muito afastado da borda da mesa, impedindo o movimento da perna pendente
- Deitar-se muito perto da borda da mesa, aumentando a curvatura lombar
- Não conseguir levar a perna até a caixa torácica

### Comentários

Sentindo dor na região inferior das costas, confira novamente a posição inicial. O erro mais comum é não conseguir posicionar a perna contra a caixa torácica, o que afasta a região lombar da superfície.

Encontrar um local para realizar este alongamento pode ser difícil. Mesas de cozinha costumam ser uma boa escolha. Para garantir a estabilidade da superfície, certifique-se de sentar diagonalmente na mesa e não ao longo da borda.

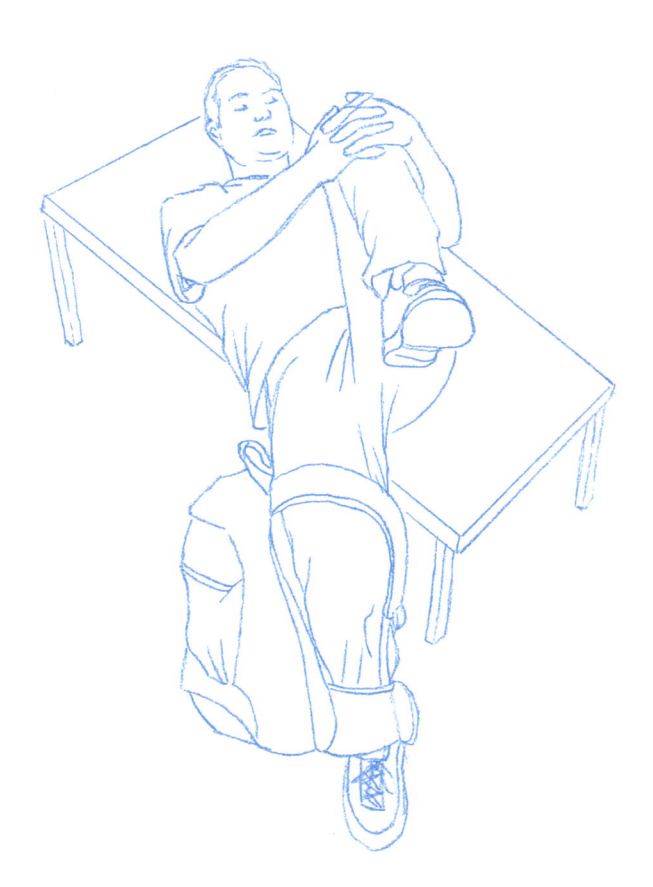

Para aumentar o alongamento do músculo, você pode pendurar um peso ou uma bolsa na perna. Deitar em diagonal sobre a mesa reduz o risco de virá-la.

Para proteger as costas, você deve puxar a perna na direção do peito. Certifique-se de sempre manter o contato da região inferior das costas com a mesa. Devagar, baixe a perna direita sem movimentar a esquerda e relaxe.

Crie resistência elevando a perna direita cerca de 5 cm na direção do teto.

# RETO FEMORAL (VERSÃO SUPINA)

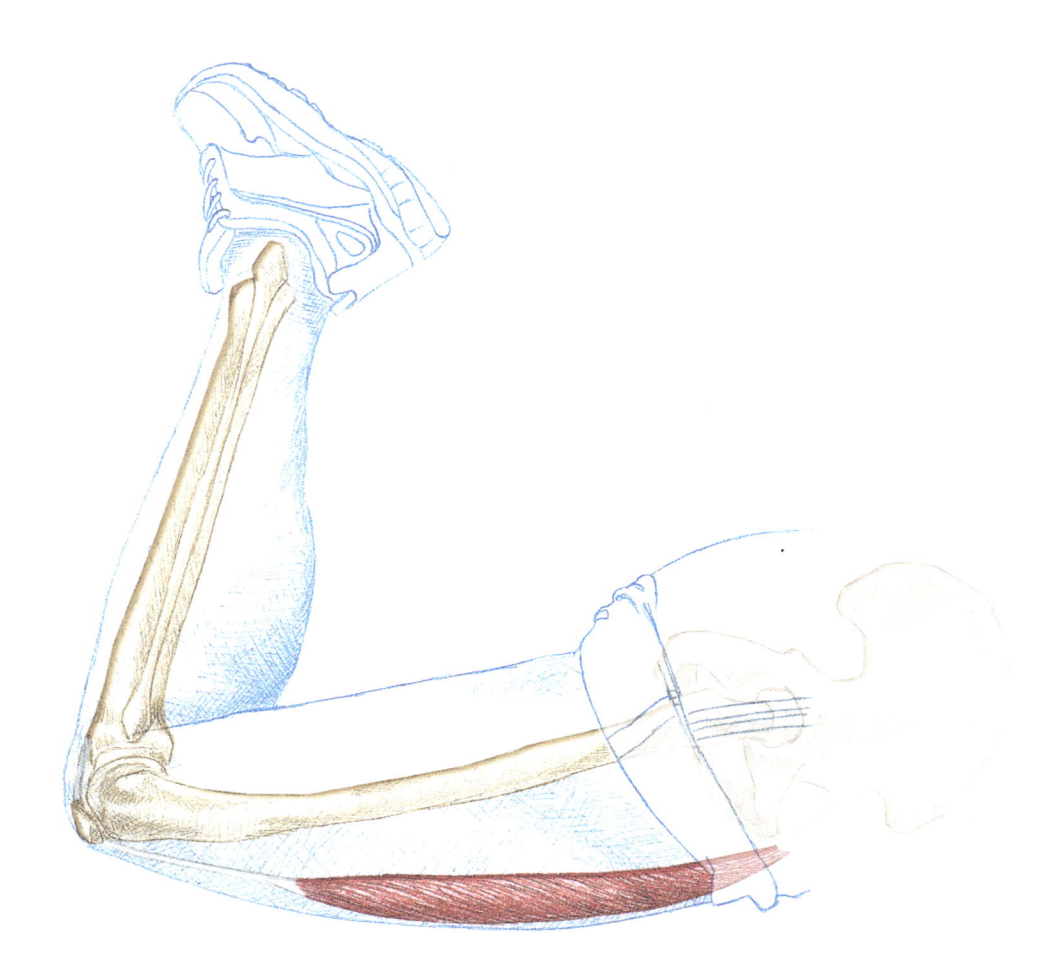

O reto femoral é um dos quatro músculos que compõem a região anterior da coxa, sendo o único a passar pela articulação do joelho e do quadril. Isso o torna especial, uma vez que é capaz de afetar a região inferior das costas, o quadril e a articulação do joelho.

Há diversas opções ruins de alongamento da região anterior da coxa. São alongamentos que levaram muitas pessoas a acreditar que tinham mais flexibilidade na área do que realmente tinham. O pior alongamento é aquele em que o calcâneo é levado na direção das nádegas enquanto em pé.

Para fazer este exercício, há necessidade de um banco e uma corda. Calçados com apoio também ajudam se o chão for escorregadio.

# INFORMAÇÕES SOBRE O MÚSCULO

O reto femoral inicia na região superior e frontal da pelve, passa pela articulação do quadril e do joelho e liga-se, depois, à parte frontal superior da tíbia, unindo-se a outros três músculos do grupo do quadríceps, no tendão patelar. Os outros três músculos também são alongados durante esta atividade; não têm, porém, a mesma importância em termos de bem-estar.

O reto femoral estende a articulação do joelho, flexiona a do quadril e aumenta a curvatura da coluna lombar.

### Causas de contratura
O reto femoral é encurtado pelo ato diário de sentar-se ou pela prática de atividades que exigem demais do músculo, como corrida, futebol, hóquei e ciclismo.

### Sintomas de contratura
- Dor na região inferior das costas
- Dor na patela e em torno dela

### Teste de flexibilidade
Deite-se em decúbito ventral, com a testa voltada para o chão. Certifique-se de ter os joelhos unidos e os músculos abdominais contraídos. Devagar, flexione os joelhos, mantendo-os unidos. Você deve conseguir flexioná-los, formando um ângulo de 110 graus, sem erguer os quadris da superfície. É preciso também pedir que alguém monitore a curvatura da coluna lombar, que deve aumentar antes que você atinja o ângulo de 110 graus.

### Precauções
Evite o exercício se tiver dor na região inferior das costas ou no joelho durante o alongamento.

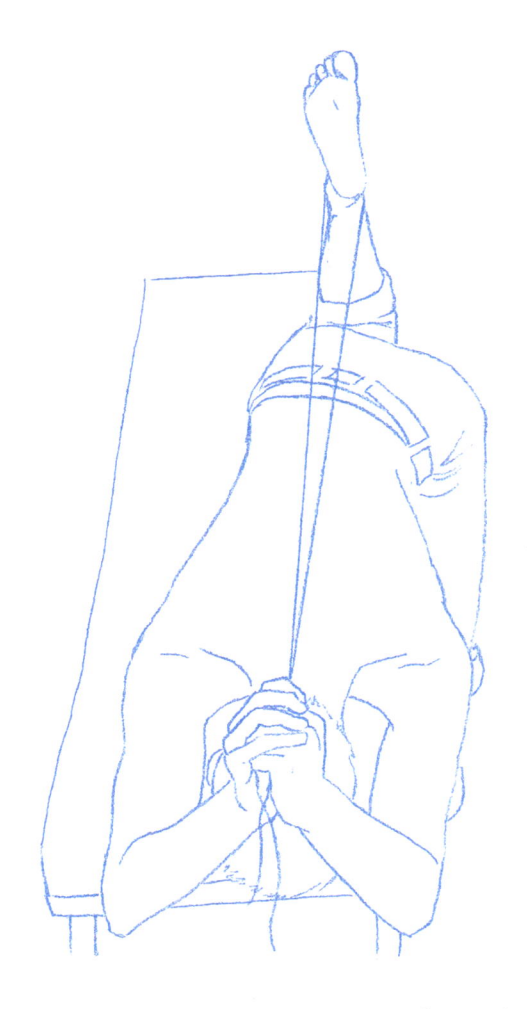

Certifique-se de levar o calcâneo para a frente, bem reto, na direção das nádegas.

## TÉCNICA

Encontre um local sólido e plano. A altura da superfície depende de sua altura e flexibilidade. Apoie o pé esquerdo no chão mantendo o corpo sobre um banco. Garanta que todo o pé esquerdo esteja apoiado no chão e que a perna fique na vertical. Coloque o pé direito em uma alça feita por uma corda, passando-a acima do ombro direito. O mais importante é você não arquear as costas em alguma etapa durante o exercício.

Leve a perna direita, que está sobre o banco, um pouco à esquerda. Você pode permitir a movimentação do pé um pouco acima do banco desde que seu joelho se mantenha sobre o banco. Se você acertou o movimento, o corpo deve ter agora a forma de um arco, criando uma tensão mais efetiva. Segure a corda acima da cabeça, usando os dois braços.

Alongue o músculo por 5 a 10 segundos, estendendo os cotovelos cuidadosamente, de modo que a corda puxe o pé. Puxe-o até sentir alongar a frente da coxa. Relaxe o músculo durante 5 a 10 segundos.

Crie resistência segurando com firmeza a corda e empurrando o joelho direito na direção do banco, ao mesmo tempo em que tenta estendê-lo, durante 5 a 10 segundos. Descanse por 5 a 10 segundos.

A perna esquerda tem de estar posicionada à frente o suficiente, evitando qualquer alteração nas curvaturas da coluna vertebral. A altura da superfície depende de sua flexibilidade e altura. Firme o pé esquerdo no chão, contraia os músculos abdominais e, devagar, puxe a corda.

Intensifique o alongamento ao continuar estendendo os cotovelos acima da cabeça até atingir outro ponto de rendimento.

Repita 2 ou 3 vezes.

### Erros comuns
- Utilizar banco muito alto
- Não conseguir posicionar o pé esquerdo suficientemente para a frente
- Usar corda muito curta

### Comentários
Um banco alto demais aumenta a curvatura da coluna lombar, o que não contribui para o alongamento. Se a corda for muito curta, você não conseguirá segurá-la acima da cabeça e terá que levar os braços mais para trás; caso não tenha acesso a uma corda comprida, use uma echarpe ou algumas cintas emendadas.

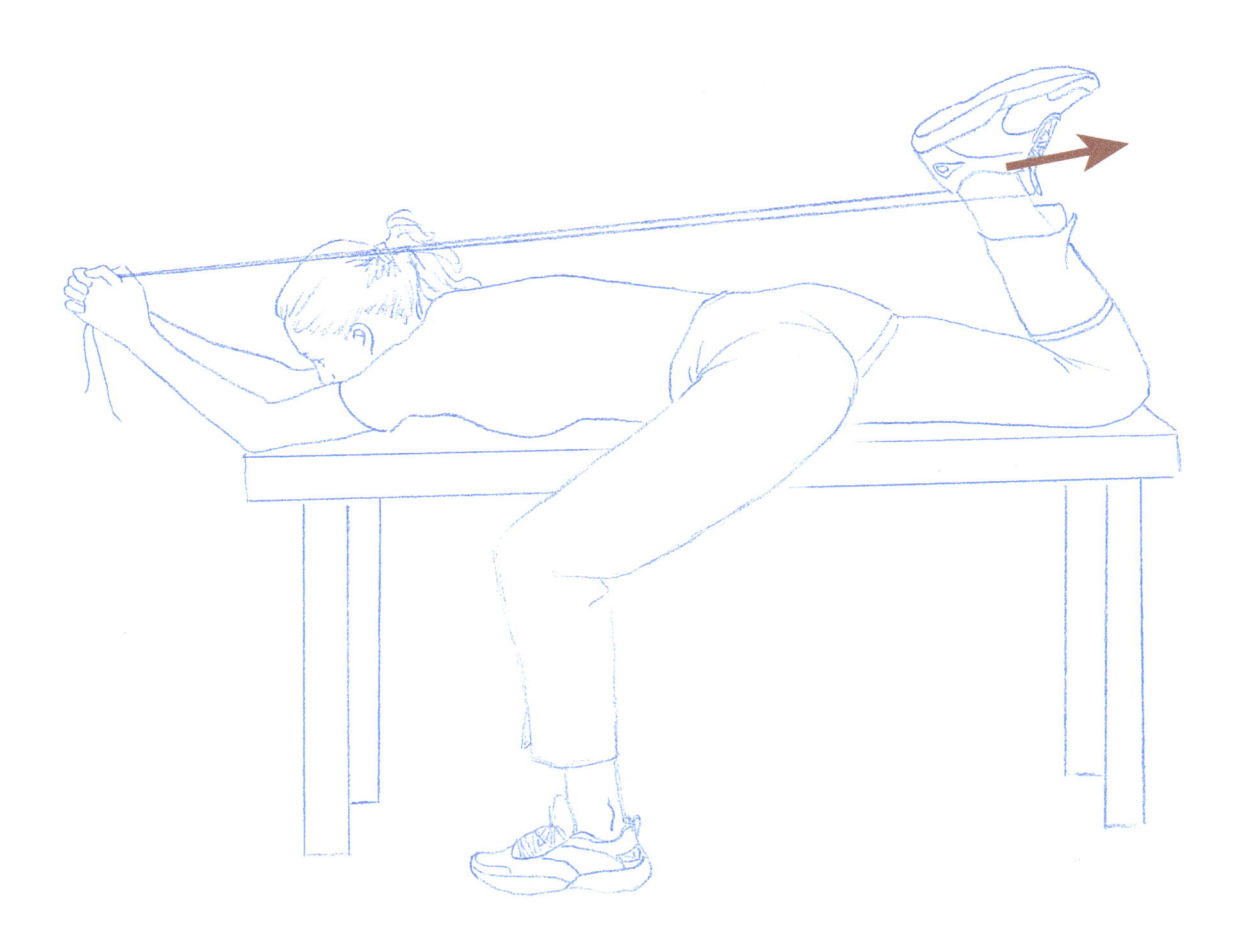

Crie resistência comprimindo, com cuidado, o joelho direito no banco ao mesmo tempo em que o estende.

# RETO FEMORAL (VERSÃO DE JOELHOS)

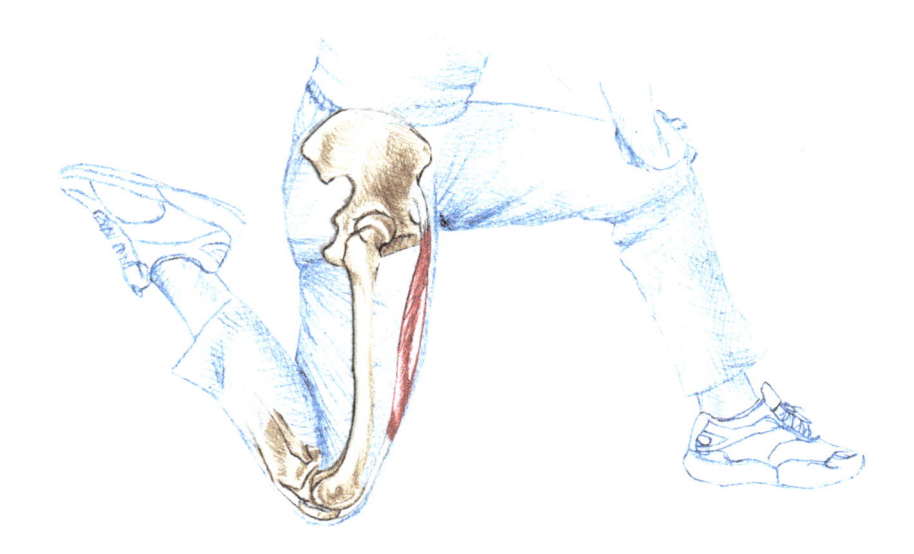

Opte por esta variação se os tendões da perna estiverem muito contraídos para a versão supino. Nesse caso, leve em conta que duas articulações estão trabalhando juntas: a do joelho e a do quadril. A articulação do quadril precisa ser aberta e estendida durante o exercício. Mantenha contraídos os músculos abdominais para evitar aumentar a curvatura da região lombar.

**Precauções**

Evite esta atividade se tiver problemas na patela.

## TÉCNICA

Ajoelhe-se de costas, afastado da parede, mas de modo que os dedos dos pés devem tocá-la. Movimente a perna esquerda para a frente de maneira que o pé inteiro toque o chão e a tíbia fique na vertical. Flexione o tronco apoiando-o na coxa esquerda. Deixe o joelho direito escorregar para trás, na direção da parede, e o pé direito deslizar parede acima. Pare ao formar um ângulo de 90 graus com o joelho direito. Essa é a posição inicial.

Alongue o músculo por 5 a 10 segundos, cuidando para estender os cotovelos de modo que o tronco e a coxa se aproximem da parede. Pare ao sentir alongar a parte anterior da coxa. Relaxe o músculo de 5 a 10 segundos.

Crie resistência empurrando, lentamente, durante 5 a 10 segundos, o joelho direito para o chão, ao mesmo tempo em que empurra o pé contra a parede. Relaxe o músculo por 5 a 10 segundos.

Intensifique o alongamento ao continuar estendendo os cotovelos até chegar a um novo ponto de rendimento. Você também pode usar o joelho direito para, vagarosamente, deslizar, aproximando-se mais da parede.

Repita 2 ou 3 vezes.

## Erros comuns

- Não conseguir contrair os músculos do abdome e aumentar a curvatura da coluna lombar.
- Flexionar a articulação do quadril, reduzindo, assim, o alongamento
- Posicionar o joelho perto demais da parede, criando força excessiva e evitando deixar o tronco ereto
- Não conseguir flexionar suficientemente o joelho na posição inicial

## Comentários

Caso sinta dor nas costas durante ou após o exercício, você pode optar por praticar a atividade anterior durante um período. Se sentir dor no joelho, coloque um travesseiro no chão.

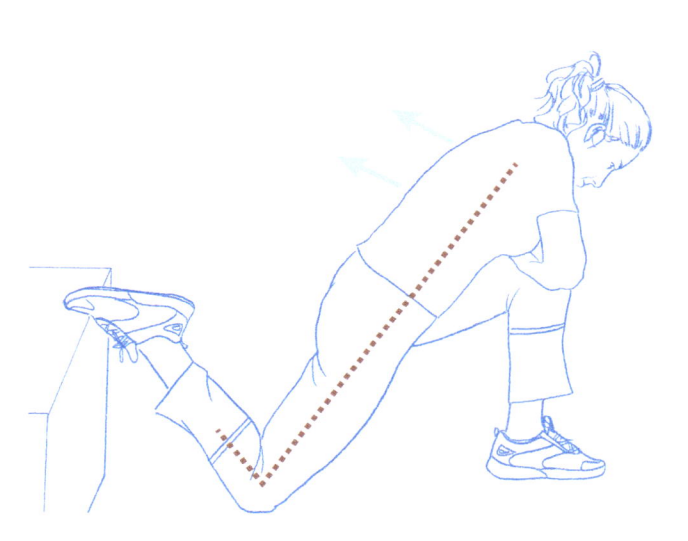

A coxa e o tronco devem estar alinhados. Contraia os músculos abdominais e estenda os cotovelos. Evite aumentar a curvatura da coluna lombar.

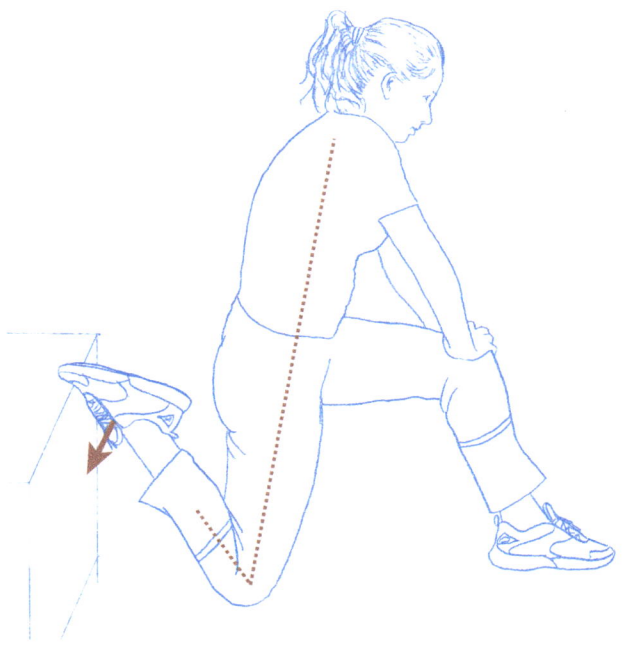

Crie resistência estendendo, devagar, o joelho da perna apoiada na parede.

# TENSOR DA FÁSCIA LATA

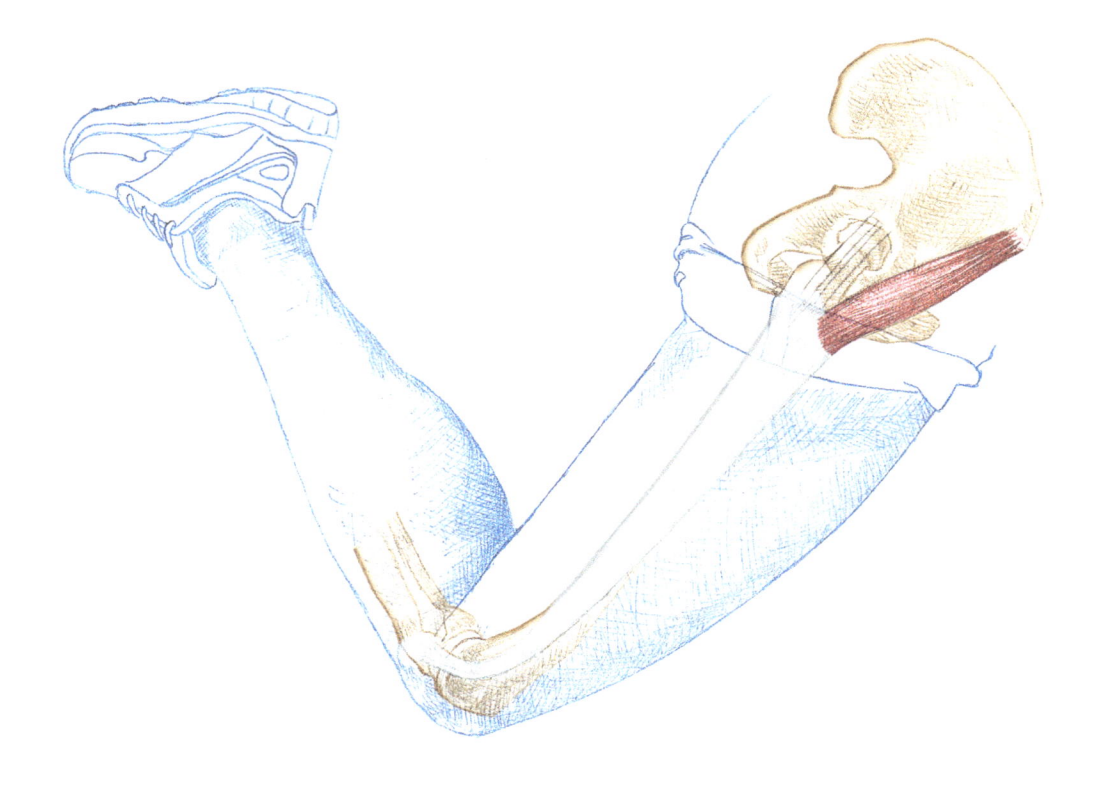

Este exercício é semelhante ao de joelhos para o reto femoral. Nele, porém, o tronco e a perna apresentam o formato de um arco. Lembre-se de manter contraídos os músculos do abdome para evitar arquear a região inferior das costas ou estender o quadril.

## INFORMAÇÕES SOBRE O MÚSCULO

O tensor da fáscia lata inicia na região anterolateral do quadril, desce e liga-se à porção externa da coxa por meio de um tendão forte. Tal tendão, o trato iliotibial, continua descendo, passa pela parte externa do joelho, até ligar-se à parte superior da tíbia. O tensor da fáscia lata flexiona o quadril e leva a perna para o lado. Como o tendão está ligado abaixo do joelho, ele ainda ajuda a estender o joelho.

**Causas de contratura**

Sentar-se durante muito tempo, correr, fazer longas caminhadas e andar de bicicleta podem encurtar esse músculo.

**Sintomas de contratura**

- Dor na região externa do quadril e na coxa
- Dor na porção externa do joelho (joelho de corredor) e na patela
- Desconforto e dor na região inferior das costas

### Precauções

Evite o exercício se tiver dor na região inferior das costas ou nos joelhos ao alongar.

## TÉCNICA

A posição inicial é igual à usada para alongar o reto femoral. Neste exercício, porém, você precisa modelar o tronco e a perna como um arco. Ajoelhe-se de costas para uma parede, com os dedos dos pés encostados nela. Leve a perna esquerda à frente, de modo que todo o pé toque o chão e a tíbia fique na vertical. Incline o corpo à frente, apoiando-o na coxa esquerda. Deslize o joelho direito para trás, na direção da parede, com o pé direito elevado, acompanhando-a. Pare quando o joelho formar um ângulo de 90 graus.

Em seguida, deslize o pé 30 cm na parede à esquerda. Contraia os músculos abdominais e apoie as mãos no joelho esquerdo. Incline o tronco um pouco à esquerda, criando um arco com a perna. Essa é a posição inicial.

Alongue, lentamente, por 5 a 10 segundos, estendendo os cotovelos. Não estenda a região inferior das costas nem flexione o quadril. Continue até sentir alongar a porção externa da coxa. Relaxe o músculo durante 5 a 10 segundos.

Crie resistência pressionando, devagar, o joelho direito contra o chão, ao mesmo tempo em que empurra o pé contra a parede. Descanse o músculo por 5 a 10 segundos.

Intensifique o alongamento ao continuar estendendo os cotovelos, sem estender a coluna ou flexionar o quadril, até chegar a um novo ponto de rendimento.

Repita 2 ou 3 vezes.

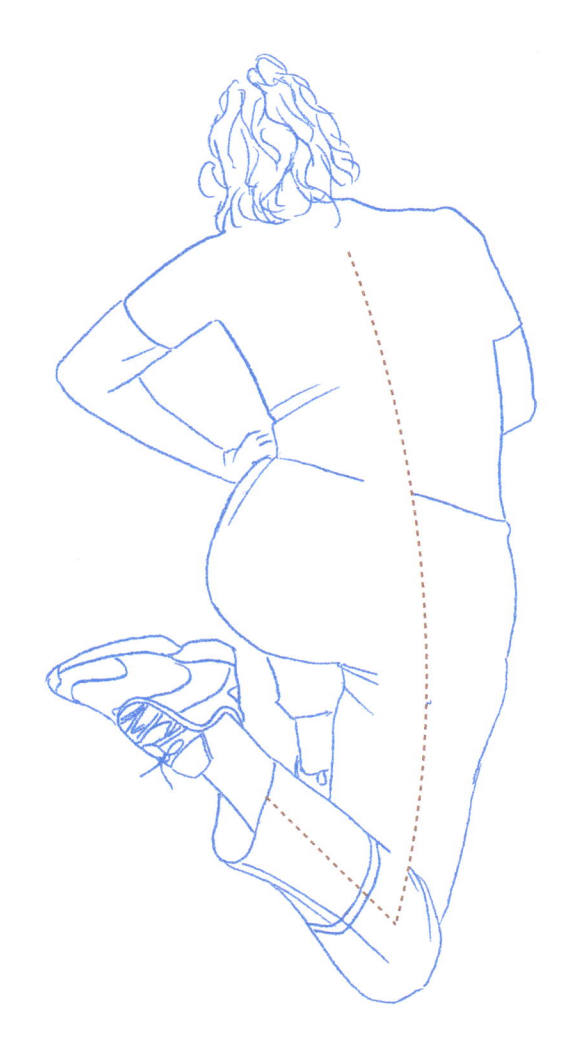

A parte superior do corpo deve formar um arco, com a porção inferior da perna em ângulo para dentro.

**Erros comuns**

- Aumentar a curvatura da coluna lombar em vez de empurrar a perna e o tronco em uma linha reta
- Flexionar o quadril, forçando-o a encurtar o músculo em vez de alongá-lo
- Não conseguir assumir a posição inicial correta, com a perna e o tronco formando um arco
- Não conseguir flexionar suficientemente o joelho

**Comentários**

Se você não sentir alongar o músculo, pode ser que o joelho esteja posicionado muito longe da parede. Reduza o ângulo na posição inicial.

A coxa e o tronco devem estar em linha reta. Contraia os músculos do abdome e estenda os cotovelos. Evite estender a coluna ou flexionar o quadril.

Crie resistência estendendo, devagar, o joelho.

# ISQUIOTIBIAIS

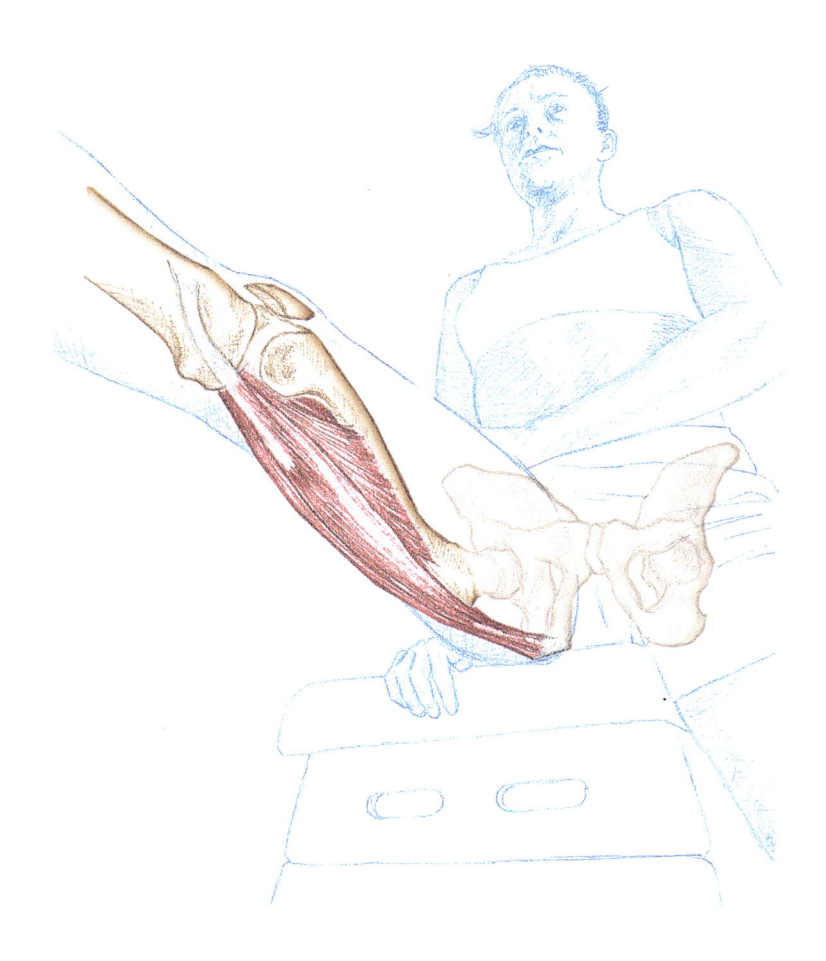

Duas condições devem estar presentes para que se consiga um bom alongamento da região posterior da coxa. Primeiro, você deve manter a curvatura da coluna lombar; caso curve essa região, ocorrerá uma redução do alongamento do músculo. Segundo, o pé não deve ficar sobre o banco, e sim por fora da sua borda. Se estiver sobre o banco, você poderá ficar limitado pela flexibilidade das panturrilhas.

Para deixar as panturrilhas bastante afastadas durante o exercício, direcione os dedos do pé para a frente. Lembre-se de que a perna fora do banco está ali para auxiliar na manutenção da curvatura da região lombar, ampliando, assim, o alongamento dos músculos isquiotibiais.

Certifique-se de que a perna esquerda seja levada o máximo possível para trás.

## INFORMAÇÕES SOBRE OS MÚSCULOS

Os músculos da região posterior da coxa consistem, principalmente, em quatro músculos separados; três originam-se nas tuberosidades isquiais nos quadris e um tem origem na região posterior do fêmur. Todos se ligam à porção superior da perna. Os músculos isquiotibiais flexionam a articulação do joelho, estendem o quadril e o inclinam para trás, retificando a coluna lombar.

### Causas de contratura
Os isquiotibiais podem encurtar se você passar muito tempo sentado ou não praticar uma atividade regularmente. Esportes como corrida, esqui, futebol e hóquei também podem encurtar esses músculos.

### Sintomas de contratura
- Incômodo ou dor na região inferior das costas
- Dificuldade para flexionar o tronco
- Passada curta ao andar ou correr (menos eficiente)
- Contração ou rigidez podem aumentar o risco de cãibra na porção posterior da coxa

### Teste de flexibilidade
Deite-se de costas, com os membros inferiores bem estendidos. Eleve um dos membros inferiores até ficar perpendicular ao chão. Você deverá conseguir formar um ângulo de 90 graus com o quadril.

### Precauções
Evite esta atividade se tiver dor nas costas ou na patela ao alongar, ou caso sinta o alongamento apenas no tendão do calcâneo.

## TÉCNICA

Sente-se em um banco ou algo similiar. Podem ser usadas duas cadeiras sem braços.

Acomode-se de modo que toda a perna direita fique apoiada na superfície. O pé direito deve estar por fora da borda da cadeira; coloque uma das mãos sob o joelho. É preciso que a perna direita fique levemente fletida. Mova o pé esquerdo o máximo possível para trás (faça isso até sentir alongar a região anterior da coxa); certifique-se de que ele está completamente apoiado no chão.

Sente-se ereto, com os abdominais contraídos, e tente manter a curvatura da coluna lombar. Caso prefira, segure-se no banco com uma das mãos.

Essa é a posição inicial.

Alongue, inclinando, devagar, o tronco para a frente até sentir estender a região posterior da coxa. Relaxe os músculos de 5 a 10 segundos.

Crie resistência empurrando a perna direita contra o banco por 5 a 10 segundos. Descanse a musculatura durante 5 a 10 segundos.

Intensifique o alongamento flexionando o quadril e inclinando o tronco à frente até chegar a um novo ponto de rendimento.

Repita 2 ou 3 vezes.

### Erros comuns
- Flexionar o tronco em vez de flexionar o quadril ao alongar para a frente e para baixo
- Aumentar a flexão do joelho enquanto se inclina à frente
- Não conseguir posicionar a perna parada o suficiente para trás

### Comentários
Se ainda sentir alongar mais as panturrilhas que os músculos isquiotibiais, procure curvar um pouco mais o joelho da perna que está sendo alongada, na posição inicial.

Indicações de Alongamento 113

Mova a perna esquerda o máximo possível para trás. Mantenha postura ereta do tronco e contraia os músculos do abdome. Leve o tronco para a frente ao mesmo tempo em que mantém a curvatura da coluna lombar. Se quiser, você pode colocar as pontas dos dedos sobre o banco como apoio.

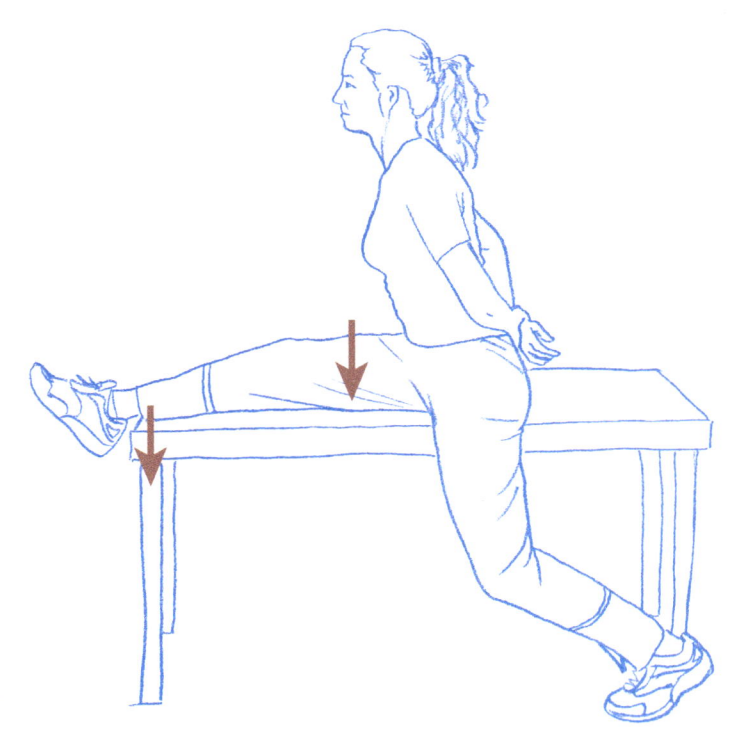

Crie resistência pressionando o pé e a coxa contra o banco, sem mexer o tronco.

# PECTÍNEO, ADUTOR LONGO E ADUTOR CURTO (ADUTORES CURTOS)

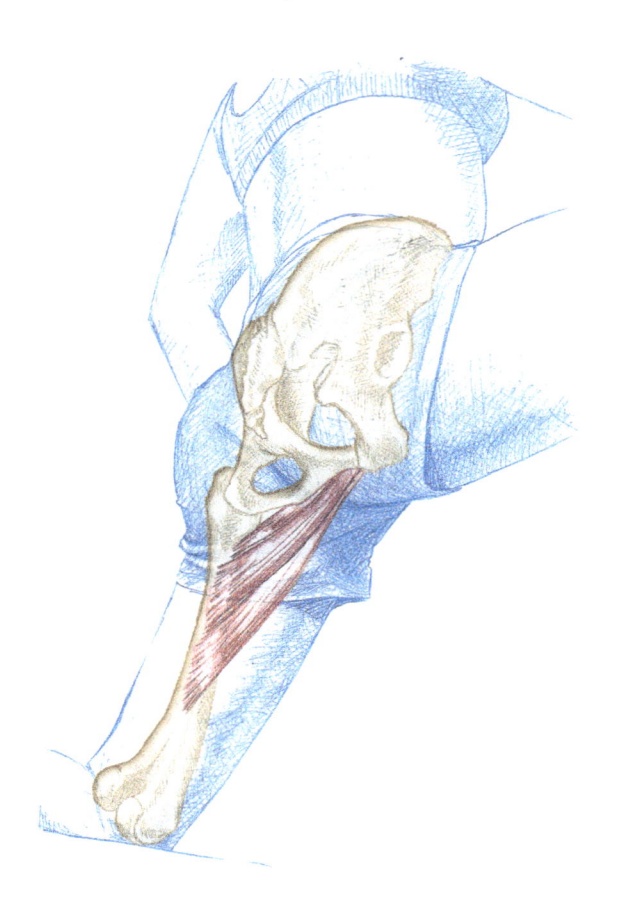

## INFORMAÇÕES SOBRE OS MÚSCULOS

Os adutores curtos consistem em três músculos; eles iniciam na parte frontal do osso do púbis, descem até a região interna da coxa e ligam-se, depois, à parte posterior do fêmur. Os adutores curtos aproximam as pernas uma da outra e giram-nas para fora. Também ajudam a inclinar o quadril à frente, aumentando a curvatura da coluna lombar.

### Causas de contratura

Ocorre contratura ou rigidez muscular se você passar muito tempo sentado ou for sedentário. Esses adutores também podem encurtar devido à prática de alguns tipos de esportes, como hóquei, futebol ou hipismo.

### Sintomas de contratura

- Sensibilidade ou dor na região inferior das costas

O risco de distender os músculos da virilha é maior se os adutores estiverem contraídos.

### Precauções

Evite este exercício se tiver dor nos joelhos ou na região inferior das costas durante o alongamento.

Uma vez que os músculos da parte interna da coxa costumam ser bastante sensíveis, recomenda-se este exercício de aquecimento por ser fácil. Ele é útil na localização dos músculos certos, para que você possa alongá-los corretamente. A perna esquerda controla toda a atividade, inclusive a distância do alongamento. Certifique-se de que essa perna faça a atividade enquanto a direita relaxa. Este exercício também é conhecido como "posição de índio", devido à colocação das pernas na postura inicial.

> **Aqueça antes de alongar os adutores curtos.**
>
> Como os músculos da região interna da coxa podem ser bastante sensíveis, antes de alongá-los faça a seguinte atividade de aquecimento.
>
> Fique em pé na posição inicial. Balance de um lado a outro, utilizando a perna direita. Alterne, usando a região interna da coxa e os glúteos.
>
> Inicie o alongamento ao se sentir aquecido.

## TÉCNICA

Ajoelhe-se no chão. Afaste a perna esquerda para o lado e apoie o pé no chão. Certifique-se de que as coxas formam um ângulo reto. O pé esquerdo deve estar voltado para a mesma direção do joelho esquerdo.

Cuide para que o joelho esquerdo esteja fletido e forme um ângulo reto e que o quadril direito esteja (abduzido). Contraia os músculos do abdome e mantenha a curvatura da coluna lombar, sem flexionar o quadril direito. O tronco deve estar totalmente ereto.

Essa é a posição inicial.

Alongue por 5 a 10 segundos, deslocando, devagar, o joelho esquerdo para o lado esquerdo e pressionando o outro para a direita até sentir alongar a região interna da coxa direita. Relaxe o músculo durante 5 a 10 segundos.

Crie resistência levando, devagar, o joelho direito à esquerda por 5 a 10 segundos. Descanse o músculo durante 5 a 10 segundos.

Intensifique o alongamento ao continuar deslocando o joelho esquerdo para a esquerda e pressionando o outro para a direita até chegar a um novo ponto de rendimento.

Repita 2 ou 3 vezes.

### Erros comuns
- Flexionar a articulação do quadril
- Aumentar a curvatura da coluna lombar
- Colocar o pé esquerdo próximo demais do corpo

### Comentários

Com o aumento da sua flexibilidade, coloque o pé esquerdo mais afastado, na posição inicial. Ponha um travesseiro sob o joelho direito ao sentir dor local. Contraia os músculos do abdome quando sentir dor na região inferior das costas.

Mantenha o tronco ereto e contraia os músculos do abdome. Devagar, desloque o joelho esquerdo levando-o bem para o lado esquerdo.

Crie resistência levando o joelho direito para a esquerda sem, de fato, movimentar o corpo.

# GRÁCIL
## (ADUTOR LONGO)

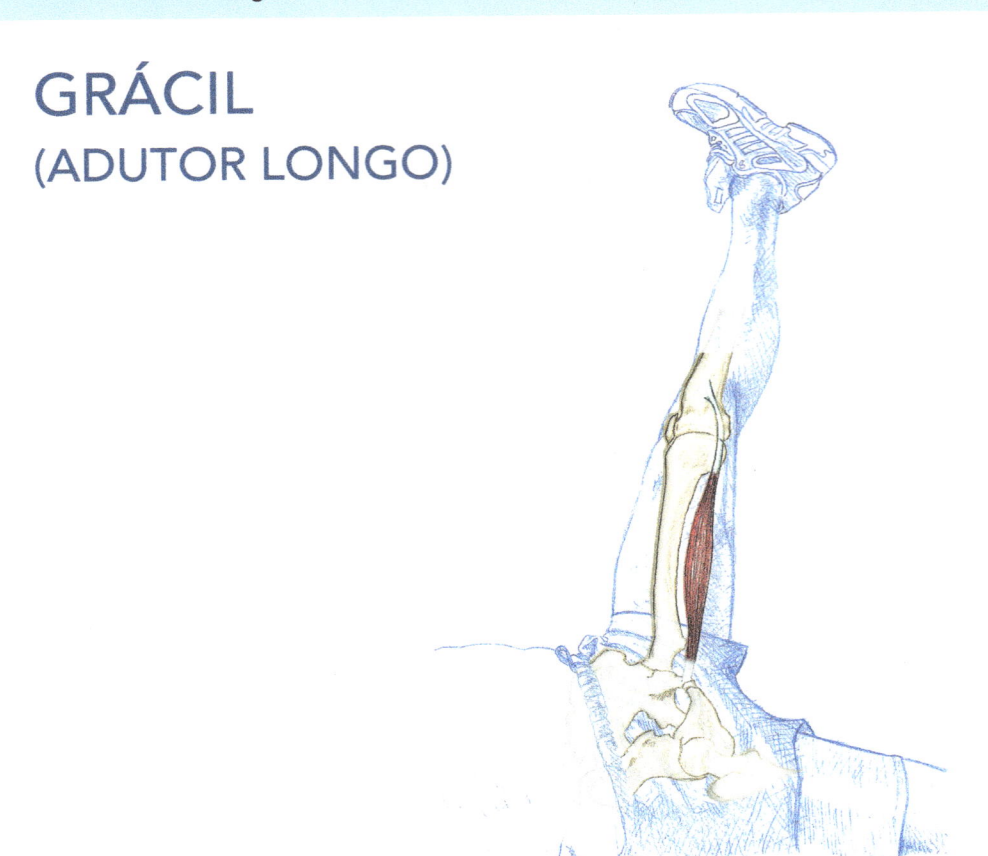

O grácil afeta as articulações do joelho e do quadril. Se você quer alongar bem esse músculo, precisa estender o membro inferior ao levá-lo para o lado em vez de flexioná-lo, como fez no alongamento dos adutores curtos. Trabalhá-lo estendido aumenta o risco de lesão na articulação do joelho; assim, tenha cuidado ao realizar a atividade e evite exercícios semelhantes feitos em pé. Para ter segurança, ao terminar o alongamento, flexione o joelho antes de movimentar de volta a perna. Uma boa ideia é fazer o exercício de aquecimento anterior antes desta atividade.

## INFORMAÇÕES SOBRE O MÚSCULO

O grácil é um músculo longo e fino que começa na parte frontal do osso pubiano. Acompanha a parte de dentro da coxa na região interna do joelho e liga-se à parte interna superior da perna. Ocasionalmente, o tendão desse músculo é usado em cirurgias como substituto do ligamento cruzado anterior (LCA), no joelho.

O grácil flexiona as articulações do quadril e do joelho. Inclina o quadril à frente, aumentando a curvatura da região inferior das costas.

### Causas de contratura

O grácil irá contrair-se caso você fique muito tempo sentado ou seja uma pessoa sedentária. Pode também encurtar devido à prática de alguns esportes, como hóquei, futebol e hipismo.

### Sintomas de contratura

- Dor na parte interna do joelho

Indicações de Alongamento 117

### Precauções

Evite esta atividade se tiver dor na região interna do joelho durante o alongamento.

## TÉCNICA

Deite-se no chão, à direita do vão de uma porta, com as nádegas bem firmes no chão, os membros inferiores bem estendidos e apoiados na parede. Flexione o joelho esquerdo, encostando a coxa e o joelho na parte interna do marco da porta. Isso estabiliza o exercício e protege suas costas. O membro direito deve estar totalmente estendido na vertical. Contraia os músculos do abdome e estenda os braços para os lados.

Alongue devagar, por 5 a 10 minutos, movimentando a perna que está na parede para a lateral. Deslize o calcâneo pela parede até sentir alongar a parte interna da coxa. Relaxe o músculo durante 5 a 10 segundos.

Crie resistência levando lentamente o membro inferior em direção ao centro do corpo, apoiado na parede, cerca de 2,5 cm. Relaxe a musculatura durante 5 a 10 segundos.

Intensifique o alongamento deixando que o membro deslize para o lado até atingir um novo ponto de rendimento.

Repita 2 ou 3 vezes.

### Erros comuns

- Estender demais o joelho direito
- Não conseguir contrair suficientemente os músculos do abdome
- Posicionar-se muito distante da parede

### Comentários

Se você estiver com os adutores longos sensíveis, pode começar com o exercício para os curtos, na página 114, ou, simplesmente, realizar este exercício bem devagar. Mova o membro bem para o lado e retorne à posição inicial. Repita levando o membro um pouco mais longe antes de trazê-lo de volta. Sempre avance 10 cm cada vez que aquecer o músculo.

Deite-se o mais perto possível da parede, com a coxa esquerda contra o marco da porta. Devagar, leve o membro direito bem para o lado.

Crie resistência estendendo em linha reta o membro inferior direito e levando-o para a esquerda mais uns 2,5 a 5 cm.

# GASTROCNÊMIO

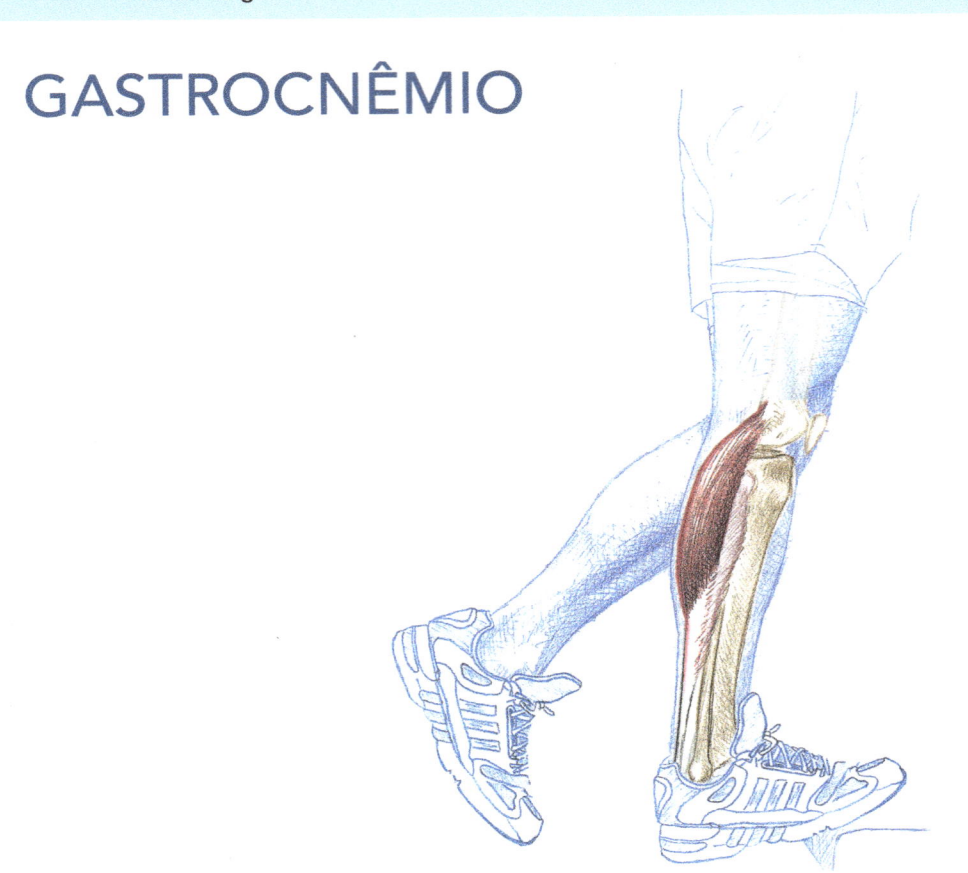

O gastrocnêmio é um dos músculos mais fortes do corpo. Mesmo pequeno em suas dimensões, consegue, com facilidade, erguer todo o corpo. Dois exemplos da sua capacidade são confirmados na prática de corrida e salto; seus tendões têm muita resistência também. Suportam cargas duradouras de baixa intensidade, como percorrer grandes distâncias. O músculo precisa de muito tempo e força para alongar. Por isso, você deve realizar o alongamento durante um minuto completo sempre que quiser chegar ao resultado pretendido. Atividades em que você se coloca em pé e sobe degraus quase não exercitam o músculo. Na busca de alguma variação, coloque-se em pé em uma superfície inclinada em alguns graus. Sempre use tênis para fazer o exercício.

## INFORMAÇÕES SOBRE O MÚSCULO

Esse músculo da panturrilha tem duas partes superiores, ambas originárias da porção posterior e mais inferior do fêmur. Juntas, formam o tendão do calcâneo, que se liga ao calcâneo. O gastrocnêmio faz flexão dorsal do tornozelo e flexiona o joelho.

### Causas de contratura

O gastrocnêmio pode contrair-se devido a períodos prolongados de sedentarismo ou em decorrência da corrida.

### Sintomas de contratura

- Cãibra na circunferência do músculo
- Dor no tendão do calcâneo (provavelmente levando a uma tendinite)
- Dor nos músculos da região anterior da perna
- Dor no arco do pé

## Precauções

Evite este exercício caso sinta dor em cima do pé.

## TÉCNICA

Encontre uma borda firme, como um degrau ou uma pilha de catálogos telefônicos. Posicione o pé direito de modo que a parte mais acolchoada (cerca de um terço do pé) toque a superfície, enquanto o arco do pé e o calcâneo ficam sem apoio.

Alongue relaxando a panturrilha e levando o calcâneo em direção ao solo. Descanse o músculo por 5 a 10 segundos.

Crie resistência usando os músculos da panturrilha para erguer o corpo cerca de 2,5 a 5 cm. Relaxe a musculatura durante 5 a 10 segundos.

Intensifique o alongamento deixando solto o calcâneo até sentir alongar um pouco mais o músculo outra vez. Esse é o novo ponto de rendimento.

Repita 2 ou 3 vezes.

### Erros comuns

- Colocar-se em pé muito longe da borda
- Não conseguir deixar o joelho bem estendido

### Comentários

Caso sinta dor ao realizar o exercício, tente alongar as duas panturrilhas ao mesmo tempo.

Fique em pé, com a parte macia do pé apoiada sobre a superfície. Certifique-se de que o joelho esteja bem estendido. Devagar, leve o calcâneo em direção ao solo.

Crie resistência pressionando a parte macia do pé contra a superfície.

# SÓLEO

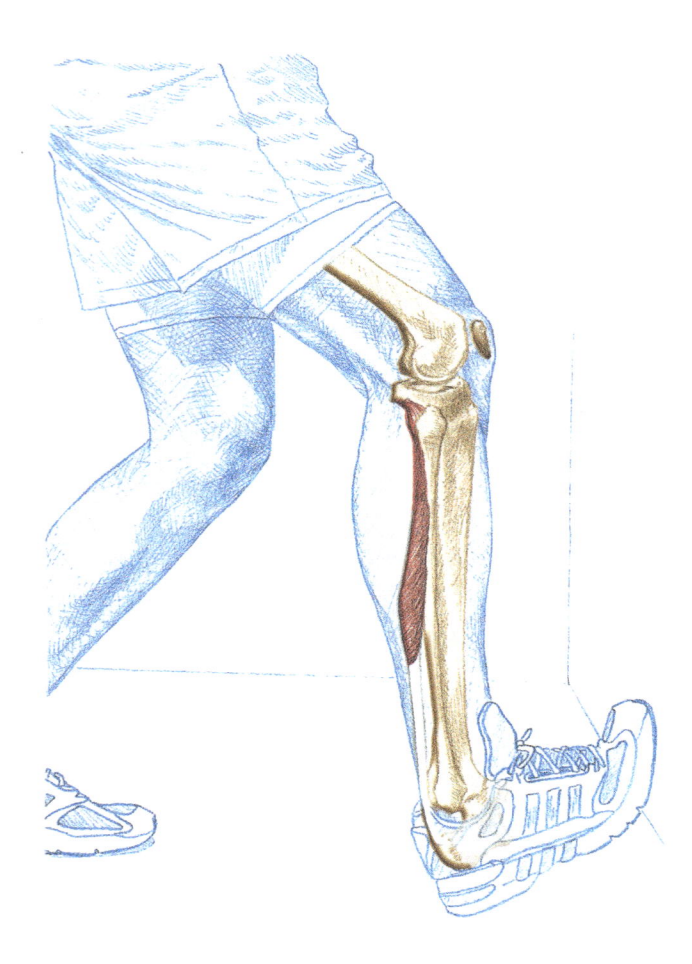

## INFORMAÇÕES SOBRE O MÚSCULO

O sóleo situa-se abaixo do gastrocnêmio; ambos ligam-se ao tendão do calcâneo. O sóleo começa atrás dos ossos da perna e liga-se ao calcâneo. Também realiza a flexão dorsal do tornozelo (pé de bailarina).

### Causas de contratura

O sóleo fica contraído durante longos períodos de ausência de atividade. Os esportes que enfatizam seu uso, como a corrida e o ciclismo, também podem tensioná-lo.

### Sintomas de contratura

- Sensibilidade ou dor na panturrilha
- Sensibilidade ou dor no arco do pé

O sóleo contraído pode causar problemas no tendão do calcâneo.

### Precauções

Evite este exercício se ele causar dor no calcâneo ou na parte posterior do joelho.

## TÉCNICA

Encontre uma parede perto de um vão de porta que o ajude a manter o equilíbrio e a aumentar a inclinação do corpo para a frente. Apoie a parte macia do pé direito contra a parede, mantendo o calcâneo no chão. Use a perna que está atrás para garantir estabilidade. Devagar, flexione o joelho direito e segure-se no marco da porta. Contraia os músculos abdominais e deixe ereto o tronco. Essa é a posição inicial.

Alongue o músculo durante 5 a 10 segundos, inclinando, devagar, a perna e o tronco à frente, mantendo o ângulo do joelho até sentir alongar de leve a panturrilha. Relaxe o músculo por 5 a 10 segundos.

A diferença entre esse músculo profundo da panturrilha e o gastrocnêmio é que o sóleo não passa pela articulação do joelho, portanto não afeta tal articulação. Esta atividade alonga o sóleo sem, necessariamente, alongar o gastrocnêmio. Por isso, você deve manter o joelho levemente fletido ao alongar o sóleo.

Crie resistência pressionando, lentamente, o pé contra a parede, tentando empurrá-lo por 5 a 10 segundos. Descanse o músculo durante 5 a 10 segundos.

Intensifique o alongamento ao continuar inclinando a perna e o tronco à frente, sem estender o joelho, até chegar a um novo ponto de rendimento.

Repita 2 ou 3 vezes.

**Erros comuns**
- Estender demais o joelho da perna que está sendo alongada
- Posicionar a parte macia do pé alto ou baixo demais contra a parede

**Comentários**

Ao sentir dor no calcâneo durante o alongamento, diminua a intensidade ou alongue um pouco o gastrocnêmio.

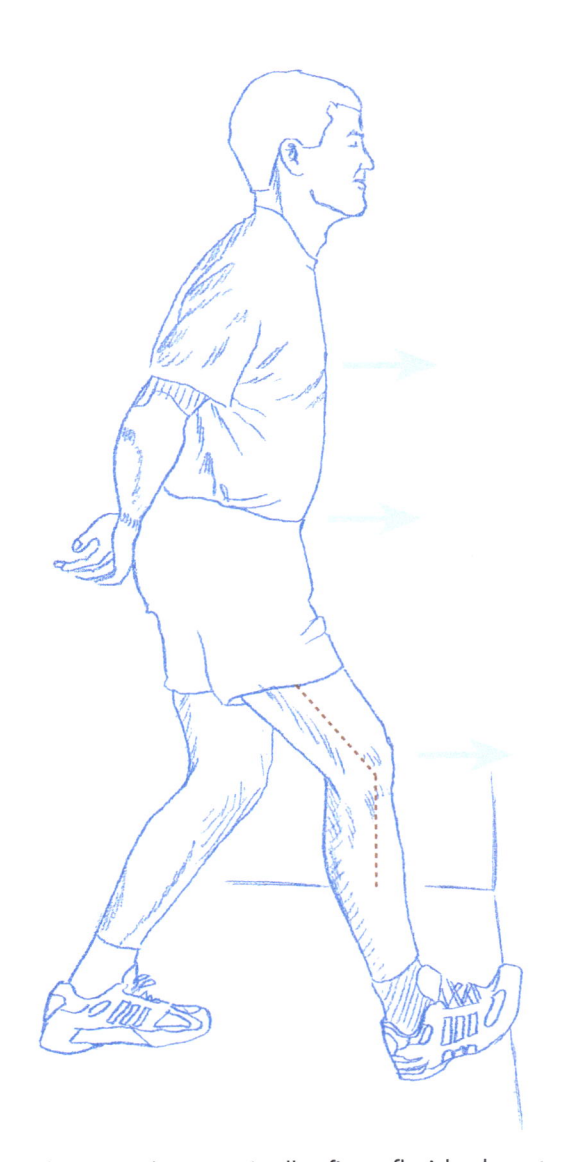

Certifique-se de que o joelho fique fletido durante todo o exercício para evitar envolvimento do gastrocnêmio. Sinta-se à vontade para usar os braços para impulsionar o corpo à frente durante a atividade.

Crie resistência pressionando a parte macia do pé contra a superfície sem, de fato, movimentar o corpo.

# TIBIAL ANTERIOR

## INFORMAÇÕES SOBRE O MÚSCULO

Esse músculo situa-se na região frontal da perna e na porção externa da tíbia. Começa na frente desta, passa pelo tornozelo e parte do dorso do pé, ligando-se ao dedo maior do pé. O tibial anterior faz flexão plantar do tornozelo e inclina o pé para fora (supinação).

### Causas de contratura

A contratura do tibial anterior pode ocorrer durante uma caminhada rápida caso você não esteja acostumado a isso. O músculo também pode contrair-se na corrida ou no ciclismo, quando há presilhas nos pedais da bicicleta.

### Sintomas de contratura

- Sensibilidade ou dor na porção mais externa da tíbia
- Sensibilidade ou dor no tornozelo
- Dificuldade para virar o pé ao andar ou correr devido à limitação na capacidade de supiná-lo

### Precauções

Evite essa atividade se tiver dor no tornozelo ou no joelho ao alongar.

## TÉCNICA

Encontre uma superfície macia um pouco mais alta que os joelhos. Um banco ou dois travesseiros sobre uma cadeira funcionam bem. Coloque-se em pé perto do banco e apoie o tornozelo sobre ele; ponha a mão direita sobre o calcâneo, com os dedos virados para ele (para a frente) para ter uma boa aderência.

Alongue durante 5 a 10 segundos, pressionando o calcâneo com a mão para a frente e para baixo, até sentir puxar a parte frontal do tornozelo. Relaxe o músculo por 5 a 10 segundos.

Crie resistência pressionando os dedos do pé para baixo, na direção do chão, por 5 a 10 segundos. Descanse o músculo durante 5 a 10 segundos.

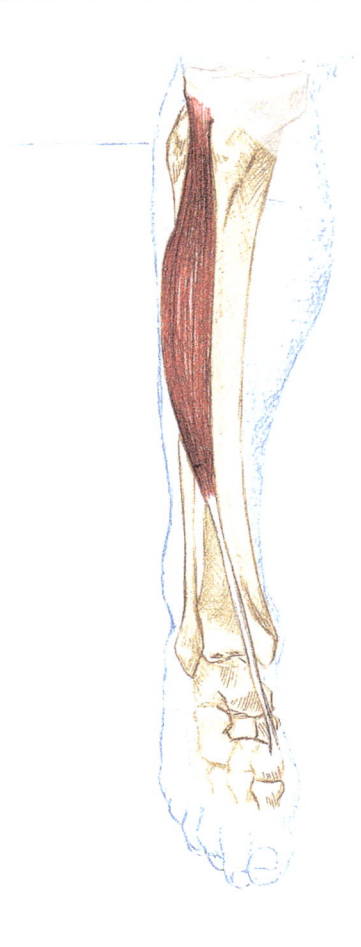

O tibial anterior é difícil de ser alongado devido a sua localização na frente da perna e à mobilidade limitada da articulação do tornozelo. Você não sentirá seu alongamento tal como sente com os demais músculos do corpo. Outros exercícios, como sentar sobre os calcâneos, podem possibilitar um melhor alongamento; o único problema é o risco de lesionar a articulação do joelho. É comum confundir uso excessivo do tibial anterior com possível inflamação da tíbia; tal tipo de lesão costuma ocorrer na parte interna dela e não na externa.

Indicações de Alongamento 123

Intensifique o alongamento empurrando o calcâneo para a frente e para baixo até chegar a um novo ponto de rendimento.

Repita 2 ou 3 vezes.

**Erros comuns**

- Colocar banco ou cadeira baixos demais, dificultando a pressão da mão para baixo

**Comentários**

Se não conseguir realizar um bom alongamento do músculo, peça ajuda a um massagista especializado em articulações ou massoterapeuta para facilitar a realização do relaxamento.

Evite flexionar demais o joelho. Empurre o calcâneo para baixo para forçar o tornozelo ao mesmo tempo em que flexiona o joelho direito.

Crie resistência pressionando a parte superior do pé contra a superfície.

# BÍCEPS BRAQUIAL

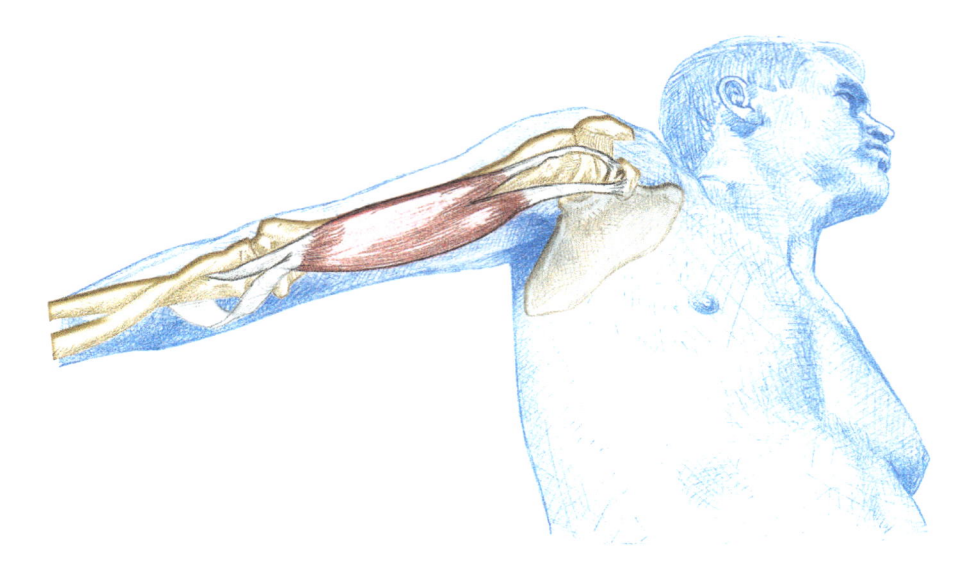

Uma vez que o bíceps braquial passa pelas articulações do cotovelo e do ombro, é importante redobrar o cuidado durante este exercício. Embora tal alongamento possa não ser exatamente como os demais, você pode ter benefícios a partir dele. Laceração ou rompimento muscular podem ser evitados por meio do alongamento.

## INFORMAÇÕES SOBRE O MÚSCULO

O bíceps braquial localiza-se na parte frontal do braço; consiste em duas cabeças que se originam em dois lugares distintos na escápula e se unem para formar a porção central de um único músculo no meio do braço. Liga-se ao rádio. O bíceps braquial flexiona o cotovelo e roda externamente o antebraço (movimento da palma da mão para cima). Também ajuda a levar os braços um pouco para fora e para a frente na articulação do ombro.

### Causas de contratura

O bíceps braquial pode contrair-se e encurtar durante atividades que mantêm o cotovelo flexionado, como na retirada da neve com uma pá ou no transporte de objetos pesados.

### Sintomas de contratura

- Sensibilidade ou dor na frente e na parte externa do ombro
- Dor na região frontal do cotovelo

### Precauções

Evite este exercício se tiver dor no punho, no cotovelo ou na articulação do ombro durante o alongamento.

## TÉCNICA

Encontre uma saliência ou uma barra na altura do ombro ou pouco abaixo dele, dependendo de sua flexibilidade. Coloque-se em pé, voltado para o lado oposto ao da barra de apoio, a uma distância correspondente ao comprimento do braço. O braço direito deve ser posicionado para dentro de modo que o polegar aponte para o quadril. Leve o braço para trás na mesma posição e segure a barra ou apoie a parte de trás da mão sobre a saliência. As articulações dos dedos devem estar na direção de baixo e o polegar, na direção de seu corpo. Erga bem o corpo, contraia os abdominais e dê um passo pequeno à frente com a perna direita. Você chegou à posição inicial correta.

Alongue durante 5 a 10 segundos, devagar, fletindo os dois joelhos, sem inclinar o tronco para a frente. Continue até sentir uma leve extensão na frente da porção superior do braço. Relaxe o músculo por 5 a 10 segundos.

Crie resistência ao pressionar o braço para baixo, na direção do chão, durante 5 a 10 segundos. Descanse a musculatura por 5 a 10 segundos.

Intensifique o alongamento mantendo os joelhos fletidos até chegar a um novo ponto de rendimento.

Repita 2 ou 3 vezes.

### Erros comuns
- Fazer rotação do ombro na direção errada
- Colocar a barra alta ou baixa demais
- Curvar o tronco ou incliná-lo à frente

### Comentários
É comum que haja alguma dificuldade para perceber o alongamento no centro do músculo, na parte frontal da região superior do braço. Talvez você sinta apenas um alongamento na articulação do ombro ou no cotovelo. Se não causar desconforto, este exercício pode trazer-lhe benefícios. Caso sinta dor no punho enquanto segura a barra, tente inclinar um pouco o tronco à frente ao alcançar a posição de alongamento para estender o punho. Coloque uma toalha na saliência ou na barra se ocorrer dor na mão.

Apoie o dorso da mão na superfície. Segurar uma estaca fixa irá ajudá-lo a obter um alongamento melhor. Mantenha o tronco ereto ao fletir os joelhos.

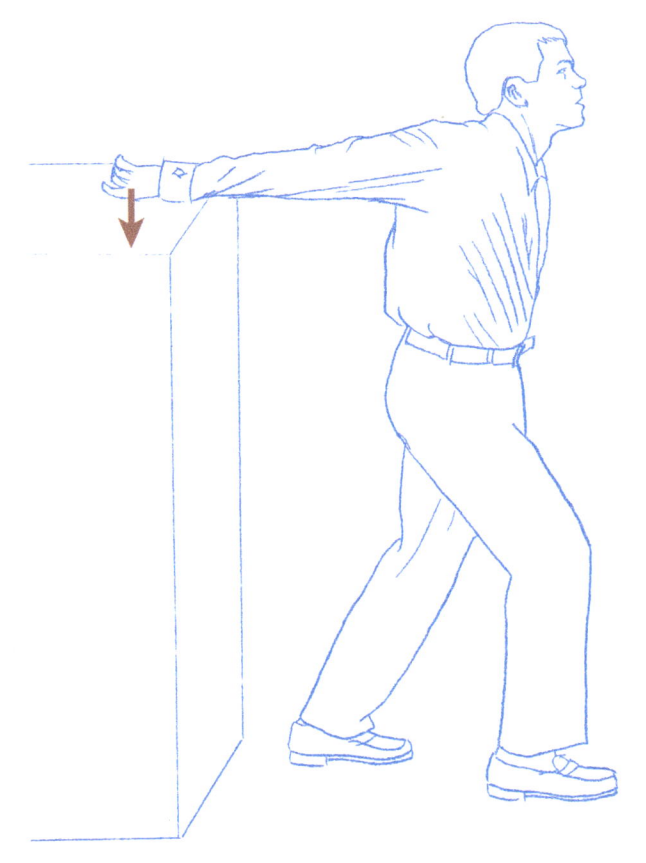

Crie resistência ao pressionar a mão para baixo e para a frente.

# TRÍCEPS BRAQUIAL

## INFORMAÇÕES SOBRE O MÚSCULO

O tríceps braquial, localizado na parte posterior do braço, tem três cabeças que se unem para formar a parte mais espessa do músculo, que se liga ao cotovelo. Uma das cabeças origina-se da escápula e as outras duas, da porção posterior do úmero. Esse músculo estende o cotovelo e leva o braço para trás e um pouco na direção do corpo.

### Causas de contratura

O tríceps braquial pode contrair-se e encurtar durante a prática de esportes como tênis ou *badminton*.

### Sintomas de contratura

- Sensibilidade ou dor no cotovelo
- Dor que irradia para o antebraço

### Precauções

Evite este exercício diante de dor no ombro ou na parte interna do cotovelo ao alongar.

## TÉCNICA

Fique em pé, com o lado direito apoiado na parede. Certifique-se de estar suficientemente longe da parede de modo que precise inclinar-se para tocá-la. Leve o braço direito para cima da cabeça, deixando apenas a escápula tocar a superfície. Flexione o cotovelo direito o máximo possível, segurando-o com a mão esquerda.

Alongue durante 5 a 10 segundos, lentamente, puxando o cotovelo direito atrás da cabeça até sentir alongar a parte posterior do braço. Relaxe o músculo por 5 a 10 segundos.

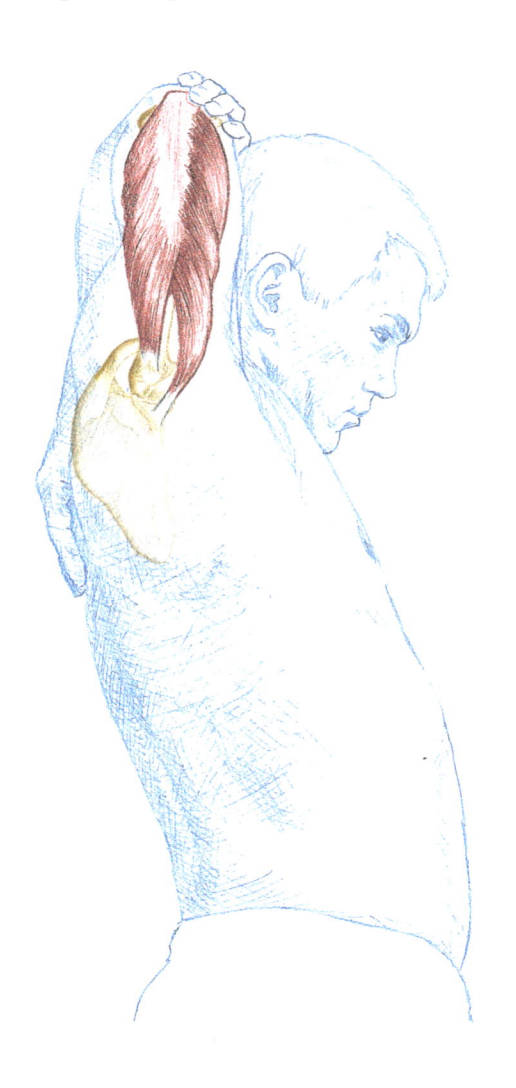

Embora os músculos localizados na parte de trás da região superior do braço raramente fiquem lesionados, podem ocasionar tipos diferentes de sensibilidade ou dor. Pontos-gatilho, ou nós, podem causar dor irradiada descendente, na direção do cotovelo, ou ascendente, na direção da região do ombro. Se você tiver flexibilidade na articulação do ombro, de fato, conseguirá firmar a escápula contra a parede.

Intensifique o alongamento ao continuar puxando o braço que está atrás da cabeça até chegar a um novo ponto de rendimento. O alongamento pode ser intensificado se você levar o cotovelo na direção do teto.

Repita 2 ou 3 vezes.

### Erros comuns

- Retesar o peito, as costas ou o ombro
- Tentar de tudo para encostar a escápula na parede
- Não conseguir flexionar o cotovelo suficientemente

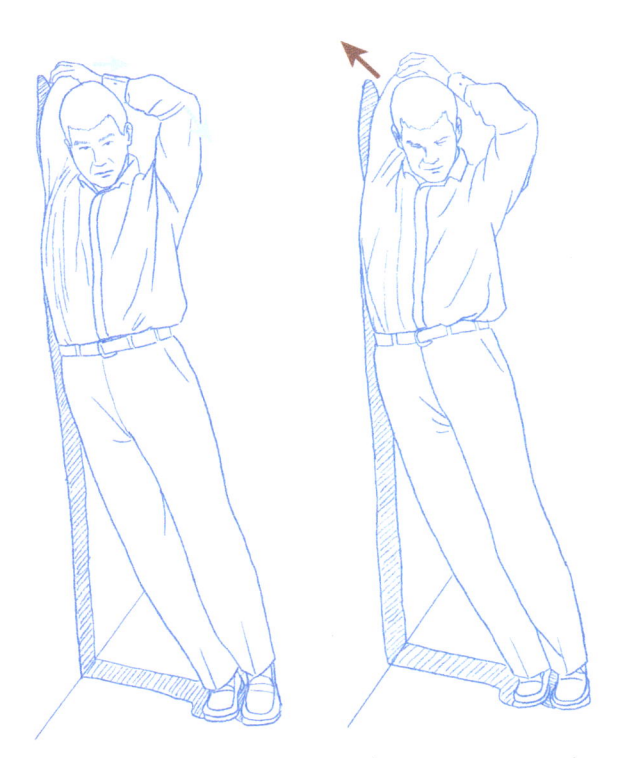

### Comentários

Como esse músculo raramente fica encurtado demais, a maior parte das pessoas não sentirá o alongamento real.

Eleve o braço o máximo que puder. Leve o cotovelo para trás da cabeça de modo a aumentar o alongamento. Crie resistência levando o cotovelo à direita ao mesmo tempo em que tenta estendê-lo.

Certifique-se de que a escápula esteja firme contra a parede.

# FLEXORES DO PUNHO

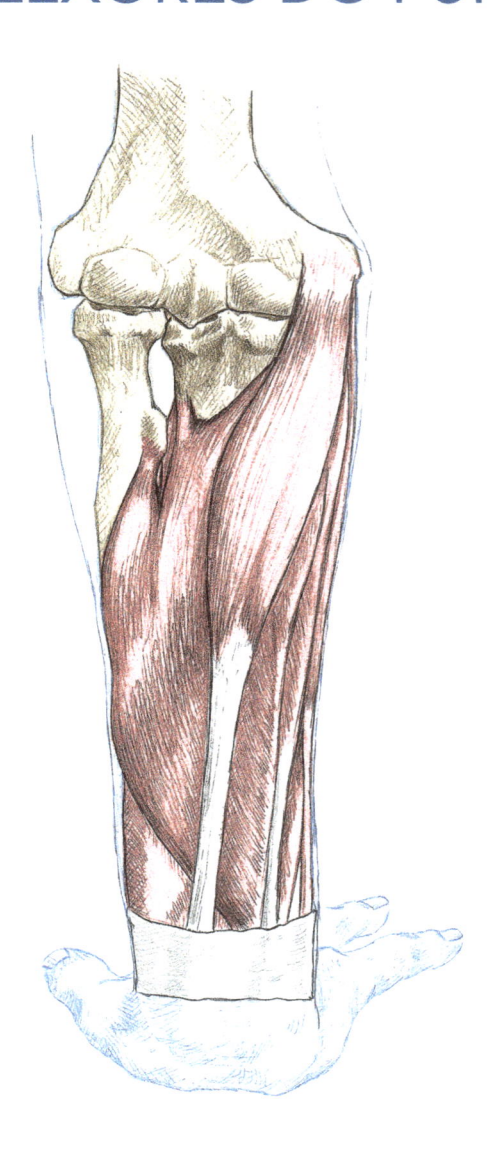

## INFORMAÇÕES SOBRE OS MÚSCULOS

Os flexores iniciam na extremidade inferior do braço, passam pela parte interna da articulação do cotovelo, depois pelo punho, no lado palmar da mão, e acabam nos dedos, como tendões.

Os flexores do antebraço agem em grupo para flexionar os dedos na direção da palma da mão. Também funcionam individualmente para flexionar cada um dos dedos na região articular.

### Causas de contratura

Esses músculos podem contrair-se e encurtar devido a trabalho estático prolongado, como uso do teclado do computador. Toda atividade que exige uso demasiado das mãos também pode causar problemas nesses flexores. Carpinteiros, massagistas, fisioterapeutas, ginastas, alpinistas e jogadores de hóquei costumam ser afetados.

### Sintomas de contratura

- Dor e incômodo persistente no antebraço e nos dedos das mãos
- Dor na região interna do cotovelo (cotovelo de golfista)

### Teste de flexibilidade

Erga as mãos em frente ao rosto e junte as palmas. Eleve os cotovelos e afaste-os do corpo até que os antebraços fiquem na horizontal. Não movimente as mãos.

### Precauções

Evite este exercício caso sinta dor nos punhos.

## TÉCNICA

Encontre uma superfície plana, como uma mesa. Posicione as mãos sobre a mesa de modo que os dedos fiquem voltados para você. O polegar direito deve estar voltado à direita.

Coloque a mão esquerda sobre os dedos da mão aposta. Estenda totalmente o cotovelo direito.

Esta parte do livro trata dos 10 músculos pequenos do antebraço, localizados no mesmo lado da palma da mão. Para evitar dor persistente nesses flexores, você precisa alongá-los com frequência e evitar usos estático e repetitivo prolongados.

Alongue por 5 a 10 segundos, cuidando para puxar o braço direito em sua direção até sentir alongar, de leve, o antebraço direito.

Relaxe o músculo durante 5 a 10 segundos.

Crie resistência ao tentar empurrar os dedos contra a mesa, por cerca de 5 a 10 segundos. Descanse a musculatura por 5 a 10 segundos.

Intensifique o alongamento ao continuar movimentando o braço direito em sua direção até chegar a um novo ponto de rendimento.

Repita 2 ou 3 vezes.

**Erros comuns**
- Flexionar o cotovelo
- Não conseguir manter os dedos da mão totalmente estendidos
- Posicionar a mesa em uma altura muito elevada

**Comentários**

Se a mesa for alta demais, impede a posição inicial correta, bem como a técnica certa durante o exercício. Colocar a mão sobre uma toalha facilita manter os dedos estendidos.

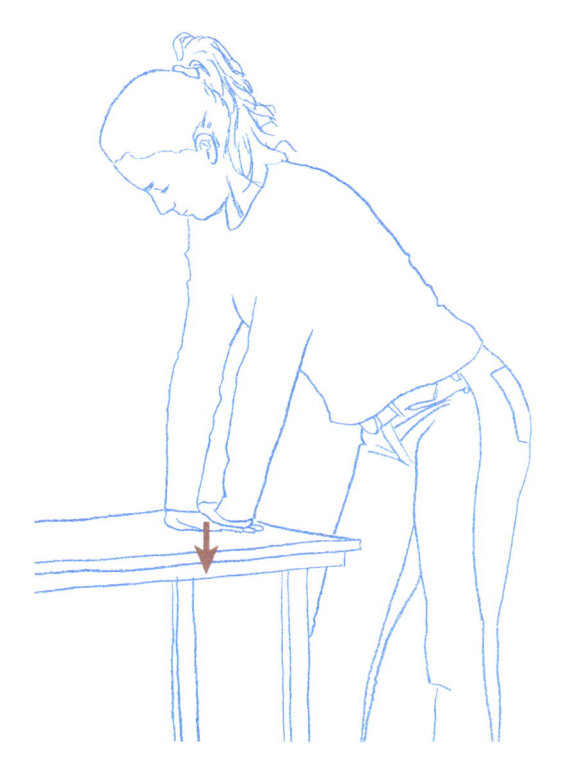

Incline o braço e o tronco à frente. Certifique-se de que o cotovelo esteja bem estendido durante o exercício. Coloque a mão esquerda sobre os dedos da mão direita para aumentar o alongamento.

Crie resistência pressionando a mão direita contra a mesa.

# EXTENSORES DO PUNHO

Os extensores consistem em 10 músculos localizados na parte externa e posterior do antebraço. Atualmente, têm sido alvo de bastante atenção, pois muitas pessoas entram em licença do trabalho em decorrência de desconforto prolongado e dores nessa área. Alongue esses músculos até 20 vezes por dia. Além dos benefícios da atividade, esses alongamentos podem ser uma boa maneira de fazer intervalos ao longo do dia.

## INFORMAÇÕES SOBRE OS MÚSCULOS

A maior parte dos extensores origina-se na região externa da extremidade inferior do braço. Passam pela parte externa do cotovelo e pelo punho, descendo até a mão e os dedos, como tendões. Os extensores auxiliam na flexão do cotovelo e estendem o punho. Individualmente, trabalham para estender cada um dos dedos em sua articulação.

### Causas de contratura

Os extensores podem encurtar por trabalho estático no computador ou por trabalho mecânico fino. Pessoas que usam demais as mãos, como carpinteiros, massagistas, alpinistas, ginastas e levantadores de peso, costumam ser afetadas.

### Causas de contratura

- Incômodo ou dor constante nos antebraços
- Desconforto ou dor contínua na parte externa do cotovelo (cotovelo de tenista)
- Incômodo ou dor prolongada nos dedos das mãos

### Precauções

Evite este exercício se ocorrer dor no punho.

## TÉCNICA

Use uma mesa caso prefira ficar em pé, ou utilize o chão se preferir sentar-se. Com o dorso da mão para a frente, feche-a (punho cerrado). Flexione o punho de modo que as costas da mão toquem a mesa ou o chão e os dedos estejam virados para você. Use a outra mão para ter certeza de que a fechada está bem firme. Mantenha o cotovelo estendido.

Alongue por 5 a 10 segundos, levando o braço na sua direção até sentir uma leve tensão no antebraço. Relaxe os músculos durante 5 a 10 segundos.

Crie resistência ao comprimir as articulações dos dedos na mesa por cerca de 5 a 10 segundos. Descanse a musculatura durante 5 a 10 segundos.

Intensifique o alongamento ao continuar puxando o braço para trás até atingir novo ponto de rendimento.

Repita 2 ou 3 vezes.

### Erros comuns
- Flexionar o cotovelo
- Não conseguir cerrar suficientemente o punho
- Posicionar-se em uma mesa muito alta

### Comentários

Se a mesa for alta demais, você não conseguirá colocar-se adequadamente em pé e não usará a técnica correta durante o exercício. Ponha uma toalha ou um travesseiro sobre a mesa ou o chão caso a atividade machuque a mão.

Use a mão esquerda para manter cerrado o punho direito e flexionados os dedos. Certifique-se de que o cotovelo esteja totalmente estendido durante o exercício. Puxe o braço e o corpo para trás.

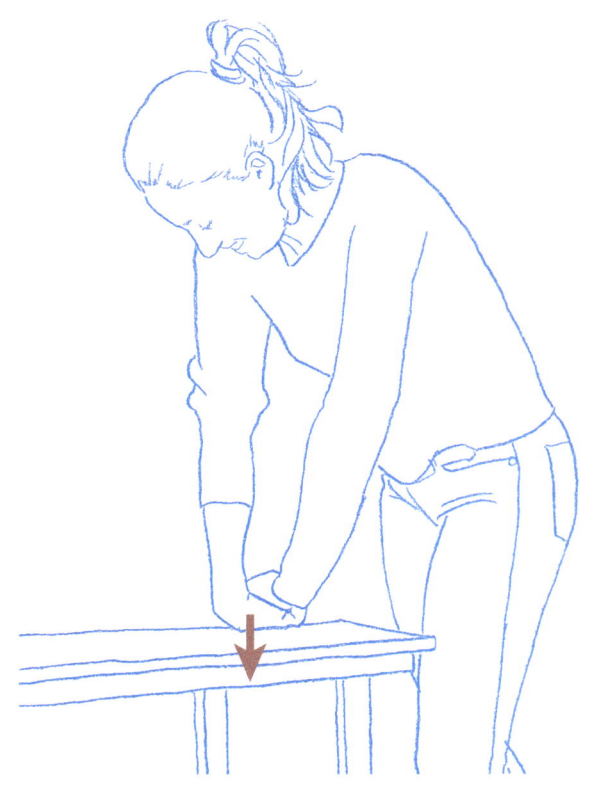

Crie resistência pressionando o dorso da mão contra a mesa.

# EXTENSORES RADIAIS CURTO E LONGO DO CARPO

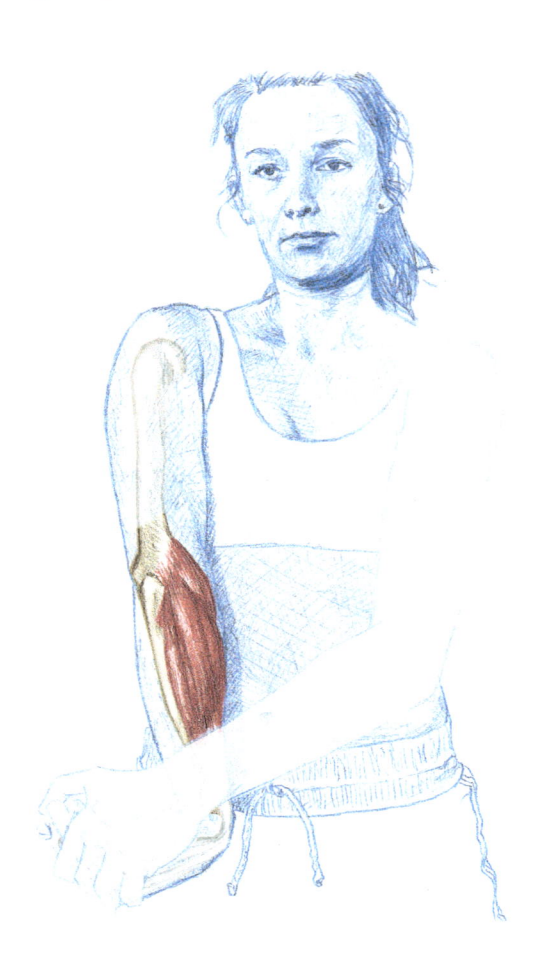

Os extensores radiais curto e longo do carpo incluem os músculos que, com mais frequência, causam dor nos antebraços por movimento estático, usando o *mouse* do computador. Tais músculos podem dar conta de muito trabalho, mas o trabalho repetitivo, ano após ano, sem intervalo, pode levá-los à exaustão. Desconfortos e dores persistentes são a maneira de eles protestarem. O alívio da dor dos antebraços demanda alongamento consistente e manipulação ou massagem dos tecidos moles.

A condição que demandou anos para surgir também levará algum tempo para desaparecer. É um tipo de problema que requer um plano de longo prazo para obter melhora.

## INFORMAÇÕES SOBRE OS MÚSCULOS

Os extensores radiais curto e longo do carpo originam-se na porção inferior do braço, descendo até o cotovelo e seguindo pela parte externa do antebraço e pelo punho, ligando-se aos dedos indicador e anular. São músculos que auxiliam na flexão do cotovelo, estendem o punho, o dedo indicador e o anular.

### Causas de contratura

Trabalho estático prolongado encurta esses músculos. Pessoas que trabalham com as mãos, como os operários da construção civil, os alpinistas, os jogadores de hóquei e as que manuseiam o teclado do computador, costumam ser afetadas.

### Sintomas de contratura

- Dor na parte externa do antebraço
- Dor e entorpecimento nos dedos indicador e anular
- Dor na parte externa do cotovelo (cotovelo de tenista)

### Precauções

Evite este exercício se causar dor no punho ou no ombro.

## TÉCNICA

Flexione o cotovelo direito e mantenha-o na frente do umbigo. Cerre o punho e faça a rotação do antebraço para dentro, ao mesmo tempo em que flexiona o punho na direção da palma da mão. Segure o punho direito com a mão esquerda para flexioná-lo ainda mais. O cotovelo deve continuar flexionado. Relaxe o ombro e o braço direitos.

Alongue durante 5 a 10 segundos, estendendo devagar o cotovelo direito ao mesmo tempo em que gira para dentro o antebraço, usando a mão esquerda para flexionar ainda mais o punho. Continue até sentir forçar o antebraço direito. Descanse a musculatura por 5 a 10 segundos.

Crie resistência ao tentar, devagar, estender o punho direito por 5 a 10 segundos. Relaxe os músculos durante 5 a 10 segundos.

Intensifique o alongamento ao estender o cotovelo direito e flexionar o punho direito até chegar a um novo ponto de rendimento.

Repita 2 ou 3 vezes.

### Erros comuns
- Não conseguir girar o antebraço o bastante
- Não conseguir flexionar o punho o suficiente
- Não conseguir estender suficientemente o punho
- Não conseguir estender o cotovelo direito de modo satisfatório

### Comentários
Embora este seja um exercício um pouco complicado no início, não desista. Lembre-se de que a prática conduz à perfeição.

Flexione o cotovelo direito e, com a mão esquerda, flexione o punho e os dedos. Estenda o cotovelo e deixe que a mão esquerda mantenha o punho e os dedos na mesma posição.

Crie resistência pressionando o dorso da mão direita contra a esquerda.

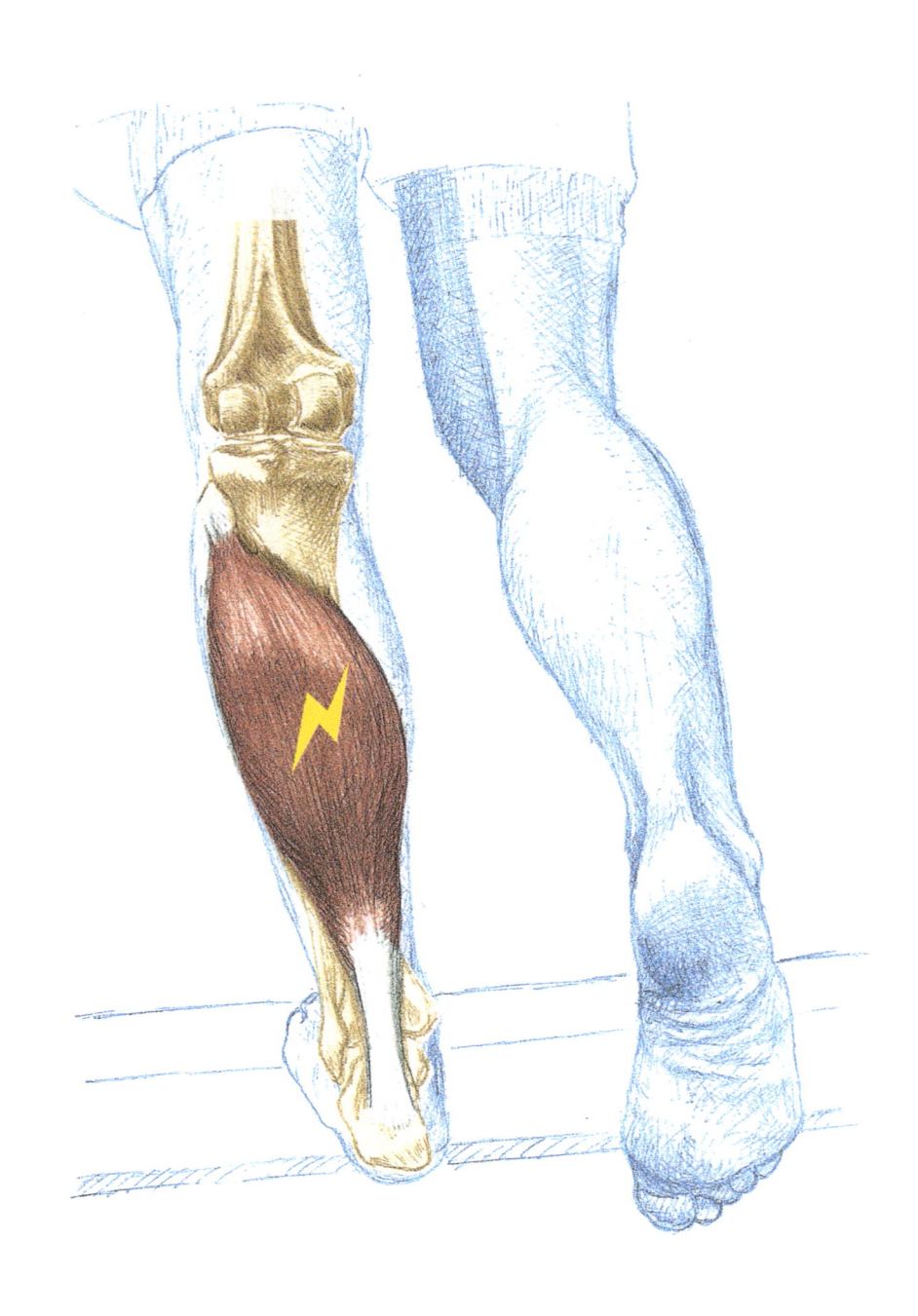

# PROGRAMAS PARA ALÍVIO DA DOR

# DESCONFORTOS E DORES MATINAIS COMUNS

Se a sensação for de ter sido agredido na cabeça com um taco de *baseball*, ter sido vítima de tentativa de quebra de ossos das costas ou de aprisionamento do braço nas costas durante a noite, é possível que sua postura ao dormir aja contra você. Não é fácil mudar a posição de dormir. Esse hábito foi estabelecido quando você ainda era jovem, e os músculos, hoje, não têm a mesma elasticidade de então. A seção a seguir sugere algumas soluções para aliviar a dor que frequentemente ocorre ao acordar.

## VOCÊ ACORDA COM DOR DE CABEÇA?

Acordar com dor de cabeça está longe de ser a maneira ideal de iniciar o dia. Embora você tenha dormido, pode não ter descansado e relaxado. Ranger os dentes e comprimir as mandíbulas durante o sono são sintomas comuns de estresse. Esse tipo de atividade noturna envolve os músculos da mandíbula e do pescoço. Alguma vez você sentiu vontade de erguer o ombro até o ouvido ao se preparar para dormir? Esse é um movimento que não cessa, necessariamente, quando você adormece, sendo algo que pode levá-lo a acordar com dor de cabeça.

**Solução**

Alongar e relaxar a região em volta do pescoço (ver p. 139) são formas muito positivas de evitar dores de cabeça.

Essas dores podem ser causadas por postura incorreta durante o sono, combinada com músculos encurtados. A firmeza do colchão também pode ser um fator; em geral, quanto mais pesado você é, mais firme deve ser o colchão.

## VOCÊ ACORDA COM RIGIDEZ NA NUCA?

Se você acorda com rigidez na nuca, com dificuldade de realizar movimentos, o travesseiro alto demais pode ser a causa. Dormir de lado, com travesseiro muito elevado, alonga os músculos em um dos lados do pescoço e encurta os do outro lado. Esse hábito irrita a musculatura e as articulações do pescoço.

**Solução**

Certifique-se de que a cabeça fique alinhada com a coluna ao deitar-se de lado. Ajuste a altura do travesseiro sempre que necessário.

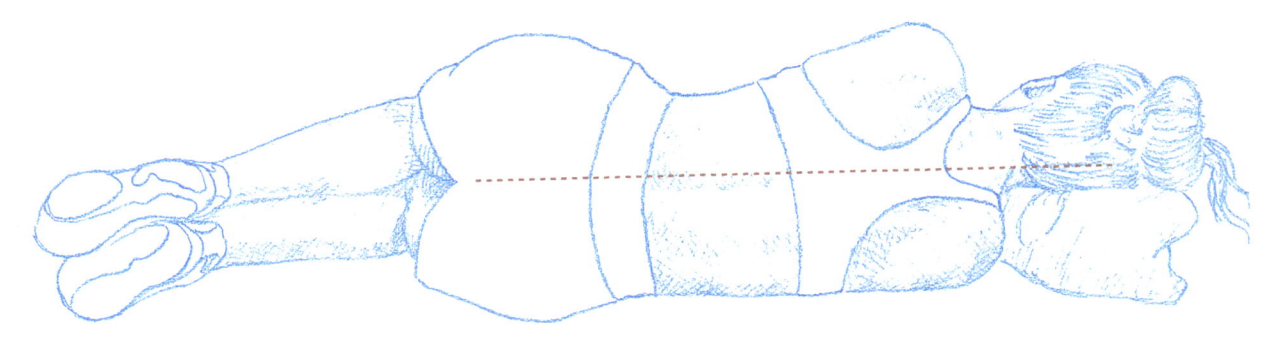

Se você dormir de lado, utilize um colchão que não seja tão macio. Um colchão mais firme pode ajudar a manter o alinhamento da coluna.

## OS BRAÇOS ESTÃO DORMENTES AO ACORDAR?

Entorpecimento ou formigamento nos braços ao acordar podem trazer desconforto. A razão mais comum para isso é adormecer de costas com os braços sobre a cabeça. Essa posição causa tensão nos músculos peitoral maior e menor, levando-os a pressionar os nervos e os vasos sanguíneos que vão do pescoço e tronco para os braços até ficarem dormentes.

### Solução
Mude completamente a posição de dormir ou tente dormir com os braços nos lados do corpo. Alongue o peitoral maior e o menor todas as noites antes de dormir.

## O OMBRO ESTÁ DOLORIDO QUANDO VOCÊ ACORDA?

A dor matutina no ombro pode ser causada porque você dorme com o braço sob o travesseiro e o cotovelo acima da cabeça. Essa posição comprime o supraespinal, criando uma sensação de fraqueza no braço.

### Solução
Tente dormir de costas ou manter o braço abaixo do ombro.

## A REGIÃO INFERIOR DAS COSTAS ESTÁ DOLORIDA QUANDO VOCÊ ACORDA?

Dormir de bruços sobre um colchão muito macio costuma resultar em uma sensação de que as costas estão partidas em duas.

A causa reside no fato de que a porção intermediária do corpo, a sua parte mais pesada do corpo, afunda no colchão, arqueando as costas de forma acentuada. Esse hábito, combinado com flexores do quadril contraídos, é quase uma garantia de dor na região inferior das costas ao acordar.

### Solução
Troque o colchão por um mais firme ou coloque uma tábua sob ele. Alongue os flexores do quadril antes de deitar. Tente dormir de lado.

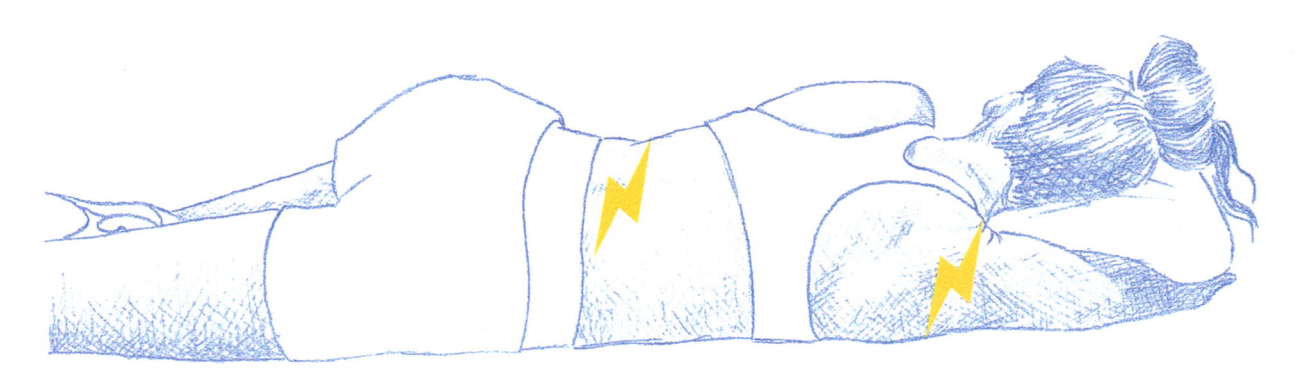

Qualquer posição que leve os braços para cima da cabeça pode causar dor ou entorpecimento no ombro e no braço. Se você dorme de bruços, ou em uma cama com colchão muito macio, causará aumento na curvatura da coluna lombar, resultando em um lento mau jeito nessa região.

# AGENDA DO ALONGAMENTO

Alongar é uma das melhores maneiras de eliminar ou reduzir a dor. O restante deste capítulo apresenta agendas de alongamento para situações de dor. Quando o texto fizer referência a mau jeito nas costas ou torcicolo (dor no pescoço), pode haver outras razões para a dor que não as referidas. Quando se sentir inseguro quanto às causas de sua dor, procure a ajuda de um médico ou fisioterapeuta que manipule estruturas mais profundas.

## MAU JEITO NAS COSTAS

Essa expressão comum não informa claramente as razões da dor ou o que, na verdade, está doendo na região.

### O que dói?
- Espasmos musculares
- Ligamentos distendidos
- Discos lesionados
- Limitação articular na região lombar da coluna

### Antecedentes
A dor pode ser causada por:
- Desequilíbrio muscular
- Fadiga nos músculos das costas
- Musculatura contraída
- Musculatura fraca
- Levantamento repetitivo de objetos pesados
- Sedentarismo

### Soluções gerais
A melhor sugestão é manter os movimentos. Se possível, movimente o corpo de um lado a outro, em uma amplitude segura. Não importa a distância com que mexe o corpo, desde que ele seja movimentado.

Independentemente da dor, você deve levantar-se e andar. Caminhe o máximo que puder. Se cansar, deite-se e repouse. Garanta que a posição de lado seja usada ao deitar, uma vez que, dessa forma, fica mais fácil levantar. Procure não se sentar, pois isso pode prolongar o processo de melhora. Evite, ainda, movimentos que causem dores agudas nos membros, já que elas podem ativar os sistemas de defesa do organismo, prolongando ainda mais o tempo de cura.

### Soluções específicas
Alongue várias vezes durante o dia. Ao fazer isso, estará ajudando a sentir-se melhor, mais rápido.

### Quando procurar ajuda profissional
Procure um profissional se você:
- Sentir dor aguda que passa pela perna
- Tiver perda de sensibilidade em algumas regiões da pele
- Perder a força em alguns músculos
- Não conseguir urinar

### Músculos a serem alongados

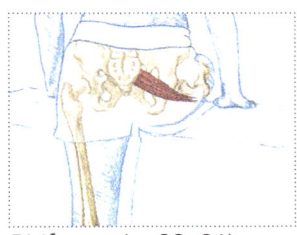

Piriforme (p. 88, 91)

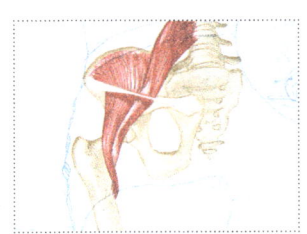

Psoas e ilíaco (p. 99)

Quadrado do lombo (p. 94, 97)

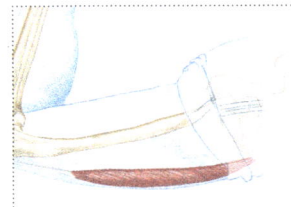

Reto femoral (p. 102, 106)

## TORCICOLO

Essa é outra expressão comum que não informa o que está ocorrendo ou o que exatamente dói. Movimentar-se também é fundamental no caso, mesmo que haja dor.

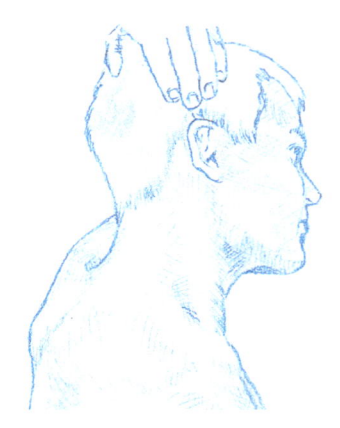

### Geralmente costumam ocorrer dois tipos de dor no pescoço:

1. O tipo 1 ocorre instantaneamente. Você não consegue virar ou inclinar a cabeça para um dos lados. A direção oposta não costuma causar dor. Esse tipo de dor costuma ocorrer pela manhã, logo que você acorda.
2. O tipo 2 é uma dor de evolução lenta, que reduz sua mobilidade.

### O que dói?
- Espasmos musculares
- Nervos comprimidos
- Discos comprimidos
- Ligamentos estirados
- Limitação articular na região cervical

### Antecedentes
A dor pode ser causada por:
- Contratura generalizada resultante de estresse ou trabalho repetitivo
- Má posição ao dormir
- Músculos sobrecarregados
- Sentar-se em local com corrente de ar

### Soluções gerais
Mais uma vez, movimentar-se é fundamental. Se você conseguir, incline e rode a cabeça, mexendo-a para trás e para a frente. Pare o movimento antes de sentir dor. Evite colares cervicais e gelo, mas use calor à vontade. Travesseiros com recheio de sementes costumam funcionar bem.

### Soluções específicas
Tipo 1: no primeiro caso, apenas alongue na direção que não causa dor.
Tipo 2: no segundo caso, alongue nas duas direções, mas use mais tempo no lado com mobilidade limitada.

Nos dois casos, recomenda-se alongar com frequência.

### Quando procurar ajuda profissional
Procure um profissional se tiver:
- Dor aguda que vai do pescoço para o braço e a mão
- Perda de força no braço e na mão
- Perda de sensibilidade em algumas regiões da pele

### Músculos a serem alongados
Além de seu próprio alongamento, considere a ajuda de um terapeuta profissional, como o que manipula estruturas profundas, o fisioterapeuta ou o quiroprático.

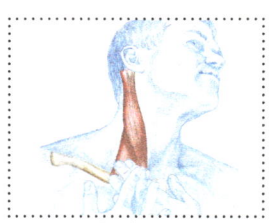

Esternocleidomastóideo (p. 46)

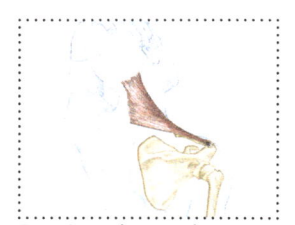

Trapézio descendente (p. 42)

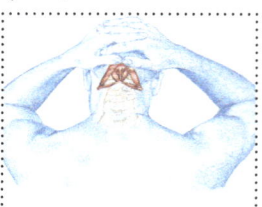

Suboccipitais (p. 50)

Trapézio transverso e romboides (p. 64, 66)

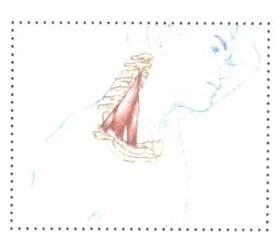

Escalenos (p. 48)

Levantador da escápula (p. 52, 54)

Indicações de Alongamento 139

Levantador da escápula

Trapézio descendente

Suboccipitais

A quantidade real de força sobre a coluna não é, necessariamente, o fator decisivo para dor nas costas ou no pescoço. Em vez disso, as variáveis essenciais incluem posição da coluna e tempo em que ela fica em uma determinada posição.

## DOR DE CABEÇA

A dor de cabeça tensional é a forma mais comum desse tipo de dor. Músculos contraídos no pescoço e nos ombros causam pontos-gatilho, que, por sua vez, levam à dor que vai até a cabeça. Os locais comuns incluem um dos lados do pescoço, a região acima das têmporas e a região atrás das orelhas, local em que a sensação pode lembrar uma unha sendo cravada ali. Esse tipo de dor quase sempre resulta de um ponto-gatilho na porção superior do trapézio. Assim, massagear as têmporas não funciona para aliviar a dor. Considerando-se que uma dor de cabeça pode ocasionar outras, alongar auxilia no momento e a longo prazo.

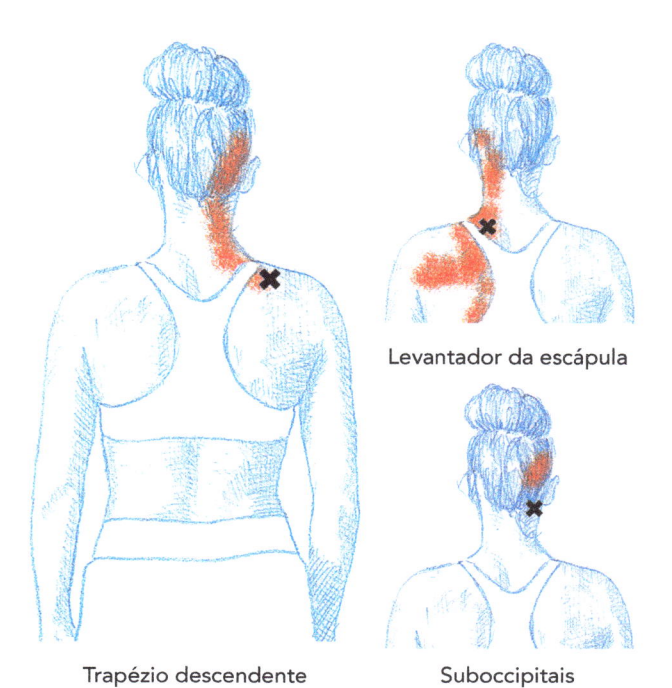

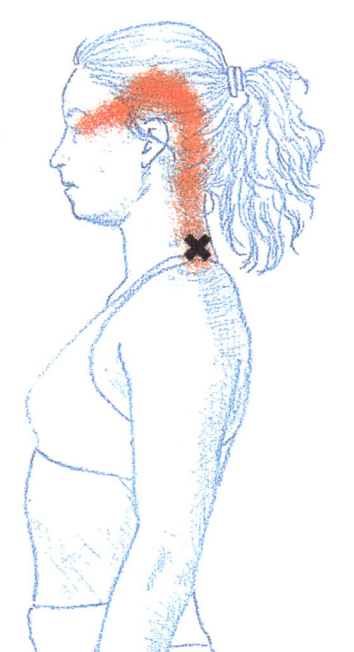

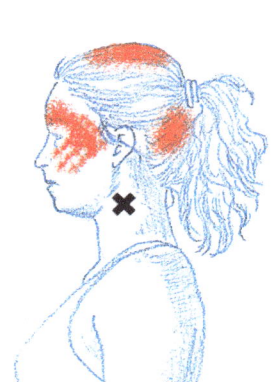

Trapézio descendente

Esternocleidomastóideo

O X marca a posição do ponto-gatilho, e a área colorida indica a possível disseminação do desconforto.

## O que dói?

- Pontos-gatilho
- Músculos contraídos
- Articulações do pescoço imobilizadas

## Antecedentes

A dor pode ser causada por:

- Tensão prolongada em decorrência de estresse
- Atividade repetitiva
- Preocupações
- Dor na região dos ombros ou em outras partes do corpo

## Soluções gerais

Relaxar é importante. Quando sentir a aproximação de uma dor de cabeça, você poderá conseguir interrompê-la ao sentar-se ereto em uma cadeira, apoiar o pescoço e os ombros e, depois, com determinação, relaxá-los. Uma bolsa de água quente também pode auxiliar no alívio da tensão muscular.

## Soluções específicas

Alongue os músculos mencionados a seguir. Se a dor de cabeça for muito forte, repouse e relaxe com determinação; ao sentir alguma melhora, alongue novamente.

## Quando procurar ajuda profissional

Procure um profissional diante de:

- Dor de cabeça contínua
- Dor de cabeça que fica aguda (do tipo explosivo), não para

## Músculos a serem alongados

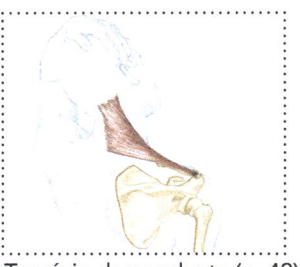

Trapézio descendente (p. 42)

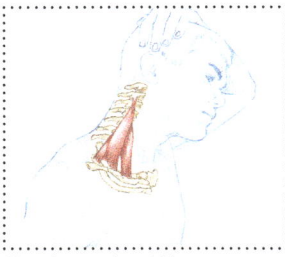

Escalenos (p. 48)

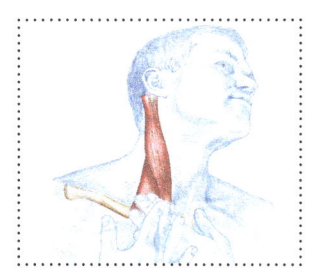

Esternocleidomastóideo (p. 46)

Levantador da escápula (p. 52, 54)

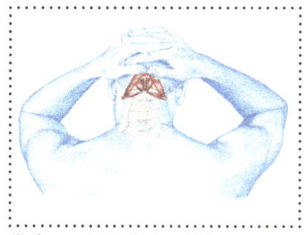

Suboccipitais (p. 50)

Sentar com os ombros continuamente elevados é a razão mais comum para a dor de cabeça. Para minimizar sua dor, relaxe e deprima (abaixe) seus ombros.

Indicações de Alongamento   141

## DOR NA REGIÃO SUPERIOR DAS COSTAS

Não é raro que a dor nas costas se manifeste em um ou mais pontos da sua região superior. O ponto na parte interna da região superior das escápulas, que, às vezes, parece localizar-se sob elas, pode ser especialmente persistente. Para livrar-se da dor, você deve alongar os músculos da porção superior das costas, do peito e da região anterior do pescoço. Sem alongar os músculos peitorais, fica bastante difícil melhorar a postura, o que ajuda a prevenir a dor.

### O que dói?
- Pontos-gatilho nos músculos
- Articulações imobilizadas na coluna torácica
- Articulações imobilizadas entre as costelas e a coluna
- Ligamentos bastante tensionados

### Antecedentes
A dor pode ser causada por:
- Má postura
- Músculos contraídos no peito, nos glúteos e nos isquiotibiais
- Músculos enfraquecidos nas costas

Arredondar as costas ao sentar obriga os músculos entre as escápulas a trabalhar de forma estática para manter ereto o corpo e proteger os ligamentos da coluna.

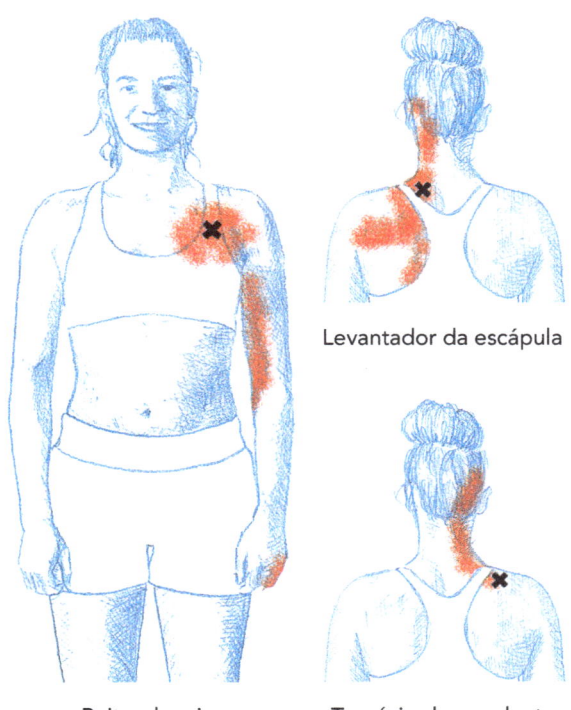

Peitoral maior

Levantador da escápula

Trapézio descendente

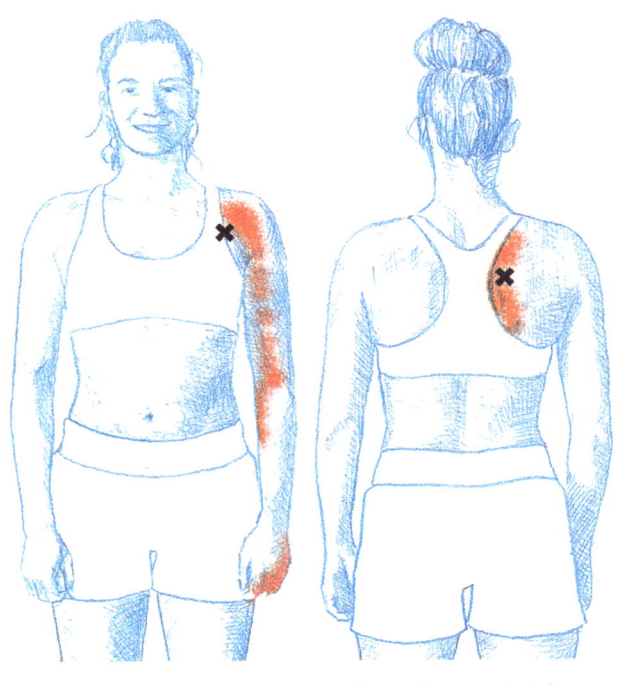

Peitoral menor

Trapézio e romboides

O X marca a posição do ponto-gatilho, e a área colorida indica a possível disseminação do desconforto.

## Soluções gerais

O mais importante é melhorar a postura. Se precisar sentar, tente não ficar nessa posição por mais de 20 minutos de cada vez. Coloque-se em pé e movimente os ombros, o pescoço e a cabeça se os músculos parecerem contraídos, mesmo que você tenha permanecido sentado por apenas 5 minutos. Tente usar uma bolsa de água quente.

## Soluções específicas

Faça intervalos menores e frequentes para alongar. Esses músculos não cederão facilmente.

## Quando procurar ajuda profissional

Procure um profissional se a dor continuar durante uma semana inteira.

### Músculos a serem alongados

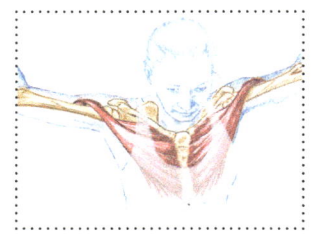

Peitoral maior (p. 56, 58)

Trapézio transverso e romboides (p. 64, 66)

Latíssimo do dorso (p. 68, 71)

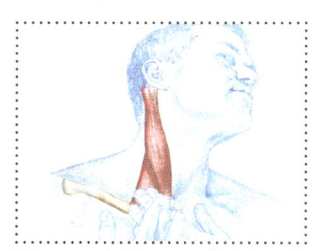

Esternocleidomastóideo (p. 46)

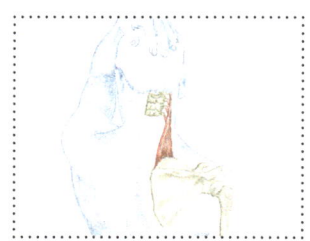

Levantador da escápula (p. 52, 54)

# DOR NO OMBRO QUE IRRADIA PARA O BRAÇO E A MÃO

Se você não alongar corretamente a região do ombro, aumentará o risco de dor que irradia para o braço e a mão. Por isso, deve sempre alongar os músculos ao redor do ombro em primeiro lugar; em seguida, deve alongar os específicos do ombro e do braço.

### O que dói?
- Pontos-gatilho nos músculos da coxa
- Músculos do antebraço estaticamente sobrecarregados
- Restrição articular na coluna cervical

### Antecedentes

A dor pode ser causada por habilidades motoras finas realizadas com a mão e o antebraço, que fazem os músculos do ombro trabalhar de forma estática tanto quanto os do antebraço.

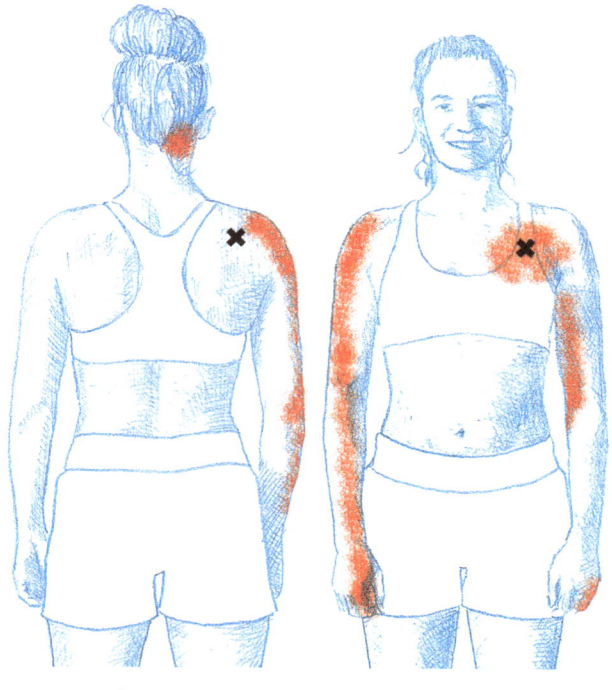

Infraespinal

Infraespinal e peitoral maior

O X marca a posição do ponto-gatilho, e a área colorida indica a possível disseminação do desconforto.

## Indicações de Alongamento    143

### Soluções gerais
Examine tudo o que utiliza com o computador, como teclado, *mouse*, altura da escrivaninha e cadeira. Levante da cadeira a cada 20 minutos e faça movimentos circulatórios com os ombros. Estando em casa, tente não sobrecarregar esses músculos e evitar trabalho estático dos ombros e braços.

### Soluções específicas
Alongue com regularidade e não apenas nas horas de trabalho.

### Quando procurar ajuda profissional
Procure um profissional se o desconforto não desaparecer em 3 ou 4 semanas.

### Músculos a serem alongados
Primeiro, alongue os músculos do pescoço e aqueles que ficam ao redor do ombro.

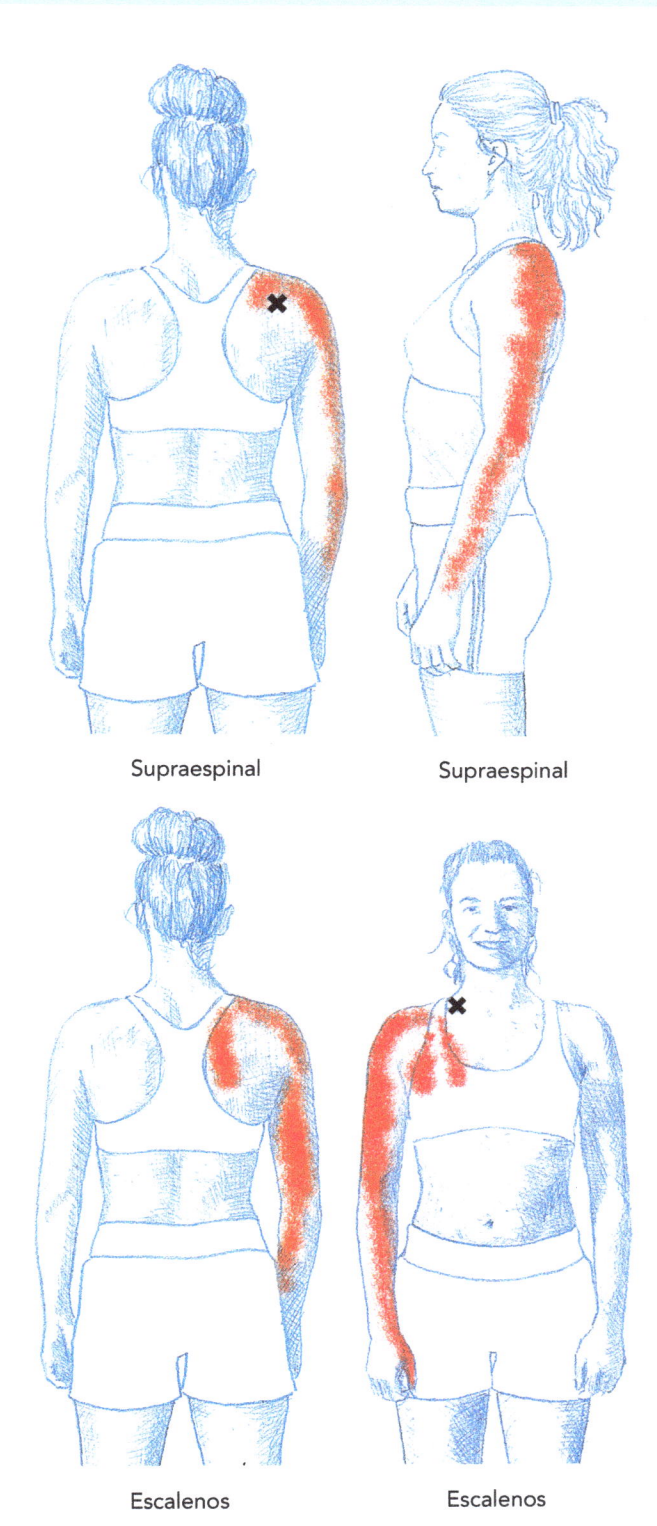

Supraespinal    Supraespinal

Escalenos    Escalenos

O X marca a posição do ponto-gatilho, e a área colorida indica a possível disseminação do desconforto.

Infraespinal (p. 73, 76)     Supraespinal (p. 80, 82)

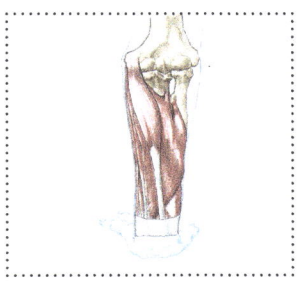

Flexores do punho (p. 128) 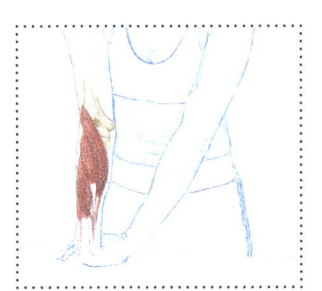    Extensores do punho (p. 130)

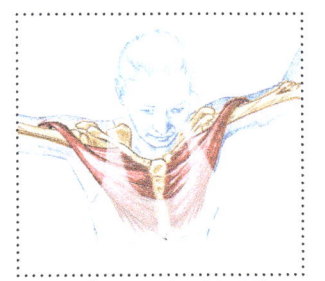

Peitoral maior (p. 56, 58)     Trapézio descendente (p. 42)

## DOR NOS OMBROS

É evidente que podem existir várias razões para dor no ombro ou na área ao redor deste. Algumas vezes, a dor impede a realização de qualquer tipo de exercício. Caso isso aconteça com você, não se obrigue a fazer alongamentos.

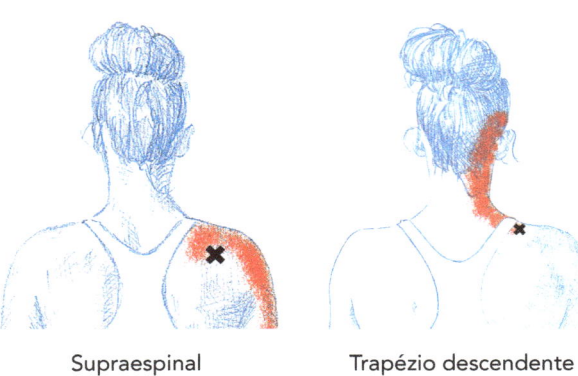

Supraespinal          Trapézio descendente

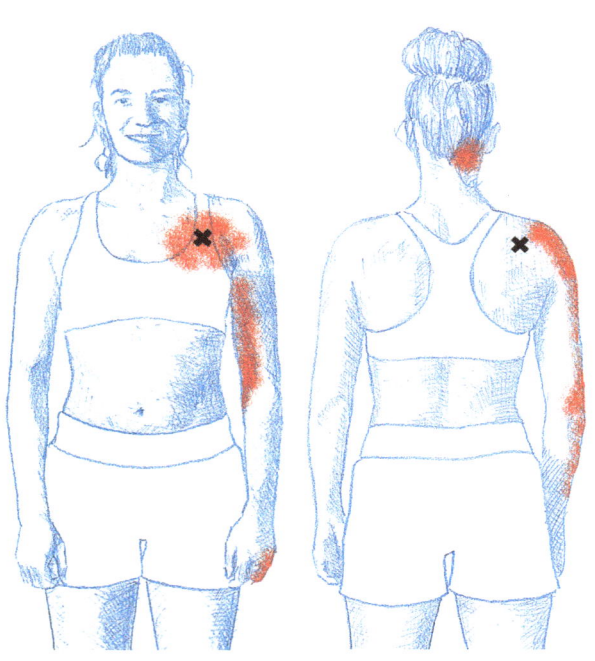

Peitoral maior        Infraespinal

O X marca a posição do ponto-gatilho, e a área colorida indica a possível disseminação do desconforto.

### O que dói?
- Pontos-gatilho nos músculos da coxa
- Músculos comprimidos
- Nervos comprimidos
- Cartilagem de articulação danificada por lesão
- Articulações travadas no pescoço

### Antecedentes
A dor pode ser causada por:
- Movimentos repetitivos que fazem girar a articulação do ombro para dentro ou para fora
- Excesso de trabalho com as mãos acima da cabeça
- Participação ativa em esportes de arremesso

### Soluções gerais
Evite todos os movimentos acima da cabeça e a rotação repetitiva da articulação do ombro.

### Soluções específicas
Alongue devagar, interrompendo ao sentir dor.

### Quando procurar ajuda profissional
Procure um profissional se tiver:
- Dor contínua
- Incapacidade de realizar movimentos do ombro devido à dor ou à resistência repentina

### Músculos a serem alongados

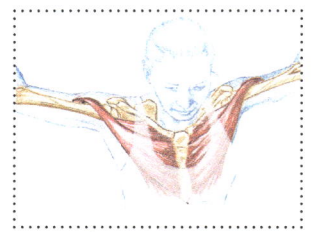

Peitoral maior (p. 56, 58)       Infraespinal (p. 73, 76)

Latíssimo do dorso (p. 68, 71)    Supraespinal (p. 80, 82)

Trapézio transverso e            Bíceps braquial (p. 124)
romboides (p. 64, 66)

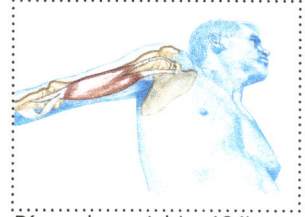

# COTOVELO DE TENISTA E COTOVELO DE GOLFISTA

Esses termos descrevem condições que causam dor no antebraço e estão se tornando cada vez mais comuns. Operários da construção civil costumam ser afetados por esse tipo de dor.

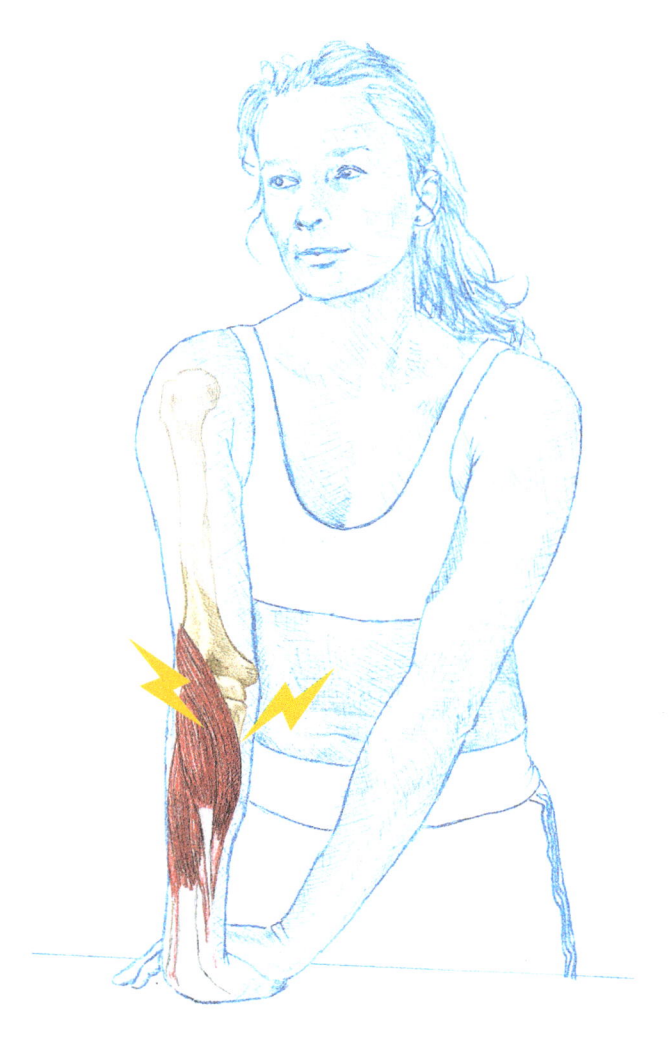

O cotovelo de golfista causa dor na parte interna do cotovelo, e o de tenista, na parte externa.

## O que dói?
- Músculos do antebraço, com ligamentos sobrecarregados e elevada concentração de ácido láctico

## Antecedentes
A dor pode ser causada por:
- Atividade estática prolongada, usando os antebraços
- Trabalho que exige persistência de força dos antebraços e das mãos

## Soluções gerais
Evite todo trabalho com os antebraços, inclusive tarefas mais leves. Use uma bolsa de água quente para aumentar a circulação nessa região.

## Soluções específicas
Alongue bastante, com uma frequência de 20 vezes ao dia.

## Quando procurar ajuda profissional
Procure um profissional caso sinta dor durante mais de uma semana.

## Músculos a serem alongados

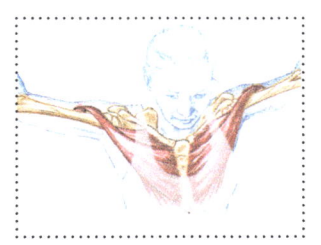

Peitoral maior (p. 56, 58)

Flexores do punho (p. 128)

Extensores do punho (p. 130)

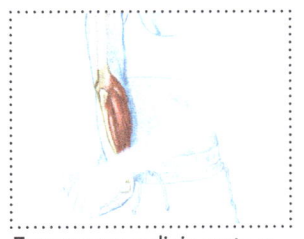

Extensores radiais curto e longo do carpo (p. 132)

## JOELHO DE CORREDOR

O joelho de corredor é uma lesão comum em atletas e costuma afetar pessoas que não se exercitam.

### O que dói?
- Tendão curto da fáscia, com origem no tensor da fáscia lata e no glúteo médio, passando pela parte externa do joelho.

### Antecedentes
A dor pode ser causada por:

- Músculos contraídos e encurtados da nádega e coxa, que enrijecem a fáscia, levando-a a roçar na parte externa do joelho
- Correr, caminhar ou andar de bicicleta, com um ângulo do pé incorreto

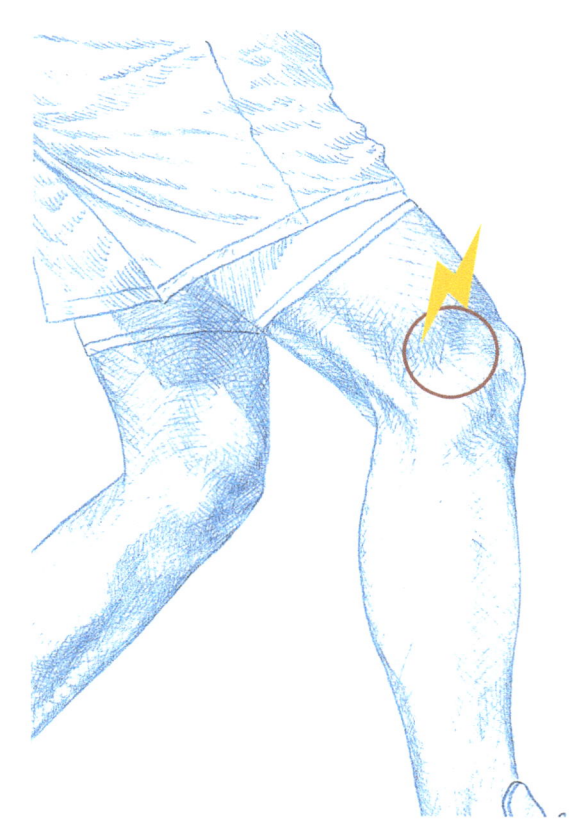

O joelho de corredor é uma condição que responde muito bem ao alongamento.

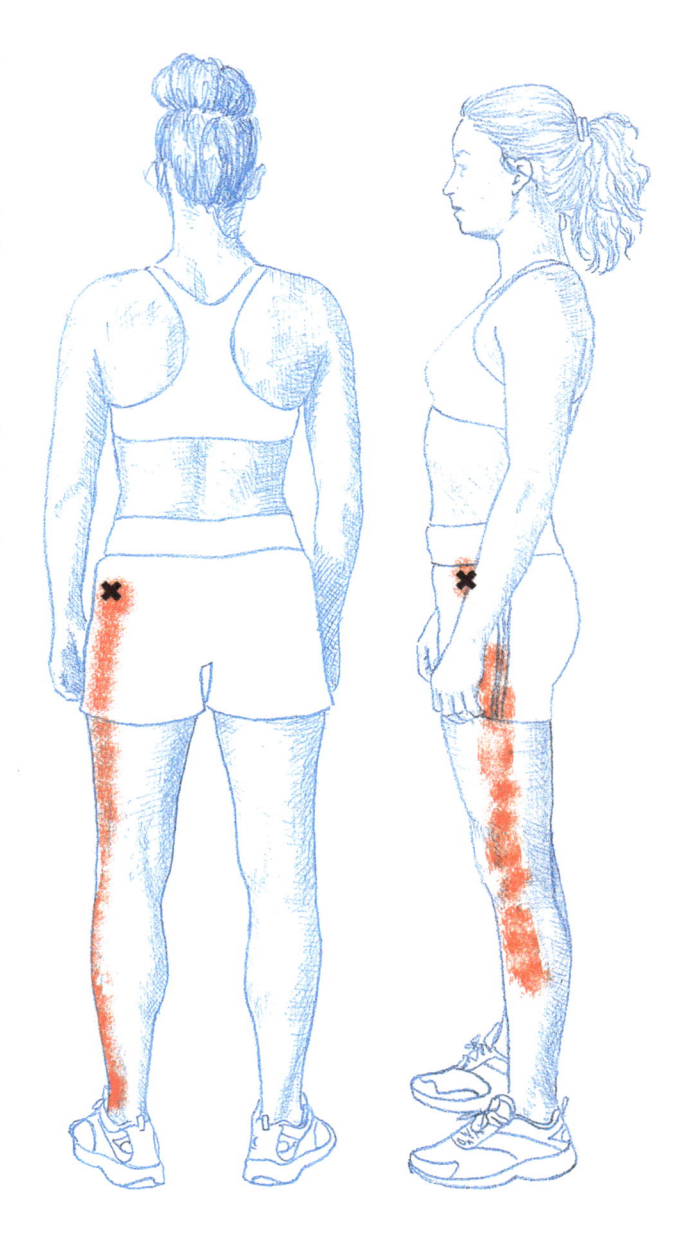

Glúteo médio          Tensor da fáscia lata

O X marca a posição do ponto-gatilho, e a área colorida indica a possível disseminação do desconforto.

## Soluções gerais

Se você tiver dor, evite correr, caminhar ou andar de bicicleta. Você pode exercitar-se, mas deve parar assim que sentir desconforto.

## Soluções específicas

Alongue os músculos citados a seguir várias vezes ao dia, bem como antes e depois dos exercícios.

## Quando procurar ajuda profissional

Procure um profissional se a dor se transformar em um incômodo crônico.

## Músculos a serem alongados

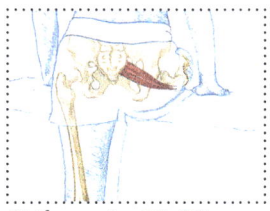

Piriforme (p. 88, 91)

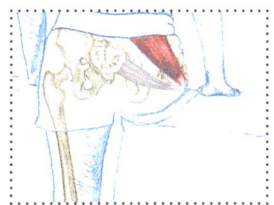

Glúteos médio e mínimo (p. 86)

Quadrado do lombo (p. 94, 97)

Tensor da fáscia lata (p. 108)

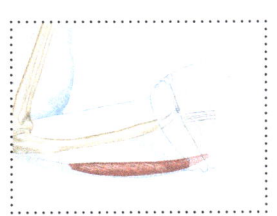

Reto femoral (p. 102, 106)

# DOR NA REGIÃO INFERIOR DAS COSTAS

A maior parte das pessoas terá dor na região inferior das costas em algum momento da vida. Além do sofrimento pessoal e de uma redução na qualidade de vida, esse incômodo é bastante caro à sociedade, em termos de faltas no trabalho, licenças por doença e compensação financeira por deficiência ou incapacitação.

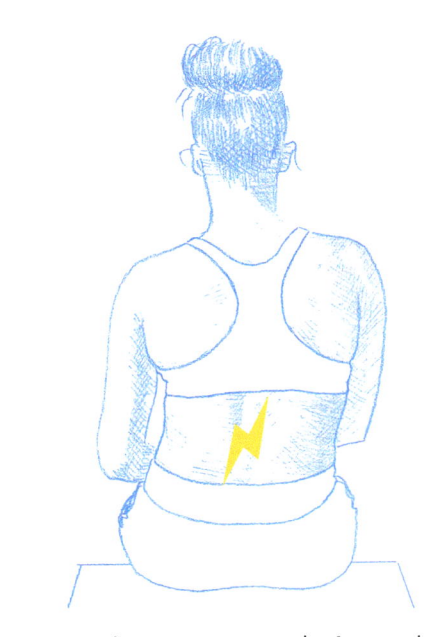

Permanecer muito tempo sentado é uma das maneiras mais comuns de causar dores na região inferior das costas; fazer isso cruzando as pernas aumenta ainda mais o risco de machucar a coluna vertebral.

### O que dói?
- Discos da coluna vertebral
- Ligamentos
- Articulações imobilizadas na coluna e nos quadris
- Articulações na coluna e nos quadris que estão hiperimobilizadas
- Músculos contraídos que sofrem espasmo

### Antecedentes

Há inúmeras razões para dor na região inferior das costas. A principal é ficar muito tempo sentado ao longo dos anos, comprimindo os discos da coluna e estirando os ligamentos. Sentar-se também contrai e encurta os flexores do quadril e os músculos glúteos,

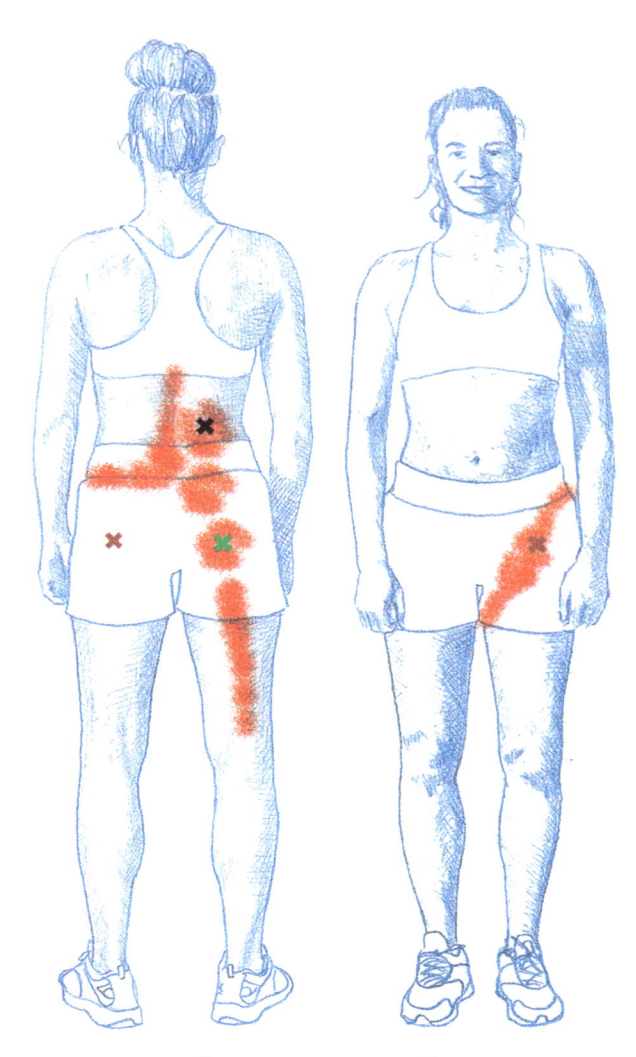

Iliopsoas – x em vermelho
Quadrado do lombo – x em preto
Piriforme – x em verde

O X marca a posição do ponto-gatilho, e a área colorida indica a possível disseminação do desconforto.

além de causar fadiga nos músculos profundos da região inferior da coluna vertebral.

## Soluções gerais

Evite sentar, pois isso diminui a ativação dos músculos. Tente se movimentar com bastante frequência, por períodos curtos, durante o dia. Sentar-se diante do computador durante muitas horas é prejudicial para as costas.

## Soluções específicas

Alongue os músculos mencionados a seguir várias vezes por dia.

## Quando procurar ajuda profissional

Procure um profissional se tiver:

- Sensibilidade ou dor tão forte que não consiga dormir
- Dor que não se modifica ao longo do dia ou com mudança de posição
- Dor forte que irradia para coxa, perna e pé
- Perda de força no membro inferior
- Incapacidade de colocar-se em pé, apoiado nos dedos do pé ou nos calcâneos, sem perder apoio
- Sensação de estar sendo golpeado nas costas e na perna ao espirrar ou tossir

## Músculos a serem alongados

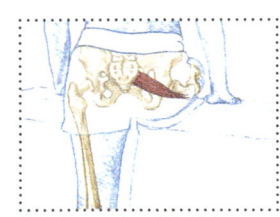

Piriforme (p. 88, 91)

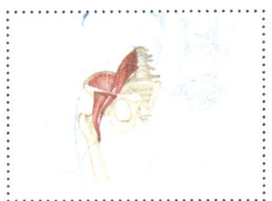

Psoas e ilíaco (p. 99)

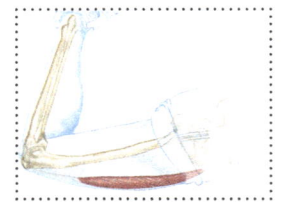

Reto femoral (p. 102, 106)

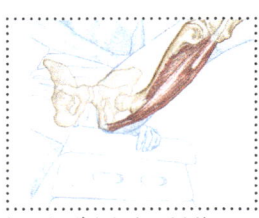

Isquiotibiais (p. 111)

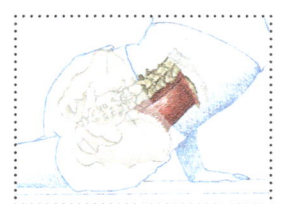

Quadrado do lombo (p. 94, 97)

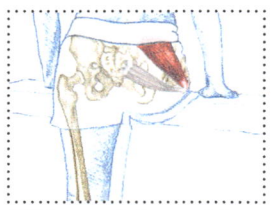

Glúteos médio e mínimo (p. 86)

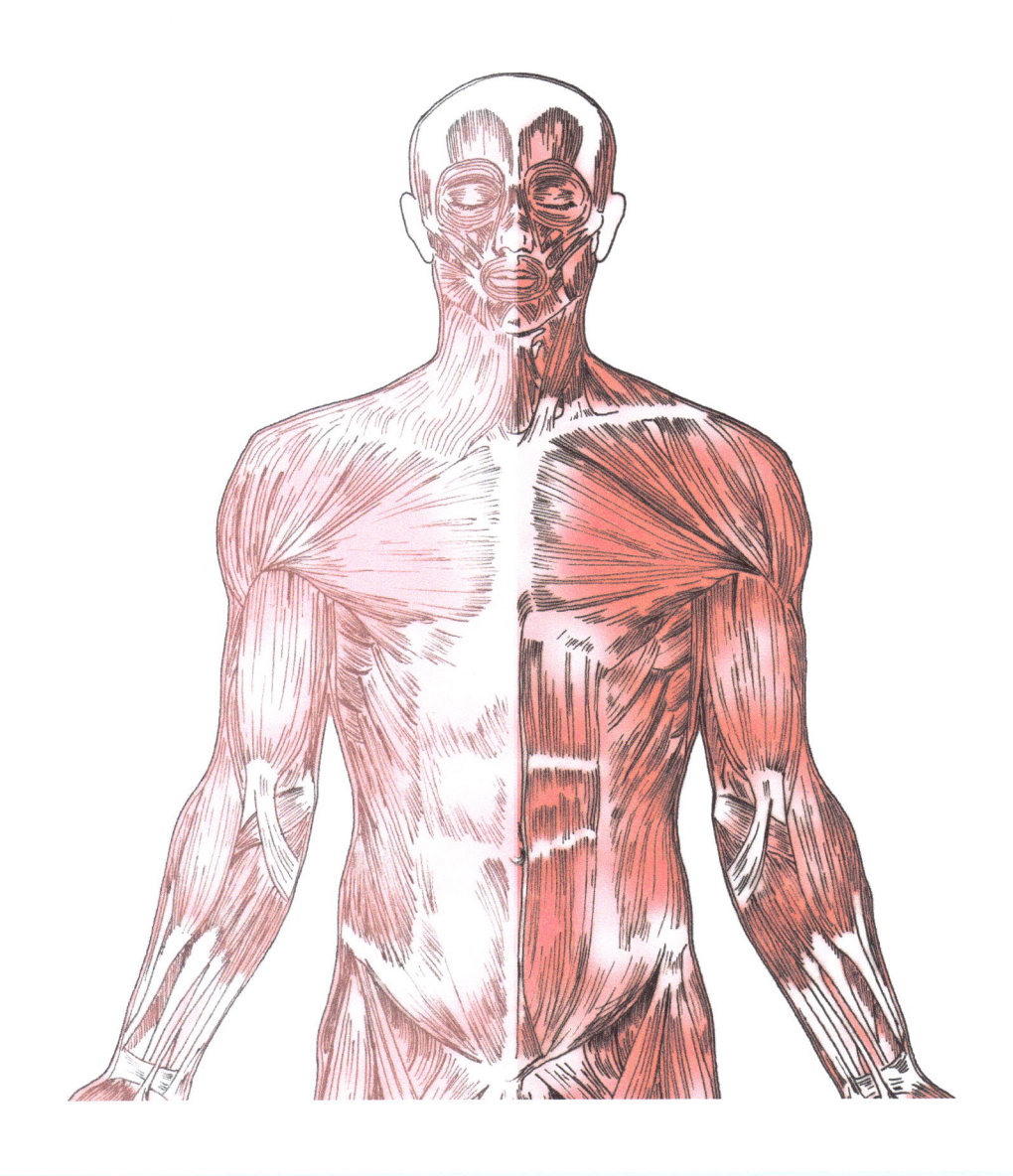

# INVESTIGAÇÃO DE FLEXIBILIDADE E EQUILÍBRIO MUSCULAR

Inúmeros desconfortos, dores e lesões acontecem devido a um desequilíbrio de flexibilidade entre os músculos dos lados esquerdo e direito do corpo. A diferença não precisa ser grande para que ocorram problemas reais. Ao testar sua flexibilidade, não se obrigue a alongar o máximo que puder. Em vez disso, pare ao sentir resistência ou incômodo, como dor perfurante no músculo. Essa sensação deve ocorrer nos dois lados. Lembre-se de realizar os exercícios da mesma maneira em ambos os lados.

| Músculo a ser alongado | Mais curto no lado esquerdo | Mais curto no lado direito | Iguais |
|---|---|---|---|
| **TESTE PARA PESCOÇO E OMBRO** | | | |
| Trapézio descendente | | | |
| Levantador da escápula | | | |
| Esternocleidomastóideo | | | |
| Escalenos | | | |
| **TESTE PARA ARTICULAÇÃO DO OMBRO** | | | |
| Supraespinal | | | |
| Infraespinal | | | |
| Redondo maior | | | |
| Latíssimo do dorso | | | |
| **TESTE PARA REGIÃO SUPERIOR DAS COSTAS** | | | |
| Trapézio transverso | | | |
| Romboides | | | |
| Latíssimo do dorso | | | |
| Peitoral maior | | | |
| **TESTE PARA A REGIÃO INFERIOR DAS COSTAS** | | | |
| Psoas e ilíaco | | | |
| Piriforme | | | |
| Glúteos médio e mínimo | | | |
| Reto femoral | | | |
| Isquiotibiais | | | |

From K. Berg, 2011, *Prescriptive Stretching* (Champaign, IL: Human Kinetics).

# ÍNDICE DE ALONGAMENTO

| | |
|---|---|
| Trapézio descendente | 42 |
| Esternocleidomastóideo | 46 |
| Escalenos | 48 |
| Suboccipitais | 50 |
| Levantador da escápula (versão 1) | 52 |
| Levantador da escápula (versão 2) | 54 |
| Peitoral maior (versão 1) | 56 |
| Peitoral maior (versão 2) | 58 |
| Peitoral menor (versão em pé) | 60 |
| Peitoral menor (versão sentada) | 62 |
| Trapézio transverso e romboides (versão em pé) | 64 |
| Trapézio transverso e romboides (versão sentada) | 66 |
| Latíssimo do dorso (versão em pé) | 68 |
| Latíssimo do dorso (versão sentada) | 71 |
| Infraespinal (versão 1) | 73 |
| Infraespinal (versão 2) | 76 |
| Redondo maior | 78 |
| Supraespinal (versão 1) | 80 |
| Supraespinal (versão 2) | 82 |
| Glúteo máximo | 84 |
| Glúteos médio e mínimo | 86 |
| Piriforme (versão em pé) | 88 |
| Piriforme (versão sentada) | 91 |
| Quadrado do lombo (versão deitada) | 94 |
| Quadrado do lombo (versão sentada) | 97 |
| Psoas e ilíaco (flexores do quadril) | 99 |
| Reto femoral (versão supina) | 102 |
| Reto femoral (versão de joelhos) | 106 |
| Tensor da fáscia lata | 108 |
| Isquiotibiais | 111 |
| Pectíneo, adutor longo e adutor curto (adutores curtos) | 114 |
| Grácil (adutor longo) | 116 |
| Gastrocnêmio | 118 |
| Sóleo | 120 |
| Tibial anterior | 122 |
| Bíceps braquial | 124 |
| Tríceps braquial | 126 |
| Flexores do punho | 128 |
| Extensores do punho | 130 |
| Extensores radiais curto e longo do carpo | 132 |

# REFERÊNCIAS

Amako, M., T. Oda, K. Masuoka, H. Yokoi, and P. Campisi. 2003. Effect of static stretching on prevention of injuries for military recruits. *Military Medicine* 168: 442-446.

Barcsay, Jenö. 1976. *Anatomy for artists.* [Anatomi för konstnärer.] Stockholm: Bonnier.

Bojsen-Möller, Finn. 2000. *The anatomy of the musculoskeletal system.* [Rörelseapparatens anatomi.] Stockholm: Liber.

Feland, J.B., J.W. Myrer, S.S. Schulthies, G.W. Fellingham, and G.W. Measom. 2001. The effect of duration of stretching of the hamstring muscle group for increasing range of motion in people aged 65 years or older. *Physical Therapy* 81: 1110-1117.

Fowles, J.R., D.G. Sale, and J.D. MacDougall. 2000. Reduced strength after passive stretch of the human plantar-flexors. *Journal of Applied Physiology* 89: 1179-1188.

Halbertsma, J.P., Al van Bolhuis, and L.N. Göeken. 1996. Sport stretching: Effect on passive muscle stiffness on short hamstrings. *Archives of Physical Medicine and Rehabilitation* 77: 688-692.

Harvey, L, R. Herbert, and J. Crosbie. 2002. Does stretching induce lasting increases in joint ROM? A systematic review. *Physiotherapy Research International* 7: 1-13.

Handel, M., T. Horstmann, H.H. Dickhuth, and R.W. Gulch. 1997. Effects of contract-relax stretching training on muscle performance in athletes. *European Journal of Applied Physiology and Occupational Physiology* 76: 400-408.

Karlsson, T, and M. Hallonlöf. 2003. Stretching the hamstrings: The effect on quadriceps femoris regarding strength. *[Stretching av hamstrings: Effekt på quadriceps femoris betraffande styrka.]* Stockholm: Karolinska Institute.

Lundeberg, Thomas, and Ralph Nisell. 1993. *Pain and inflammation: Physiology and pain in the moving parts.* [Smärta och inflammation: fysiologi och behandling vid smärta i rörelseorganen.] Stockholm: Syntex Nordica.

Peterson, Florence P., Elizabeth Kendall McCreary, and Patricia Geise Provance. 1993. Muscles, testing and function: *With posture and pain.* Baltimore: Williams & Wilkins.

Petren, Ture. 1989. *Textbook of anatomy: Musculoskeletal system.* [Lärobok i anatomi: Rörelseapparaten.] Stockholm: Nordic Bookstore.

Pope, R.P., R.D. Herbert, J.D. Kirwan, and BJ. Graham. 2000. A randomized trial of preexercise stretching for prevention of lower limb injury. *Medicine and Science in Sports and Exercise* 32: 271-277.

Putz, R., and R. Pabst, eds. 2001. *Sobotta atlas of human anatomy: Head, neck, upper limb.* Munich: Elsevier, Urban & Fischer.

Putz, R., and R. Pabst, eds. 2001. *Sobotta atlas of human anatomy: Trunk, viscera, lower limb.* Munich: Elsevier, Urban & Fischer.

Richer, Paul. 1971. *Artistic anatomy*, trans. Robert Beverly Hale. New York: Watson-Guptill.

Rohen, Johannes W., Chihiro Yokochi, and Elke Lütjen-Drecoll. 1998. *Color atlas of anatomy: A photographic study of the human body.* Baltimore: Williams & Wilkins.

Szunyoghy, Andras. 1999. *Anatomical drawing school: Humans, animals, comparative anatomy.* [Anatomisk tecknarskola människa, djur, jämförande anatomi.] London: Könemann.

Travell, Janet G., David G. Simons, and Lois S. Simons. 1999. *Myofascial pain and dysfunction: The trigger point manual.* Baltimore: Williams & Wilkins.